南开大学农业保险研究中心·农业保险系列教材

森林保险

秦涛 邓晶 顾雪松 主编

南閈大學出版社

天 津

图书在版编目(CIP)数据

森林保险 / 秦涛，邓晶，顾雪松主编. －天津：
南开大学出版社，2022.10
南开大学农业保险研究中心·农业保险系列教材
ISBN 978-7-310-06304-8

Ⅰ.①森… Ⅱ.①秦… ②邓… ③顾… Ⅲ.①林业－
财产保险－中国－高等学校－教材 Ⅳ.①F842.66

中国版本图书馆 CIP 数据核字(2022)第 187422 号

森林保险
SENLIN BAOXIAN

──────────────────────

南开大学出版社出版发行
出版人：陈　敬
地址：天津市南开区卫津路 94 号　　邮政编码：300071
营销部电话：(022)23508339　营销部传真：(022)23508542
https://nkup.nankai.edu.cn

──────────────────────

河北文曲印刷有限公司印刷　全国各地新华书店经销
2022 年 10 月第 1 版　　2022 年 10 月第 1 次印刷
260×185 毫米　16 开本　13.5 印张　2 插页　280 千字
定价：72.00 元

──────────────────────

如遇图书印装质量问题，请与本社营销部联系调换，电话：(022)23508339

编委会名单

主　任：虞国柱

委　员：（按姓氏笔画排序）

牛国芬　石　践　卢一鸣　冯文丽

朱　航　江生忠　江炳忠　李连芬

李勇权　邱　杨　沈光斌　张　峭

张仁江　张海军　陈元良　周县华

单　鹏　赵　明　段应元　施　辉

姜　华　郭　红

本书编写组成员

主　　编：秦涛　邓晶　顾雪松

副主编：田治威　潘焕学　吴今　许慧娟　陈国荣　张宝林
　　　　罗伟强　张敏　石焱　宋蕊

参　　编：胡云辉　吴忠高　李　军　赵　乐　戴雪冰　邵旭日
　　　　朱　蕾　马姣玥　周震祎　王心斅　董　洪　李　潇
　　　　陈俐静　张　晞　戴维序　刘永杰　王富炜　肖慧娟
　　　　陈晓倩　罗长林　何　丹　周瑞原　王　姗　朱彩霞
　　　　吴静黎　李　昊　刘芮含　武建辉　张嘉敏　夏　玲
　　　　朱　然　席子立　杜亚婷　夏　钰　张睿涵　胡梓源
　　　　周慧昕　刘佳儒　邵豹伟　张馨蔓　曲书婷　程军国
　　　　刘琨天　张俪馨　李慧超　朱庆福

总　序

　　经南开大学农业保险研究中心（以下简称南开农研中心）近两年的精心策划、筹备、招标、研讨，以及各位专家学者的艰苦写作，我国农业保险界第一套专业丛书陆续问世了。这是一件值得农业保险界和保险界高兴和庆贺的事儿。

　　中国的农业保险，要从 20 世纪 40 年代的商业性试验算起，到现在已有 70 多年的历史了，但是真正的制度化农业保险的启动、试验和发展过程，只不过 12 年时间。在这 12 年时间里，农业保险学界和业界，在中国农业现代化发展和乡村振兴的背景下，借鉴并吸收不同国家发展农业保险的实践和经验，努力设计出一套有我们自己特色的制度模式和经营方式，开发出丰富多彩的产品体系，在这个领域创造出中国的经验和中国速度。这可能是我们的农业保险界前辈和国际农业保险界做梦也没有想到的。

　　实践总是理论和政策的先导，理论和政策又进一步指导着实践。这些年里，农业保险的实践不断给农业保险研究提出新课题，推动着农业保险理论的不断探索。同时，我们也在一点一滴地积累和总结着实践经验。这套教材，就是政、产、学、研在这几十年里实践和研究成果的结晶，这些成果必定会为农险制度和政策的完善、业务经营和管理的改进提供指导和规范。

　　几十年来，特别是近 12 年来，我国农业保险的发展走过了一条循序渐进之路。从业务性质层面，开始是单一的商业化农业保险的试验，后来才走上政策性农业保险和商业性农业保险并行试验和全面实施的阶段。当然，目前的农业保险，政策性业务已经占到农业保险业务 95% 以上的份额。从农业保险的内容层面，也从最初的种植业和养殖业保险，扩大到涉农财产保险的广阔领域。就农业保险产品类别和作业方式层面，我们从最初的以承保少数风险责任的生产成本损失的保障，扩大到承保大多数风险责任的产量和收入的保障。承保方式也从传统的一家一户的承保理赔方式，扩展到以区域天气指数和区域产量的承保和理赔方式。从农业保险制度构建的层面，我们将其从商业性保险领域分离出来，建立了专门的农业保险制度。这个发展和建设过程虽然不算短，但相比其他国家，特别是其他发展中国家，速度是最快的，而且从 2008 年以来，我们的农业保险市场规模已经稳居亚洲第一、全球第二了。

　　随着农险业务和制度的发展变化，我们遇到越来越多法律、政策以及上述所有业务拓展领域的理论和实际问题。在商业性农业保险试验屡战屡败的背景下，最早提出来"农业保险有什么特殊性质"的问题。随着理论上的认识深化和逐步统一，制度和法律建设问题也被提出来了。2007 年，政府采纳了农业保险界的意见，开始对农业保险给予保险费补贴。随着这类有财政补贴的政策性农业保险的试验和扩大，业务经营和扩展的问题也逐渐被提上议事日程。《农业保险条例》出台之后，随着全国普遍实施政策性农业保险，广大小农户的参保遭遇承保理赔的困境，天气指数保险、区域产量保险等经营方式和产品形态受到广泛关注和开发。当国家推出针对大宗农产品定价机制改革的政策时，作为配套政策的农业收入保险和其他与价格风险相关的保险产品的研究也变得迫切起来。这些年，特别是在近十几年里，制度创新、经营模式创新、组织创新、产品创新等我们需要面对和探讨的课题，一个一个被提出来了，我们的农险研究在逐步形成的政、产、学、研体制下，广泛地开展起来，参与研究的专家、学者、研究生和广大从业者越来越多，各类成果也就呈几何级数式增长。我们的农业保险相关法律和政策就是在这样的基础上产生并不断完善，推动着我国农业保险的制度建设、业务规模和服务质量的快速推进和发展。

　　本套丛书既是适应业界业务发展的需要，也是适应学校教学的需要，在保险监管部门的充分肯定和大力支持下，集行业之力，由众多学者、业界专家和研究生们共同努力，一边调研一边讨论，共同撰写出来的。从该创意的提出，题目征集，选题招标，提纲拟定和交流，初稿的讨论，直到审议、修改和定稿，虽然历时不短，但功夫不负有心人，现在丛书终于陆续出版，与读者见面了。我想，所有参加研讨和写作的专家、学者和研究生们，在这个过程中经受住了调研和写作的艰苦，也享受到了获得成果的喜悦。我们相信，这套作品会为我们的农险实践提供帮助和支持。

　　本丛书是我国第一套农业保险专业图书，虽然不敢说具有多么高的理论水平和实践价值，却是我们这些农业保险的热心人对我国农业保险的推进，也是对世界农业保险发展做出的一点贡献。当然，我们的实践经验不足，理论概括能力也有限，无论观点、论证和叙述都会有很多不足之处甚至谬误，需要今后进一步修正、提高和完善。我们欢迎业界和学界广大同仁和朋友在阅读这些作品后多加批评和指正。

　　南开农研中心要感谢这套丛书的所有参与者、支持者和关注者，特别是各位主编及其团队，感谢大家对农业保险"基建工程"的钟爱，以及付出的巨大热情和辛劳，感谢诸多外审专家不辞劳烦悉心审稿，也要感谢南开农研中心所有理事单位对这套丛书的鼎力支持和帮助。南开农研中心今后也会在总结组织编写这套丛书经验的基础上，继续推出其他系列的农业保险图书，更好地为所有理事单位服务，更好地为整个农业保险界服务，为推动我国农业保险事业的蓬勃发展做出更多的贡献。

　　南开大学出版社的各位编辑为本丛书的顺利出版加紧审稿、精心设计，付出诸多心血，在此向他们表达深深谢意。

庹国柱

2019 年 5 月于南开大学

前　言

　　林业发展高度依赖气候条件、地质环境等自然因素，风、雨、雪、火、冰冻、洪涝、干旱、病虫害等自然灾害极大地影响着林业生产经营的连续性和稳定性，加强风险管理对林业可持续发展至关重要。森林保险作为转移林业风险、补偿风险损失的金融工具，在林业风险管理中处于核心地位。森林保险是党中央、国务院推出的一项兴林富民的重大政策措施，是巩固集体林权制度改革和脱贫攻坚成果的一项重大战略选择，是促进乡村振兴、保障林农增收致富、维护农村和谐稳定的有效途径，也是推进新时代生态文明建设和林业现代化建设的必然选择。发展森林保险，有利于保护森林资源，保障生态安全；有利于化解林业生产经营风险，稳定林农收入；有利于灾后恢复生产，促进林业可持续经营；有利于改善投融资环境，提升金融支持林业发展水平。

　　自 2009 年中央财政森林保险保费补贴政策实施以来，我国森林保险工作取得了显著的成绩。截至 2020 年底，森林保险已经覆盖了全国 25 个省（自治区、直辖市）、4 个计划单列市和四大森工企业，参保面积达 24.37 亿亩（1 亩约为 666.67 平方米，全书同），保费总额达 36.41 亿元，为全国提供 15 882.61 亿元风险保障，参保主体涵盖了林农、家庭林场、林业合作社、林业企业、森林公园、自然保护区以及国有林场等几乎所有类型的林业生产经营主体。我国森林保险规模已位居全球第一。森林保险在助推林业改革、助力精准扶贫等方面也发挥了独特的"推进器"作用。广西、安徽等地开展的"保险+贷款"模式，云南开展的橡胶树"保险+期货"模式等，对保障林业经营主体收入、推动扩大生产起到了强有力的支撑作用。但是，森林保险工作仍存在投保主体自愿投保难、商品林保险参保率低、局地连年萎缩、赔付率总体低位运行且极不均衡等问题，阻碍了森林保险高质量发展。2019 年，财政部、农业农村部、中国银行保险监督管理委员会（以下简称"中国银保监会"）、国家林业和草原局联合印发了《关于加快农业保险高质量发展的指导意见》。意见提出，通过提高农业保险服务能力、优化农业保险运行机制、加强农业保险基础设施建设等多方面举措，推动农业保险高质量发展，更好地满足"三农"领域日益增长的风险保障需求。上述指导意见为我国森林保险指明了发展目标和实现路径，我国森林保险将迎来更加广阔的发展空间。

　　在此背景下，无论理论界还是实务界都需要在总结国内外发展经验的基础上，为森林保险提供新的理论阐释，反映新的操作规范，提供新的实践案例。而目前国内在森林保险领域缺少内容全面、体系严密、时效性强的教材。《森林保险》是北京林业大学林业金融与森林保险研究团队多年来理论研究和实践经验的结晶，意在为森林保险界的理论学习和业务培训提供指南。本教材坚持理论基础与实践案例相结合，国际经验与我国实际相结合，市场逻辑与政策目标相结合。希望本教材能为森林保险领域的理论和实践创新提供全面的基础知识，为相关专业领域的研究生构建完整的森林保险理论和实务的知识体系，也为宏观决策层、微观实务界，以及对森林保险有兴趣的读者提供一些有益的参考。

本教材以经济学和保险学理论为指导，结合森林保险具体实践，对森林保险基础理论、发展历程与实践探索、产品要素、风险区划、费率厘定、承保理赔、巨灾风险分散机制以及财政补贴进行论述，既注重对森林保险基本原理的阐释，又突出理论与实际相结合，体系完整，素材丰富。教材一共九章，具体章节安排和内容如下。

第一章，森林保险概述。主要阐述林业风险的概念、特点与种类，分析林业风险管理的各种技术手段，以及林业风险管理与森林保险之间的关系，系统阐述森林保险的概念、要素、功能等内容，以及森林保险的相关理论与基本属性。

第二章，国外森林保险发展模式与经验借鉴。重点剖析以美国、日本、澳大利亚、瑞典、芬兰为代表的国外森林保险发展历程、运行机制、产品要素、补贴模式等，并总结适用于我国森林保险发展的经验。

第三章，我国森林保险发展模式与实践探索。主要从政策演进角度解读森林保险发展历程，重点分析森林保险总体发展情况，并从参保情况、补贴情况、理赔情况三方面介绍公益林及商品林发展情况，阐述发展过程中的主要困境以及未来发展路径。

第四章，森林保险产品设计。这是森林保险的核心内容，详细叙述我国森林保险标的、保险责任、保险金额、保险定价等内容。

第五章，森林保险风险区划。以森林灾害风险区划为主要内容，提出指标选取的基本原则与具体指标选取思路，阐述基于致灾因子、历史损失和情景模拟下的风险区划方法概念、优缺点及适用性。

第六章，森林保险费率厘定。基于森林保险费率构成理论，主要讨论森林火灾险费率计算方法是如何应用的，以及在风险区划的基础上对森林火灾险进行费率厘定。

第七章，森林保险承保理赔。主要对保险公司经营中的承保、核保、防灾减损、理赔各个环节的具体内容进行介绍，明晰保险公司的经营业务流程。

第八章，林业巨灾风险分散机制。主要研究林业巨灾风险分散的概念、作用等，阐述了美国、日本、瑞典、芬兰在林业巨灾风险分散方面的国际经验，并提出了我国可参考、可适用的林业巨灾风险分散机制，以及具体的分散模式和措施。

第九章，森林保险财政补贴。以经济学理论为指导，阐述对森林保险财政补贴的必要性、理论依据和产生的效应，以及当前我国财政补贴规模、标准与方式，并对财政补贴效果评价进行详细介绍。

本教材列入南开大学农业保险研究中心农业保险系列丛书资助计划，并得到以下科研项目的资助：国家社会科学基金一般项目"森林保险精准扶贫效果评估与财政补贴机制优化研究"（编号：19BGL052）、国家社科基金后期资助项目"中国森林保险需求与供给模式研究"（编号：20FGLB022）、教育部人文社会科学研究青年基金项目"我国森林保险精准扶贫效应评估与机制优化研究"（编号：20YJA790059）、北京市社会科学基金项目"北京市公益林保险产品创新与运行模式优化"（编号：18YJB011）、北京林业大学 2020 年研究生课程建设项目（编号：JCCB2035）、北京林业大学科研反哺人才培养研究生课程教学改革项目（编号：JXGG19031）、北京林业大学教育教学研究教学名师项目（编号：BJFU2017MS006）、国家林业和草原局业务委托项目"林业巨灾风险管理机制研究与森林保险发展报告"。

本教材的完成还得到了国家林业和草原局规划财务司、林业工作站管理总站、广西北部湾林业产权交易中心、安华农业保险股份有限公司、中国人寿财产保险股份有限公司、中华联合财产保险股份有限公司、中国人民财产保险股份有限公司、北京地林伟业科技股份有限公司、航天信德智图（北京）科技有限公司等单位和机构的大力支持。另外，本教材在编写过程中，参考了诸多农业保险、保险学相关的教材和论著，引用了历年《中国森林保险发展报告》的相关数据，吸收了许多专家同仁的观点，为了行文方便，不便一一注明，书后所附参考文献是本书重点参考的论著。在此，特向在本教材编写过程中引用和参考的已注明和未注明的教材、著作、文章的编者和作者表示诚挚的谢意。

尽管我们全力以赴，但由于主客观条件所限，本教材尚有诸多不尽如人意之处，热忱盼望各位专家和读者的批评指正，以利于日后不断完善和提高！

编者

2021 年 12 月

目　录

第一章　森林保险概述

本章作为森林保险理论基础部分，首先介绍林业生产所面临的风险与林业风险管理的概念；其次系统概括森林保险的概念与功能；最后阐述森林保险的相关理论与基本属性。

第一节　林业风险与风险管理

一、林业风险的概念与分类

（一）林业风险的概念

在已有研究中，尚未对林业风险做出明确的概念界定，因此，本书从林业生产的独特性、林木生长的物质属性、林业经济的周期波动性、林业灾害的空间关联性、林业市场的动态均衡性等角度进行思考，将林业风险定义如下：由于自然、市场、政策、森林本身资源条件，以及人为因素等对林业生产和林业可持续发展带来的影响，使林业生产和经营主体遭受经济损失的可能性。

林业风险是各种风险因素共同作用的结果，其中自然风险占较大比重，发生频率和损害程度最大。因此，本书中的林业风险主要指自然风险，即来自自然界与林业生产相关的灾害性因素，主要包括自然灾害和生物灾害等。

（二）林业风险的特点

一般而言，风险除了具有普遍性和客观性的特点外，还具有某一具体风险发生的偶然性、大量风险发生的必然性和风险的可变性等特点。而林业风险除了上述一般风险的特点外，还具有一些其他特征。

1. 林业风险时空关联度强

林木一般具有连片种植的特点，区域间并不完全独立。当部分林木遇到某种风险时，一定区域内的其他林木也会遇到同种风险。病虫鼠害等生物灾害的发生，均具有一定的区域性，对林业生产的影响不只涉及个别林木，而是具有区域连片的特点。因此，林业风险具有高度时空关联性，风险一旦发生，其影响范围往往很大。

2. 林业风险影响因素众多

林业风险产生的原因很多，林业风险原因的多样性决定了林业风险种类的多样性。林业面临的自然风险既有因气候异常带来的各种自然灾害，也有因病虫鼠害存在而产生的各种生物灾害。

3. 林业风险影响周期长远

有些林业风险（如自然风险）对林业的影响较为直接，而有些林业风险（如环境风险）对林业的危害具有潜在性，其对林业的影响目前来看并不明显，但却给林业的长期发展带来隐患。这种潜在的无形风险一旦变为有形风险，其危害就会更大，更难以控制和补救。

（三）林业风险的分类

林业生产周期长，在林木生长过程中存在的自然风险主要有自然灾害和生物灾害。自然灾害包括森林火灾、干旱、霜冻、冰雹、雪灾、风灾、洪涝灾害等，其中森林火灾对林木生长的危害最大。据国家森林草原防灭火指挥部办公室统计，2008—2018 年全国共发生 58 545 起森林火灾，受灾森林面积达 27.9 万公顷。2008 年是森林火灾次数最多、受灾面积最大、造成的直接经济损失最多的年份；森林病虫鼠害是影响林业生产的主要生物灾害，2008—2018 年全国发生病虫鼠害生物灾害的森林面积达 13 021.1 万公顷，其中森林病害面积为 1464.4 万公顷，森林虫害面积为 9376.8 万公顷，森林鼠害面积为 2179.9 万公顷。

1. 森林火灾

森林火灾是一种突发性强、破坏性大、处置救助较为困难的自然灾害。森林火灾广泛分布于全球森林生态系统，是驱动森林结构与功能动态的重要自然干扰因子。同时，森林火灾也被视为世界性的林业灾害。据估计，全球每年约有 1%的森林面积毁于森林火灾。

我国是一个森林火灾频发的国家，森林火灾受害率远高于世界平均水平，呈现出"东多西少、北多南少"的分布规律。通过文献数据和统计分析得知，我国森林火灾面积大，平均每次森林火灾面积为 52.1 公顷，尤其在一些偏远林区，多为大面积森林火灾。引起森林火灾的原因主要包括雷电、火山、自燃和人为原因，其中至少 80%的森林火灾是人为造成的，在一些区域这一比例甚至高达 99%。

2. 森林病虫鼠害

我国是森林病虫鼠害灾情严重的国家，表现为爆发频率高、覆盖范围广以及造成的经济损失严重等特征。森林病虫鼠害是一种常见的自然现象，如果对灾情控制不当会造成整个森林生态系统的破坏，甚至会影响整个系统的物质交换和能量传输，造成森林资源被破坏，带来严重的经济损失。因此，要充分了解森林病虫鼠害的特征，及时防控灾情，采用机械、化学、物理等多种防治方式，减少病虫鼠害的影响。

一般来说，森林病虫鼠害具有周期性、危害性大以及覆盖范围广等特点。①周期性。病虫鼠害灾害具有明显的周期性，随季节变迁，病虫鼠害的活跃季节集中在特定时期，同时有害生物和物种疾病都与生态环境密切相关。同种生物在特定的湿度和温度下会暴发出不同的危害周期性，尤其是在人工林区中，病虫鼠害的周期性更为明显。②灾害的危害性大。森林灾情出现会造成直接的经济损失，同时由于森林资源的特殊性，会对当地的生态系统造成不可估量的破坏，而灾害的间接性则会造成后续更大的经济损失和生态系统损失，甚至会危及人类的健康。③灾害的覆盖范围广。森林对于病虫灾害的抵抗能力较差，一旦某一区域爆发了病虫鼠害，在很短的时间内会造成整个林区资源被破坏，给当地林业经济造成严重损失。

3. 森林气象灾害

森林气象灾害主要包括旱灾、强降雨和低温霜冻灾害。

旱灾是指在长时间无降水或者长期降水量很少的情况下出现的一种气象灾害。这种气象灾害在我国发生概率高、影响范围大，对林业生产造成的不利影响也较为严重。一方面，干旱降低了幼林和新造林地的保存率，制约了春季造林进程，提高了造林成本；另一方面，干旱使得森林防火、森林病虫鼠害防治和植树造林等林业工作形势异常严峻。现阶段，国家气象部门将一定区域内发生干旱的情况依据严重程度划分为 5 个等级，同时对其造成的生态影响以及对农业生产造成的破坏程度进行了细致划分。通过对近年来不同地区的气象资料进行分析可以发现，我国南北方均有发生旱灾的可能，其中北方地区的发生率相对较高，主要种类为伏旱和春旱。在我国西北地区，由于受到地理位置的影响，几乎每年都会发生不同程度的旱灾，甚至在一些特殊年份会发生数次旱灾。

强降雨是当前一种较为常见的气象灾害。现阶段，对强降雨的定义是指在 24 小时之内降水量达到 50mm 以上的降水天气。依据降水的强度不同将强降雨灾害划分为 3 个等级：24 小时之内降水量在 50～99mm 的降雨称为暴雨，降水量在 100～249.9mm 的降雨称为大暴雨，超过 250mm 的降雨称为特大暴雨。在发生强降雨灾害时，排水不畅易引起积水成涝，土壤孔隙被水充满，造成林木根系缺氧，使林业作物受害而减产。

低温霜冻灾害是一种会对林业产生较大不利影响的典型气象灾害。这种灾害主要是指在一定区域内较短时间出现气温突然降低的气象情况。这种气象灾害一旦发生，会对林木的生长发育造成威胁。现阶段，国家气象部门将低温霜冻灾害细致划分为 4 种，即冷害、冻害、霜冻和寒害。通过对近年来的气象资料进行分析研究可以发现，低温冻害发生的季节主要集中在每年的春季和冬季。

4. 森林地质灾害

广义的地质灾害应包括地震、火山活动等地壳内部的自然过程引起的灾害。根据我国政府从 2004 年 3 月 1 日起施行的《地质灾害防治条例》（第 394 号国务院令），地质灾害是指与山体崩塌、滑坡、泥石流、地面塌陷、地裂缝、地面沉降等与地质作用有关的，由自然因素或者人为活动引发的危害人民生命和财产安全的灾害。

在森林自然灾害中，最常见的地质灾害是风蚀和水蚀，主要通过侵蚀土地来对森林进行侵蚀、破坏，对森林的破坏极为严重。除风蚀和水蚀外，泥石流、滑坡、崩塌等灾害造成岩石的滑动或者崩裂，都会直接作用于森林中的树木，所到之处的树木都会被连根拔起，无法对其进行恢复，造成森林资源大量损失。

二、林业风险管理的概念与方法

（一）林业风险管理的概念

风险管理是一个管理过程，它由风险的识别、分析、评价、控制、监督等过程组成，通过计划、组织、指挥、控制等职能，综合运用各种科学方法来保证生产活动顺利完成。

基于风险管理基础理论，林业风险管理就是在林业生产经营过程中，通过对各种林业风险进行分析、识别、估量和预测，运用适当的方法对各种林业风险进行有效控制，力图以最小代价减少林业生产中出现的各种风险，使林业和林业生产经营者获得最大安全保障的一系列经济管理活动。其目标是要以最小代价取得林业最大安全保障，具体表现在两个方面：一是减少林业风险发生的可能性；二是减轻林业风险给林业造成意外损失的程度。

（二）林业风险管理的意义

1. 有利于经营主体的收入保障

开展林业风险管理，可以保护林业经营主体的经济利益，提高他们进行林业生产的积极性。林业风险管理通过避免、消除、转移林业风险等方式，为林业经营主体正常进行林业生产活动提供了最大限度的安全保障，消除了他们对林业风险的忧虑，极大地提高了林业经营主体的生产积极性，有助于林业生产的顺利进行，促进了林业经济的稳定发展和效率提高，同时也有助于提高林业经营主体生活水平。

2. 有利于林业资源的有效配置

林业风险管理通过积极地防治和控制风险，能在很大程度上减少风险损失，并为风险损失提供补偿，促使更多的社会资源合理地向所需部门流动。因此，林业风险管理有利于消除或减少风险所带来的社会资源浪费，提高社会资源利用效率。

3. 有利于林业可持续发展与生态环境改善

林木在其漫长的生长周期内面临着多种多样的风险，这些风险对林木造成极大的损害，影响了林业生产的正常进行。如不对这些风险进行相应管理，从长远来看必定阻碍林业的可持续发展，也不利于生态环境的改善。对林业风险进行管理，就是通过对林业生产过程中的诸多风险因素进行预防、管理和控制，有效消除或化解林业生产

中的不利因素，降低林业风险，有利于林业生产的正常开展，从而促进林业的可持续
发展和生态环境的改善。

4. 有利于林业科技成果的转化与推广普及

开展林业风险管理，可以为林业风险的防范、转移等提供有效途径，从而提高林
业经营主体的风险承受能力。当林业新技术在推广过程中因受到挫折而减产时，林业
经营主体能够得到一定的补偿，其生产和生活都能有一定的保障，从而消除他们的后
顾之忧，极大提高林业经营主体采用新技术的积极性和主动性。

（三）林业风险的管理方法

1. 风险预防

风险预防是一种主动的风险管理策略，可以对有关人员进行林业风险和林业风险
管理等内容的教育，让他们充分认识所面临的各种林业风险，并了解和掌握控制这些
风险的方法。通过教育，他们能够认识到个人的任何疏忽或错误的行为，都可能给林
业造成巨大损失，这对森林火灾和森林病虫鼠害等风险的预防具有极其重要的作用。
如果长期开展森林防火教育，并有针对性地采取切实可行的预防措施，建立火险预测
预报网络制度，可以有效地改善我国目前的森林火灾状况，从而达到保护林业建设成
果的目的。在风险预防中，也可以通过建立相应的制度和程序来预防风险，从而减少
不必要的损失。

2. 风险回避

风险回避是指当发生林业风险的可能性很大、不利后果很严重却又无其他策略可
用时，主动放弃或改变林业目标与行动方案，从而规避风险的一种策略，具有简单易
行、全面彻底的优点，能将风险的概率降到零，但在回避风险的同时也放弃了获得收
益的机会。

3. 风险控制

当特定林业风险不能被规避时，通常要采取行动以减少与之相联系的损失，这种
处理风险的方法就是风险控制。风险控制不是放弃特定活动，而是在开展这些活动时，
有意识地做出一些安排，其目标可以是减少损失发生的可能性，也可以是降低损失发
生时产生的成本。林业经营主体在林业风险不能避免或在势必面临某些风险时，首先
想到的是如何控制风险、降低风险发生率、减少风险所造成的损失。风险控制可以从
两方面来考虑：一是控制风险因素，减少林业风险的发生；二是控制风险发生的频率，
降低风险损害程度。要控制林业风险发生的频率、降低风险损害程度，就要对以往林
业风险发生规律进行分析研究，采取相应的措施，并对林业风险进行准确的预测。

4. 风险接受

风险接受是指有意识地选择承担风险后果。若林业经营主体认为可以承担风险带
来的损失，便可采用这种策略，前提是采取其他风险规避方法的费用超过风险事件造
成的损失数额。例如，面对林业风险中的自然风险通常只能被动接受，因为这类风险

具有客观存在性和不可控制的特点，但是面对这类风险也不是无计可施。对于自然风险，应结合林业的具体情况有针对性地收集相关气象、地质、水质等资料信息，并进行分析研究，为风险估计和制订林业风险的应对方案提供依据。

5. 风险转移

林业生产是自然再生产和社会再生产的结合，有些林业风险已超出林业经营主体和产业主体所能管理和承受的范围，故应当将可能发生的风险采用各种方法转移给他人，从而避免自己单独承担风险损失的做法被称为风险转移。风险转移有两种方式：一种是保险转移，另一种是非保险转移。前者是在经营权和所有权不变的情况下，运用财务方式来转移风险。在目前的市场经济条件下，保险转移是一种比较好的风险转移方式，即通过参加保险将一部分风险转移给保险公司，从而降低自身的风险损失。后者则是通过转移所有权或经营权的方式来转移风险，包括购买期货、转让、转租等方式。

6. 风险补偿

林业风险补偿是指依靠政府或社会力量对受灾地区的林业经营者给予经济补偿的方式，采用的形式多种多样，救灾和救济就是补偿风险较为常见的方法，有的是向灾民发放救济款，有的是提供优惠贷款，还有的是以实物形式进行补偿，目的都是在发生重大、特大自然灾害时，帮助林业经营主体恢复生产。

（四）林业风险管理流程

1. 风险管理目标确定

林业风险管理目标分为安全目标、经济目标和生态目标三类，但对于不同林业风险管理主体，风险管理目标可能有不同侧重，即同一风险管理主体，在不同时期的风险管理目标也可能不同。因此，林业风险管理的首要任务是通过林业风险管理系统的研究作业，确定系统目标——通过对资料的收集、分类、比较和解释等活动，确定林业风险管理目标。

2. 林业风险因素识别

林业风险因素识别是对林业自身所面临的风险加以判断、归类和鉴定其性质的过程。考虑到各种不同性质的风险时刻威胁着林业安全，必须采取有效方法和途径识别所面临的各种风险。林业风险因素识别可以通过感性经验进行判断，同时也必须根据会计、统计、经营等方面的资料及风险损失记录进行分析、归纳和整理，从而发现面临的各种林业风险及其损害情况，并对可能发生的风险性质进行鉴别，了解可能发生何种损益或波动。

3. 林业风险程度衡量

林业风险程度衡量建立在林业风险识别的基础上，通过对所收集的资料进行分析，对林业损益频率和损益幅度进行估测和衡量，对林业收益的波动进行计量，能够为采取有效林业风险处理措施提供科学依据。

4. 风险管理技术选择

为实现林业风险管理目标，风险管理主体根据林业风险识别和衡量情况，选择并实施林业风险管理技术。林业风险管理技术包括控制型风险管理技术和财务型风险管理技术。前者以降低损失频率和减少损失幅度为目的，后者则以提供基金的方式，减小风险发生所带来的损失。比如，在林业培育管护期主要面临自然风险，风险管理可考虑采取发展森林保险、实行技术推广和建立服务体系、开展森林资源资产证券化业务、建立林业风险基金等措施。

5. 风险管理效果评价

林业风险管理主体在选择了最佳风险管理技术后，要对风险管理效果进行评价。因为林业风险的性质和情况是经常变化的，风险管理者的认识水平具有阶段性，只有定期检查与修正林业风险的识别、评估和技术选择等，才能保证林业风险管理技术的最优化，从而达到预期的林业风险管理目标和效果。

第二节　森林保险的概念与功能

一、森林保险的概念

森林保险是以具有生态和经济价值的防护林、用材林、经济林和能源林等林木作为保险标的，对其在生长和经营过程中因约定的自然灾害或意外事故所造成的经济损失，保险人按照保险合同规定向被保险人提供经济补偿的一项保险业务。

二、森林保险的要素

森林保险一般采取自愿投保的方式，是财产保险延伸到森林灾害领域的一类产品。但是，由于林业生产具有周期长、环节多、不稳定性大等特点，森林保险不同于一般财产保险，经营难度比其他险种大。具体来看，本部分从森林保险的险种、责任、保额和费率4部分来介绍森林保险要素。

（一）保险险种

森林保险险种即保险业务的种类，具有多种划分标准。美国森林保险的险种已由最初单一的火灾险种，逐步发展为如今包括飓风、龙卷风、冰雹、干旱、霜冻和病虫害等灾害以及附加险的综合险种；日本森林保险的险种由最初单一的火灾险种逐步发展为包括火灾、气象灾害和火山喷发三大类综合灾害以及附加险的综合险种，病虫害不在保险范围内；澳大利亚森林保险的险种包括火灾险、风暴险、航空车辆事故险、冰雹险、地震险、火山爆发险等；瑞典的森林保险种类分为火灾保险和综合责任保险；芬兰的森林保险经营险种主要有森林火灾保险、森林重大损失保险、森林综合保险和森林附加保险。

我国森林保险依照预防灾害的类别，可划分为森林火灾保险、森林鼠害保险、森林病虫害保险、森林雷击险、森林雹灾险、森林冻灾险等；依照森林主要发挥的作用，可划分为公益林保险和商品林保险。目前，保险公司经营的森林保险险种由单一的森林火灾险拓展到涵盖多种风险及附加险的综合险种，保险公司针对林业经营者的需求，不断进行产品创新，开发出如产量保险、收入保险、价值保险等，为林业生产的稳定运行保驾护航。

（二）保险责任

森林保险责任，是指保险合同中约定的保险人向被保险人提供保险保障的范围。森林生长过程中可能遇到的自然灾害和意外事故，只要可以计算直接经济损失的，都可能成为森林保险承担的保险责任。美国综合灾害通常指的是由飓风、龙卷风、冰雹、干旱、霜冻和病虫害造成的林业经营主体损失。日本森林保险责任包括火灾、气象灾害及火山喷发三大类，火灾指野火对林木资产的损害，气象灾害如风灾、雪灾、水灾、旱灾、冻灾和潮灾，火山喷发主要指火山喷发造成的林木折损、倒伏、火山灰埋没等损害。澳大利亚的保险责任覆盖了由火灾、风暴、航空车辆事故、冰雹、地震、火山喷发造成的森林灾害等；瑞典森林保险责任中提及的灾害有火灾、风暴、干旱、霜冻、病虫害等；芬兰最常见的森林灾害是风灾，约80%的灾害由暴风造成，其他森林灾害包括雪灾、火灾、虫灾、洪灾、真菌病和野兽灾害。考虑到我国各地区地理条件、气候特征存在差异，目前开办的森林保险，承保责任主要以火灾和综合灾害为主。

（三）保险金额

森林保险金额，指投保人或被保险人对保险标的的实际投保金额，即保险期限内单位面积上保险公司承担赔偿或者给付保险金责任的最高限额。美国的森林保险一般按照单位面积林木蓄积量的价格确定保险金额，保险费按照森林面积的大小收取。日本的森林保险金额按标准金额（固定金额）或评估金额（递增金额）确定。澳大利亚的森林保险根据树种、林龄、地理位置、林分条件和人工林经营情况确定人工林的价值，瑞典按照单位面积立木蓄积量的价格确定保额。芬兰采取足额保险的方式，对全部价值负责赔偿。我国在确定森林保险金额时，主要考虑三个因素：保险标的成本、投保人的保费负担能力及保险人的承保能力。目前，我国森林保险金额的确定主要采取按成本确定保险金额的方式，成本包括按实际成本价和利息成本价，目前各地区和单位保障金额多为400～1250元/亩，其中公益林亩均保额为400～1250元，商品林亩均保额为400～1372元。

（四）保险费率

森林保险费率，是保险人按保险金额向投保人或被保险人收取保险费的比例，通常用千分比或百分比表示。美国根据森林的气候条件、树种耐火性、种植密度、保护措施、交通情况以及其他因素确定费率。日本根据不同地区面临的森林灾害风险大小不同，按区域划分风险等级，确定差级费率。澳大利亚根据不同的林木估值标准确定差别保险费率，或者对所有的人工林实行统一的保险费率。瑞典的保费确定方法为按区划确定。芬兰采取按森林面积确定保险费率的方法，把全国森林划分为 20 个林区，实行差级费率。当前，我国森林保险费率为 1‰～8‰，随着各地区和单位保险条款的优化，保险费率也在不断下降，可减轻部分投保主体的负担。

三、森林保险的特征

林业具有生产周期长、见效慢、商品率低、占地面积大、受地理环境制约强、林木资源可再生等特点，森林一旦受灾不仅很难恢复，而且损失巨大。因此，森林保险相比其他保险产品有其自身特点。

（一）森林保险续保周期长

由于林业生产经营的长周期特性，与农业保险相比，森林保险的最大特点是可续保周期长。在农业保险中，保险期等同于其生长周期，通常来说只有几个月，而林木保险标的则是多年生植物，生长期长，即使一般速生用材林的生长周期都在 10 年以上，风景林或珍贵树种甚至达百年以上，对一个有生命的标的而言，其可续保期是相当长的。

（二）森林保险风险分散难

林业风险具有非独立性（相邻区域内）、相关性和巨灾性等特点，使保险公司开展森林保险业务时面临如下诸多制约因素：第一，森林损失风险集中，不易分散。相邻区域内森林保险标的之间的风险不独立，且随区域位置的远近，相关性由弱到强。一次森林灾害事故往往涉及范围较广，在一个风险单位内，承保的林业经营主体越多，承保的面积越大，风险也就越集中，损失也会越大，保险人的经营风险也就越大。一场中等强度的林业自然灾害也会影响很大面积，使保险公司面临较大的损失。这种相关性破坏了保险的独立性原则，使"大数法则"的适用性在一定程度上受到限制，降低了风险转移的效率。第二，森林灾害风险具有广泛的伴生性。一种森林保险事故很可能会引起另一种或多种风险事故的发生，造成损失的因素具有多样性，不易将各种保险事故与相应的损失后果严格区分开来。第三，森林灾害发生比较频繁，局部地区的损失规模可能较大，风险在一定地域范围内难以分散，导致森林保险可保性差。第四，由于森林保险依据的资料不充分，特别是保险行业没有积累起一定量的业务数据（如赔案数据）以支持精算工作，无法正确评估风险和厘定准确的保险费率。

（三）森林保险经营成本高

森林保险经营成本高主要体现在以下几点：第一，展业成本高。保险公司在开展森林保险过程中，积极探索推进森林保险的渠道，其中业务人员下乡推广保险是开展森林保险的主要方式，但这种方式会带来较高的经营成本。第二，保费收取成本高。由于林区往往地处偏僻，山高地广，交通困难，收取保费困难，林业生产点多、面广、线长，从业人员数量多，经营分散，管护难度大，保费收缴工作困难。第三，森林经营保险技术复杂，核损和理赔成本高。由于林地状况、树种、林龄等情况复杂，森林保险的承保、查勘、定损技术难度大，逆向选择和道德风险都比较严重，需要专业的技术人员，但森林保险业务的低营利性使得保险经营机构没有招募和保有专业技术人员的积极性，专业化理赔队伍明显不足。特别是，森林保险的出险地区一般都比较偏远，受灾面积一般较大，往往需要二次勘察理赔，理赔周期长，理赔人员需要长时间高强度地对现场进行勘察。考虑到大部分林业经营主体经营规模小、保险标的分散，保险公司经营必须投入大量的人力、物力成本，风险管理的难度大。此外，由于林业分布面广、不同林业经营主体的林木分界不清，给承保和理赔时确定对象和数量带来了一定的困难。

（四）保险价值确定难度大

保险合同中的保险金额应根据保险标的的价值来确定。在普通财产保险中，保险标的的价值在投保前可以事先确定，而在森林保险中，保险标的的价值在投保之前仍未形成，一般只是根据经验和预期来确定其保险价值，但是这个价值并不固定，而是会随着森林的生长、劳动和资金的投入而发生变化；加上森林资源市场价值会随着市场波动而发生变化，使得合理确定森林保险保额变得难上加难。

（五）森林保险费率厘定难

森林分布在广阔的林地上，不能仓储、封闭，管理难度大，森林火灾、虫灾、盗伐等自然或人为灾害频繁发生，使得森林经营面临巨大风险。另外，我国幅员辽阔，森林分布不均，各类森林灾害事故的发生极不规则，森林灾害损失程度在各地之间、同一地区不同年度之间都存在差异；加之以前不够重视对有关森林灾害事故发生情况进行数据收集和积累，导致测定森林灾害发生频率难度大，从而难以科学合理厘定森林保险费率，最终影响森林保险业务的开展。

（六）出险理赔定损难度大

森林内部结构复杂，植被丰富，品种繁多，功能多样，这些特点使得森林价值本就难以确定。而且，由于森林受灾时间和受灾程度不同，造成的损失也会有所不同。因此，在各种环境因素的综合影响下，森林灾害的损失难以测定。另外，森林保险标的在不同的生长阶段有着不同的价值，林木生长周期长，未来市场价值难以预测，一旦发生灾害事故损毁标的，现场查勘、定损、赔付等工作求证不易，且费时费力，易产生偏差。特别是，森林生长具有季节性，必须要等到来年春季才能观测到受损树木的实际损失程度，森林保险的灾后观察期将长达几个月左右。由此可见，在诸多因素的作用下，森林保险的出险理赔定损难度远比一般财产保险大。

四、森林保险功能

森林保险的基本职能包括风险补偿和金融增信两个方面。

（1）风险补偿。风险补偿职能是通过向每个林业经营主体收取少量保险费，承诺在保险事故发生或保险条件成立时给予被保险人补偿，即森林保险有助于林业经营主体将难以预料的风险损失通过小量的保险费用支出，转移给保险公司，化"不定"为"固定"，以解除林业经营者的后顾之忧。森林保险的风险补偿作用不仅体现在损失补偿上，更体现在管理服务上，从根本上降低林业经营风险的同时为林业生态安全打下坚实基础。当前，随着森林保险快速发展，保险机构承保面积不断扩大，保险机构不断加强与其他部门的联系，共同搭建风险管理平台，建立健全森林保险防灾减损体系，充分发挥大数据、卫星遥感技术和无人机等先进技术手段的作用，提高风险管理服务能力，把风险管理服务贯穿于保险业务与经营管理的始终，将森林保险的经营模式从单纯的"灾后赔付"转为"防赔结合"，实现森林保险服务与供给升级。

（2）金融增信。金融增信职能是通过特定金融产品结构进行设计和协议安排，确保债务人按时支付债务本息，以提高金融产品的质量和安全性。森林保险实现金融增信，即在林业经营主体进行林业生产过程中缺乏林业生产资金而需要向银行申请贷款时，需要购买相应的以所进行的林业生产项目为标的的森林保险，将保单"质押"给银行并签订协议，当所投保的项目因发生自然灾害导致林业经营主体无法偿还银行贷款的本息时，信贷机构将作为第一受益人，在本息范围内获得保险公司的承保额。通过森林保险实现金融增信，需要保险公司的承保额超过需要偿付的贷款本息，信贷机构会对林业经营主体的信用评级进行调整，并给予其利率优惠。林业信贷和森林保险在业务经营上相互弥补、互相合作，可以将各自的交易成本尽量降到最小。在森林保险的推动下，投资的增加促使收入成倍性地增加，而收入的增加又会促使投资增加，使得经营主体更加注重风险的保障，这个良性经济循环过程的实质就是林业生产经营者、林业信贷和森林保险三者之间的良性互动过程。

第三节 相关理论与基本属性

一、森林保险相关理论

（一）市场失灵理论

当遭遇自然灾害时，对于小范围的林业风险，林业经营主体可通过传统的风险管理措施如亲朋借贷或者差异化树种培育等方法进行风险分散。但如果覆盖面积较大，传统的风险管理措施已不能有效分散风险，此时森林保险作为分散林业生产风险的重要工具，可以帮助林业较快恢复再生产。然而，与一般风险相比，林业风险具有可保性差、风险单位大、区域性明显、监督成本高等特点，加之森林保险市场中频繁出现的道德风险和逆向选择现象，大多数商业保险公司不愿意从事规模小、收益低、赔付率高的森林保险业务，在没有政府补贴或者资助的情况下，森林保险市场大多处于市场失灵状态，即在市场经济的环境下无法使资源有效配置，投保主体和保险公司之间无法形成合作。

（二）信息不对称理论

1. 森林保险道德风险

道德风险包括隐藏信息的道德风险以及疏忽行为的道德风险，前者由投保人不诚实或故意欺诈引起，后者由投保人疏忽和过失行为引起。在森林保险市场中，道德风险问题较其他保险市场更为严重，其主要原因是标的物的价值存在差异，并且国家要求获得许可证才可以进行树木砍伐及销售。有些林业生产经营者基于短期利益驱使，想尽快获得林木销售收入，但是迫于砍伐许可证难于获得，便通过制造人为火灾达到砍伐的目的（国家规定遭遇火灾的林地需要更新再造，从而具有砍伐资格），导致森林保险的道德风险问题较为严重。未投保时，林业经营主体为避免自行承担灾害的损失，会在事前主动采取一切可行的风险管理措施，以将灾害发生的可能性降至最低，或在事后采取积极措施将损失最小化；若已投保，当事人所承担的损失会因保险公司的参与而得到分摊，这就大大降低了其风险管理积极性，从而提高了灾害事件发生的可能性或增加不必要损失，导致保险公司的赔付率上升和保险费用增加，进而造成保险公司不愿意经营森林保险业务、森林保险市场萎缩、社会资源配置无效的局面。

2. 森林保险的逆向选择

逆向选择是指合同交易双方签署合同之前，信息优势方利用其掌握的信息使得合同的签订有利于自己，从而出现劣币驱逐良币的现象。在森林保险市场中，保险公司了解不同森林资产对应不同等级的风险，在理想条件下，可以精确区分高风险者，并提高此类产品的保险价格，以保证收益最大化或损失最小化。但在现实情况中，对不同森林资产差别对待尤为困难，故在保险公司按照林业风险平均损失概率制订保险费率时，作为信息优势方的林业生产经营者由于长期经营林地，对自身风险水平有比较清晰的认识，可能获得高赔付的或者赔付可能性大的林业经营主体会更加愿意购买保险，而低风险林业经营主体则拒绝购买保险。这样一来，高风险林业经营主体比重越来越大，而低风险林业经营主体比重减小，投保人结构发生变化，保险公司对投保人的平均赔付金额增加，保险产品价格随着平均损失的升高而升高，潜在客户群体缩小，间接影响保险产品的供给和需求，最终导致整个森林保险市场萎缩。

（三）公共物品理论

公共物品的严格定义是由新古典经济学家保罗·萨缪尔森提出的，即公共物品是指每个人消费这种物品而不会导致其他人对该物品消费减少的商品；与之相反，私人物品是指可以分割并供不同人消费的商品。公共物品有"消费的非竞争性和非排他性"这两种属性。具体来说，消费的非竞争性是指一个人对某种公共物品的消费并不会影响其他人从中获得效用，增加额外消费者的边际成本为零；消费的非排他性是指一个人在消费某种公共物品的同时，不能排斥他人对该公共物品消费的可能性。同时具有非排他性和非竞争性的物品又称为纯公共物品。之后很多学者对上述定义及公共物品的双重属性产生怀疑，马戈利斯（Margolis）认为生活中很难寻找到如萨缪尔森所定义的公共物品，现实中许多物品都是介于纯公共物品和私人物品之间，因此被称为准公共物品，如布坎南提出了俱乐部物品、奥尔森提出了公共资源。综上所述，按照经济物品的分类，公共物品有狭义和广义之分，狭义的公共物品是指纯公共物品（兼具非竞争性和非排他性），广义的公共物品是指准公共物品（具有非排他性或非竞争性），包括私人物品、俱乐部物品与公共资源三大类。

根据联合国《千年生态系统评估报告》，森林生态系统服务可以分为供给服务、调节服务、文化服务和支持服务四大类。按照广义公共物品的定义，森林生态服务公共物品具有非竞争性或非排他性：森林生态服务具有非排他性，不能排除所谓的"搭便车"者，即不能阻止未参加保护森林的居民免费享受森林生态服务带来的各种福利增进，包括客观上无法排除和因成本较高而不值得排除。这种性质将导致森林资源配置效率低下，市场价格不能有效调节消费者与保护者对森林生态服务福利增进的分配，使得森林资源保护者的积极性不足，最终导致森林生态服务供给不足；森林生态服务具有非竞争性，即森林生长所提供的森林生态服务功能被消费，其他人享用或消费这一福利的边际成本为零。例如，森林提供清新空气、涵养水源及保持水土等生态服务功能一旦被提供，其他人不用支付任何额外费用即可享受这些福利。由此可见，森林是一种准公共物品，而森林保险的属性基于森林这种对象的性质，也是一种准公共产品，具有非排他性或非竞争性。

（四）外部性理论

外部性即溢出效应，是指行为个体的某些行为或经济活动不通过价格而影响到另一个行为个体的环境。外部性分为外部经济和外部不经济两种。其中，外部经济是指行为个体的某些行为或经济活动使得另一行为个体获得收益，但无法对其收取费用的现象；外部不经济指行为个体的某些行为或经济活动使得另一行为个体受到损失但无法获取赔偿或补偿的现象。庇古提出了解决外部性的基本思路，即外部性内部化，指由政府干预经济活动，使经济主体在干预经济活动中获得的私人收益或成本转化为社会收益或社会成本，在某种程度上强制完成之前不存在的货币转让，减少或消除因外部经济性的存在导致私人收益与社会收益、私人成本与社会成本不一致的问题，主要包括征税与补贴两种办法。当外部不经济存在时，边际社会成本超过边际私人成本，采用征税即"庇古税"的办法实现边际社会成本与边际私人成本相等，如对排污者按照其污染造成的损失进行赋税，运用征税的方式来减少或消除边际私人成本与边际社会成本的差距。当外部经济存在时，政府则对正效益提供者提供补贴，以激励其继续发展，实现边际社会效益与边际私人效益相等，达到帕累托最优状态。

（五）公共财政理论

由于市场存在失灵现象，必须依靠市场以外的力量，公共财政就是为了弥补由市场失灵带来的公共需求的供给不足，向社会提供公共服务的政府行为或其他经济行为。所谓市场以外的力量，就是指政府的力量，政府再分配行为可以通过税收进行，也可以采取补贴的方式，以提供公共服务的方式来间接再分配收入，为市场提供公共服务、与预算有关的经济行为。因此，公共财政是以满足社会公共需要、提供公共产品为目的的政府职能，是市场经济宏观调控的一部分。森林有着巨大的生态价值，承担着保护环境的重要责任。近年来，国家越来越重视森林的生态保护和建设，林业作为公益性事业，是公共财政支出的重要部分。保护森林是我国实施可持续发展战略的必然要求，也是造福子孙后代、保护人类家园的客观需要，因此重视林业发展能够满足社会的公共需要，能够为社会提供公共产品和服务。同时，"准公共物品"属性使得森林为社会提供了公共产品或公共服务，但也存在一定程度的市场失灵现象，因此林业生产经营活动需要公共财政的资助与支持，公共财政要补偿林业生产经营者因提供公共利益而增加的成本或损失，必须为森林的保护与发展提供最大力度的支持。

二、森林保险的基本属性

（一）森林保险的准公共物品属性

通过森林保险相关理论可知，森林保险产品属于准公共物品，并具有如下基本特征。

1. 森林保险产品在效用上具有多面性和不可分割性

森林的使用价值一方面属于有形效用，即木材和林产品能被人们直观感受并满足人们生产和生活需要，出售这种使用价值，可以使其价值立即得到实现；另一方面森林提供无形的生态效用，如涵养水源、固碳释氧、保持水土、调节气候、美化环境等，被整个社会无偿享用，因此森林保险为森林分担风险，受益者不仅仅是林业经营主体，而是全体社会成员。

2. 森林保险产品在消费上具有一定的非排他性

非排他性是指任何人即使不愿意为某物品提供的服务付费，也不可能把自己排除在该物品和服务的消费之外。一般来说，保险具有"谁投保，谁直接受益"的特性，林业经营主体在投保时能比较清楚地认识到只有投保才能享受森林保险分散风险的功能。因此，森林保险在一定程度上具有私人物品的属性，但是在其消费过程中或者在经营的一定环节上，如风险防范、生态效益等，森林保险都不具有排他性。

3. 森林保险服务利益计算具有一定的模糊性

当投保者的生产经营遭受自然灾害时，保险能够使其迅速得到补偿，恢复生产，从而减少自然灾害造成的生产波动，林业再生产的恢复和生态效益的保持使整个社会的福利水平也得到了提高。但是我们能够衡量的森林保险服务收益只能源于被保险对象，对于整个经济社会获得的收益则无法详细计算。

（二）森林保险的外部经济属性

外部性是指某人或某单位的经济活动对其他人或单位所产生的非市场性的有利或有害的影响，前者称为外部经济，后者称为外部不经济。森林保险的收益具有一定的社会性和公共性。如图 1-1 所示，假定在没有保险时，森林的供给曲线是 S_0，需求曲线是 D，此时消费者剩余是 P_1AP_0，生产者剩余是 P_0AO。林业经营主体购买森林保险以后，由于保险有助于增加森林的供给，必然使供给曲线向右下方移动。移动后的消费者剩余净增量为 P_0ABP_2，价格的变化使生产者剩余由原来的 P_0AO 变化为 P_2BO。生产者剩余增量是正值还是负值，取决于森林保险费用与新增收入的差额。但对整个社会而言，社会福利的增量（$\triangle ABO$ 的面积）总是正值，这说明引入森林保险可以提高整个社会的福利水平。从理论分析可见，引进森林保险，保险人并不得益，投保的林业经营主体在一定程度上获益，而消费者是最大和最终的受益者。从这个意义上讲，森林保险具有正的外部性。

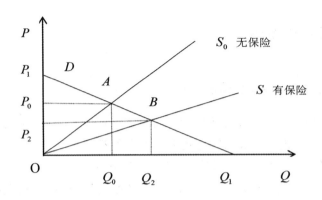

图 1-1 森林保险社会福利分析图

另外，从购买森林保险所获保障的直接效果来看，森林保险的消费具有排他性，不购买森林保险就不能获得发生灾害后的经济补偿。然而，从经营森林保险的完整环节来看，却无法排除没有购买森林保险的林业经营主体从森林保险中受益。保险公司在对森林保险标的物采取风险防范措施时，没有购买森林保险的林业经营主体经常可以搭便车，比如森林防火工作往往具有区域性，因而邻近的未投保林地也能从中受益。从这个角度来说，森林保险同样具有正的外部性。

经济学理论认为，对于正外部性来说，产生外部性的一方并没有得到全部收益，其私人边际收益小于边际社会收益，两者的差额就是边际外部收益。由于私人边际成本不发生变化，根据边际收益等于边际成本的原则，实际产量将会低于社会最优产量，即私人生产不能满足社会的实际需求。从社会福利角度来看，资源配置呈现低效率状态，未能实现帕累托最优，外部性干扰了资源的最优配置。为了达到一个较好的经济效率，政府要为正外部性的制造者提供经济补偿，促使其扩大生产规模，以满足社会需求。因此说，森林保险的准公共物品特性和外部经济性决定了森林保险的发展离不开政府的政策支持。

（三）森林保险补贴的福利经济属性

森林保险是一种准公共物品，具有极大的正外部性，因此政府的直接经营或大量补贴是森林保险发展的必要条件。

如图 1-2 所示，没有森林保险的商品市场中的林产品的供给曲线用 S_0 表示，现假设引进森林保险制度，林业经营主体支付全部的保险费用，保险会减少林业经营主体的生产损失。供给曲线由原先的 S_0 下移至 S_1。当需求缺乏弹性时，林产品价格由原先的 P_0 降到 P_1，消费者获得的消费者剩余为 P_0ADP_1。林业经营主体原来生产 Q_0 产量的成本可以减少 AC，净节省费用为 $\triangle OAC$。由于可节省费用，林业经营主体即使没有补贴，也会去购买森林保险。对整个社会来说，净福利表现为 $\triangle OAD$ 的面积，其大小取决于供给曲线由 S_0 到 S_1 的移动程度。由于所支付的保险费已经包含在 S_1 里，因而△OAD 的面积所显示的净福利所得就可以衡量引进无补贴的森林保险的社会价值。随着林业经营主体的参与程度提高，林产品供给弹性会相应增大，社会福利的增量也会增加。但是，生产者剩余会逐渐减少并向消费者转移，以至于生产者的最终利益较引入森林保险前减少，林业的平均利润下降。

因此，政府应通过补贴森林保险，把此部分超额剩余返还到林业经营主体手上。补贴实际上使供给曲线进一步下降到 S_2，均衡产量由 Q_1 增加到 Q_2，而产品价格也进一步下降到 P_2。很显然，补贴后社会福利增加了△ODG，小于补贴的成本 P_2P_3FG。但这部分社会净损失已通过政府补贴的形式转移给保险公司，其本质只是政府对社会资源的合理再分配，这种合理分配的结果是使消费者获得更多消费者剩余。由此，林业经营主体由于投保获得较高的风险保障，保险公司获得了政府补贴，并一步增加森林保险的供给，最终实现了社会福利的最大化。

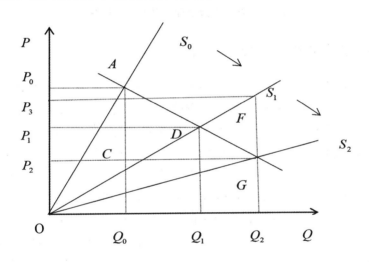

图1-2　有无补贴时的森林保险产品消费者和生产者剩余比较图

将林业经营主体的个人需求曲线加总，可得到森林保险的私人需求曲线 D_x（见图1-3），由于森林保险具有正的外部效益，其社会需求曲线应是个人外部效益需求曲线的纵向加总，即 D_S。森林保险的社会总需求 $\sum_D$ 是 D_x 与 D_s 的横向加总。若没有政府补贴，市场均衡点在 E_1 点，价格为 P_1，数量为 Q_1。但由于该均衡点并未考虑到社会需求，因而是相对无效率的。政府介入森林保险市场后，通过财政补贴，可以使均衡点移至 E_2 点，但此时的价格为 P_2，而林业经营主体个人消费实际负担价格为 P_3，其间的差额就是需要政府补贴的部分。此时森林保险供求的均衡数量为 Q_2，实现了资源配置效率的最优。

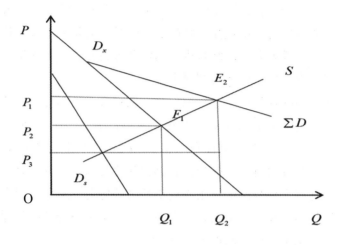

图 1-3　森林保险财政补贴最优规模图

（四）森林保险的信息经济属性

从信息经济学角度分析，信息不对称就是参与者之间不做对称分布的某些事件的相关知识和概率分布。保险业的经营是典型的不对称信息条件的经济主体之间的交易行为。森林自身的特殊性，也决定了逆向选择与道德风险在森林保险中产生与表现的特定性。森林分布的地域分散性、森林生长过程的复杂性和长周期性、森林资源价值核算的不确定性，使得森林保险市场上保险人的信息搜寻成本较高，森林保险的承保险费率也要相应提高。高保费导致部分风险水平较低的优质客户退出森林保险市场，而剩余大量高风险投保人的集中必然会使保险人的赔付率上升。我国地域辽阔，林地和林木分布在自然条件、经济水平各不相同的区域，林业经营者所面临的风险各不相同。当信息不对称造成的逆向选择与道德风险成为普遍现象时，森林保险的赔付率将远高于保险公司的预期，从而导致森林保险市场的有效供给不足。

1. 森林保险标的风险差异大，实行统一费率易诱发逆向选择

现阶段的集体林权制度改革进一步明晰了产权，林地的经营权及林木的所有权更为复杂和多样，加之林区交通不便，给森林保险的展业和承保控制带来高昂的成本。而且，由于不同树种、不同地域、不同立地条件的林木生长速度不同、质量不一，价值及风险程度难以测算，保险理赔工作量大，容易产生纠纷和歧义，森林保险的条款设定和费率厘定只能化繁为简，根据风险单位集合的平均损失率来确定。而这种"总体平均"费率有利于高风险单位，不利于低风险单位，使得低风险者放弃购买保险或鼓励原来的低风险者从事高风险项目，必然导致森林保险的赔付率升高，迫使保险公司提高所有潜在保户的费率，由此又创造了一个更大的逆向选择市场。最后的结果是，市场上只剩下高风险者与保险人进行交易。以森林火灾为例，森林火灾多由人为原因引起，故林业经营主体只为位于村边、田边、路边等离居住地比较近的森林投保。从树种来看，阔叶林和混交林的起火概率很小，林业经营主体一般不会为其投保。

2. 森林保险标的价值难确定，实行固定保额易诱发逆向选择

对于一般的财产保险，保险标的价值基本不变或随时间推移而折旧贬值，但是森林资源的价值却随生长周期的增加而不断增长。林业生产的劳动和资金投入在造林阶段占50%以上，其后是幼林抚育阶段，经营者投入逐渐减少，林价与生产者的阶段投入缺乏相关性。受区位、树种、交通等诸多因素制约，林木价值往往有很大差距，造成投保人对保额高低有不同要求，而目前的森林保险方案均采取"低保额、保成本"的原则，每亩保额为400～1250元，远低于成林的实际市场价值。虽然森林保险的理赔条款中规定，赔付时要参考林龄、林种、残值、灾损程度来确定赔付额，但目前在实际操作中政策性森林保险均不分林龄、树种，统一确定固定的保额，使得森林保险很容易违反保险最基本的损失补偿原则，从而导致林业经营主体选择为风险较大的幼林及成本投入较低的树种投保。

3. 森林保险标的周期长，实行单次投保易引发道德风险

长期的不断投入、几乎一次性的产出，使得森林生产经营过程孕育了大量的不确定风险因素。实证研究表明，林业经营主体在购买保险后，会减少或放弃采用许多原来行之有效的风险管理措施，以增加保险索赔的预期。首先，投保人的防损行为会产生背离。森林保险标的是正处于生长阶段中的林木，而林木生长的好坏、发生灾害的概率在很大程度上取决于生产经营者管理照料是否周到、采取的措施是否合理。其次，投保人的减损行为会产生背离。森林在生长期内具有自身调节和再生能力，对于森林病虫害和其他一些风险灾害，如果林业经营主体能给予适当的照料，即可达到消除或减轻损失程度的效果，保险事故的发生并不意味着最终损失的形成。但由于道德风险的存在，投保人怠于灾后管理、不及时采取灾后补救措施，导致最终损失扩大。最后，投保人故意导致损失扩大或制造保险事故，如林业经营主体将有用之材间伐之后，准备更新树林时，故意将余存部分炼山，编造失火原因，以索要保险赔款。道德风险的存在使得森林保险供给前后的损失概率、损失程度发生偏差，影响保险公司的收益。

综上所述，森林标的价值的动态变化性，使得森林保险经营存在严重的信息不对称，与其他险种相比，森林保险中的逆向选择和道德风险问题更加严重，市场经营容易出现亏损和停滞状态。因此，为了避免投保人的道德风险和逆向选择问题，保险公司应尽可能地精确划分风险区域，进行费率分区，细分费率档次。此外，由于各地区的气候、土壤、地形等自然环境条件、社会生产技术及经济发展水平不同，森林分布和林业生产也具有明显的地域性差异，这就决定了森林保险应该根据各地的实际情况，具体确定承保的条件和方式。

第二章　国外森林保险发展模式与经验借鉴

本章以美国、日本、澳大利亚、瑞典和芬兰 5 个国家的森林保险发展模式为例，分析其运行机制、产品要素、补贴模式，并提出我国森林保险可借鉴的经验与启示。

第一节　美国森林保险

一、森林保险发展历程

（一）缓慢发展：20 世纪初期至 1924 年

20 世纪初期，发展伊始的美国森林保险一直处于弱势，森林保险供给与需求显著不足。由于政府尚未健全森林保险补贴制度，大部分森林保护措施的费用由林场主直接承担，而森林保险是由商业性保险公司经营的，在此情况下，林农无法在直接承担森林保护措施费用的基础之上额外支付森林保险的保费，致使森林保险的需求量不足；另一方面，森林保险业务营利空间较小，又具有高风险、高赔付的特点，保险公司往往缺乏开展相关业务的积极性，因此其保险费率高出林场主能够支付的水平。美国森林保险系统在很长时间内没有生效主要有两个原因：一是社会上尚未明确森林灾害的相关知识，夸大了森林保险的保费水平；二是美国大部分州的森林保护措施缺少法律的强制执行，也鲜有林场主自愿实施，导致森林灾害的发生风险过高。根据美国森林火灾保险委员会的调查，这一时期仅有少量商业性保险公司小规模地开展森林保险相关业务，且发展相对缓慢。一些研究认为，这一时期美国的森林保险落后于当时一些欧洲国家 20 年，甚至 30 年。

森林保险的缺乏增大了森林资产的风险，导致林木所有者倾向于流通和变现他们的森林资产，这在一定程度上提高了森林资产的交易频率和总交易成本。商业保险公司为追求利润实现效率，要求林农缴纳一定比例的保费，而林农认为保费过高无法支付，效率与公平发生了矛盾。想要破解矛盾，必须突破单项制度、政策、措施的局限性，从不同层面（如微观与宏观、市场与政府等）采取多种制度、政策和措施配套解决。随着美国林业的进步，人们开始倾向于林业管理的可持续发展，森林火灾风险的存在与森林保险的不发达使得林场主们不愿意长时间地持有其森林资产，这与美国林业当时新的发展理念相悖。

表2-1　美国森林保险公司供给服务开展历程

保险公司	供给服务
伦敦凤凰保险公司（Phoenix Assurance Company of London）	该公司被认为是第一家在美国积极开展森林保险业务的公司，其太平洋海岸分部在1916年宣布在俄勒冈西部的卡斯卡特山脉以及华盛顿州开展森林保险服务。林主保险费率为1%～1.5%，债券持有人保险费率为0.5%～0.75%。一次火灾的最大赔偿责任定为17 500美元，参保的主要树种包括杉树、云杉、雪松、松树等。由于难以获得营利，凤凰公司于1918年终止了此项森林保险业务
林地互助火灾保险公司（Timberlands Mutual Fire Insurance Company）	这家公司在1917年于新罕布什尔州的朴次茅斯开办了森林保险业务，这一业务的开展主要是受到Weeks法律（威克斯法）的影响，该法案对联邦与各州的联合火灾防护进行了规定，实质上是1924年Clarke-McNary Law（克拉克-麦克纳利法）的一个先行法案。该公司的森林保险业务主要针对火灾与雷电灾害，并采取合保的形式，最初设定保险费率为2.0%，至1919年降为1.5%
家庭保险公司（Home Insurance Company）	该公司于1923年开始提供针对商品材的森林保险，并在第二年又开展了针对种植园的保险，且仅在林地具有适当的防灾措施的情况下提供25 000美元以上的保险服务，保险费率为1.25%
美国财产险和员工福利经济私人公司（Assured Partners）	以Assured Partners为代表对美国现今的森林保险进行说明。Assured Partners的前身为戴维斯-加文办事处（Davis-Garvin Agency），向林场主提供混合责任综合保险（Comprehensive General Liability，CGL）。单次事故的最大赔偿额度为1 000 000美元，总计2 000 000美元，保险费率为0.65%～1.25%。保额根据实际立木价格或相关政策规定来确定，对于非商品林，则按照林场的建设、种植、养护的实际成本加上每年7%的复利进行计算

（二）稳步推进：1924年至今

1924年7月，美国政府出台了Clarke-McNary法案，提出森林保护措施是森林灾害发生前采取的防范措施，而森林保险是森林灾害发生之后的灾害补偿财务制度。基于此法案，为了有效保护和合理利用森林资源，美国农业部的森林服务部针对森林火灾损失和森林保险的供给展开了研究。这一研究首先考察了森林保护措施与森林保险的结合能否使森林管理向可持续发展的方向进行。调查得出两个结论：一是森林保险要和森林保护相结合；二是政府应当承担一部分保护措施的成本。这也是其他发达国家在森林保险政策实践中所认同的理念。森林保险业是为了防范森林风险，降低林农重建成本才出现的，因此森林保护实际上比森林保险更为重要。从理论的极端角度来看，如果森林保护做得足够好，可以使森林灾害发生的概率降为零，那么森林保险将变得毫无意义。

法案的出台与后续的修订最终为森林所有者承担了大部分保护措施成本，减轻了林场主的投保负担，为森林保险市场的发展提供了必要的条件。另一方面，法案也要求美国政府为私人保险公司的森林保险业务提供一定的业务费补贴。这一举措直接扩大了保险公司在此业务上的利润，吸引大量保险公司进入森林保险市场，为该市场注入活力，也使得保险险种逐渐多样化。通过这种双向补贴的方式，美国的森林保险市场同时实现了公平和效率，从而形成了一个可持续发展的森林保险补贴体系。

可以认为，美国森林保险的发展模式是在经历了多次探索之后，在 Clarke-McNary 法案的制定之下，基于专家对美国森林保险发展问题的系统总结，通过对政府、保险公司、林农等多方调查后提出的。经过政府对林业的大力支持和森林保险的市场化竞争，森林保险在国家森林资源的保护和有效利用方面起到了重要作用。有意义的是，美国森林火灾保险的其他特征为金融市场的发展提供了便利。经过保险后的森林资产价值会增加，使其更容易被银行等金融机构所接受而成为贷款抵押物，为林场主融得所需资金，这也成为森林保险开展的主要动力之一。

二、森林保险运行机制

（一）组织运行体系

美国私有林和国有林的森林保险组织运行体系不尽相同。私有林在美国处于重要的地位，森林企业、私有木材公司、农场主和林场主是美国人工造林的主力军。在联邦政府的支持下，美国于 20 世纪先后大规模地开展了三次人工造林。目前，实现了林产品生产从天然林到人工林的转变、森林采伐从大于生长量向小于生长量的转变。全国私有人工林面积占全国人工林面积的 80% 以上。用材林中，私有林占 73%，其林木产量达到了全国木材产量的 90%。近百年来，私有林得到了美国政府的经济扶持和法律保护。为了加强对私有林的经营管理，政府颁布了一系列法律并对私有林主实施了多种优惠和扶持政策。同时，森林经营管理完全由林主根据其土地情况、木材生产周期、市场需求、价格等因素自行决定。各州及所管辖的县都编制了最佳森林经营方案，私有林主都能自觉执行森林经营方案。其主要做法如下：①用法律规范私有林主行为。②采取生态效益补偿措施。③实行林业税收优惠政策。④采取造林成本补贴。美国政府无权干涉私有林的经营，但可以通过实施一系列扶持政策鼓励私有林主造林。联邦政府每年都有一定的预算拨给州政府，作为奖励私有林主的经费。造林费用一半由林主自己承担，一半由州政府以奖励的形式给予补助。但经营者也需要根据联邦政府制定的标准，履行项目申请、批复、施工和验收等一系列程序，经政府补贴营造的森林采伐也要经过批准。⑤实行林业技术推广服务。美国联邦农业部设立了技术推广局，负责技术推广。

美国的国有林由联邦政府和州政府负责经营管理。虽然是多头管理，但立法较完善，规章制度较齐全，依照法令，各部门的森林发展目标较为明确，分工各有侧重，因此保持了相对协调。美国对国有林业的投资有两个特点：一是收支两条线，投入有保证。美国对国有林业的资金投入，全部由联邦政府和州政府解决，在财务上实行"收入全部上缴财政，支出全部由政府预算安排"的收支两条线办法。二是精打细算，注重效益。例如，在造林地的选择上，先选立地条件好的宜林地，有目的地营造经济效益较高的纸浆用材林，而在立地条件差的沼泽地、沙壤地种植生产成本低、生态效益高的林木。在国有林区的木材生产和造林、育林、抚育等生产作业中尽量采用招标方式，立木出售也实行招标。这样做减少了林业生产固定员工、增加了临时员工，形成了较为灵活的工作制度，同时降低了人力成本，没有庞大的后勤队伍，没有社会负担，人员精干，效率较高。又如美国的环保休耕计划，美国于1986年开始实施环保休耕计划（Conservation Reserve Program），该计划与我国的退耕还林（草）工程有相似之处。该环保休耕计划的可取之处在于项目能够合理规划，政策激励与市场机制有效结合。项目以农民自愿参与为基础，申请及审批过程在竞争、公开、透明的环境下开展，在改善生态环境的同时，遵循成本效益原则，把生态效益与农民利益的合理补偿有机地结合起来。

（二）市场运营模式

在自由竞争的市场经济条件下和政府对林业的大力支持下，美国私人保险公司开展了多样化、综合性的森林保险业务，多家保险公司采取合保的形式来分散风险。美国政府除对林农和保险公司进行补贴外，还通过隶属农业部的风险管理机构（RMA）来监督和管理美国农业保险项目。RMA还通过签订风险管理伙伴关系协议提供资金开展保险产品研究、开发、教育和培训等。

美国森林保险的运行模式主要有以下几个特点：

第一，美国森林保险的发展得益于金融市场的完善，并以发达的金融市场为重要依托。美国拥有全世界最发达的金融市场，森林保险市场在这样的背景之下，形成了具有鲜明特点的运行机制。美国森林保险市场的发展为金融市场的相关业务拓展提供了机会，如参加保险后的森林由于价值增加而易于作为贷款抵押物被金融机构所接受，从而加快林业资金的运转。这是发展林业的重要契机，也是森林保险深入开展的动力。

第二，美国森林保险中引入了竞争机制。在美国灵活自由的市场经济条件下，竞争机制促进了森林保险条款的多样性和合理性。例如，多家保险公司采取合保的形式来分散风险，经过政府对林业的大力支持和市场化的竞争性发展，美国的森林保险市场在其国家森林资源的保护和有效利用方面起到了不可或缺的作用。

第三，银行在美国森林保险市场中充分发挥中介机构的作用。中介机构，如银行和机构投资者，可在森林保险市场中起重要作用，增强资金的安全系数和周转能力。例如，在美国东南部，森林保险的覆盖率超过 90%，尤其在北卡罗来纳州和南卡罗来纳州。这主要是因为森林投资者（如美国最大的投资银行——瓦乔维亚银行）为了保障其利益不得不寻求一种综合性的森林保险。

第四，美国森林保险形成了相对完善的灾害应对机制，通常可以在短时间内调动充足的资源，以减少时间上的相对损失。联邦应急管理局、地区林务局和地区政府能够实现部门之间的相互协调，在救灾资金方面也能够在时间和数量上提供最大支持，并在受灾地区启动社区补助计划。美国还形成了科学的灾害损伤评估标准与救灾方案，且对不同类型森林灾害的处理方案都进行了细致的划分。

第五，美国森林保险成立了专门的协调管理机构。森林保险体系是一项系统工程，涉及多个领域、多个部门，美国政府特别重视这项工作，美国农业部成立的风险管理署对包括森林保险在内的国家农业保险计划进行专业管理与运作，统筹规划与协调管理，确保农业保险保费补贴到位、产品设计科学合理、再保险和农业巨灾风险分散机制得以有效运行。虽然政府成立了专业的协调管理机构，但并未干涉农业保险的直接操作，而主要是为农业保险经营机构提供财政补贴、技术支持和业务指导。

（三）巨灾风险分散机制

巨灾风险分散机制和风险控制手段对于保障巨灾保险的顺利实施具有非常重要的作用。美国的风险分散手段主要有两种：一是开展再保险业务，形成再保险市场。美国的商业保险公司在承保后，一般会进行再保险以降低风险。二是巨灾风险证券化。美国资本市场上推出了诸如巨灾期权、巨灾债券、巨灾期货、巨灾互换等的保险衍生商品，形成新的巨灾保险风险控制方式，即巨灾风险证券化机制。

三、森林保险产品要素

与其他保险市场类似，森林保险也需要根据标的物的具体情况而确定不同的保费，以降低逆向选择和道德风险等信息不对称所造成的交易成本。美国的保费和险种的制定不是依靠经验，而是通过对实际情况精确的数理计算制定的，在制定的过程中，要充分考虑到气候、季节、地形、公民收入等多方面因素（见表 2-2）。

（一）保险品种（责任）

美国森林保险的险种已由最初单一的火灾险种，逐步发展为如今包括飓风、龙卷风、冰雹、干旱、霜冻和病虫害等灾害以及附加险的综合险种。火灾指野火对林木资产的损害。在一般火灾保险中，森林保险人必须考虑地形和气候两个因素：地面的坡度影响森林火灾的蔓延速度和易控制程度；气候也非常重要，因为降水、相对湿度、温度和空气运动都会影响到可燃性。综合灾害通常指飓风、龙卷风、冰雹、干旱、霜冻和病虫害等造成林农的损失。除林木损失外，森林灾害还会给投保人带来其他损失，如灾害扑救费用、受灾现场清理费用等，为减轻负担，往往需要林木所有人额外投保附加险。

（二）保险金额

确定森林保险保额的难度最大。保险公司希望对林木进行全额保险，以获得较多的保费，而投保人则因林木数量在森林经营过程中会发生变化，通常不愿对全部林木进行投保。一般按照单位面积林木蓄积量的价格确定保险金额，按照森林面积的大小收取保险费。

1917 年林地互助火灾保险公司业务开展的第一个季度，公司向新罕布什尔州、马萨诸塞州和佛蒙特州 57 个城镇的 62 位保单持有人提供了保额总计 276 000 美元的保险；1923 年家庭保险公司只有在林地具有适当的防灾措施的情况下提供 25 000 美元以上的保险服务；Assured Partners 的保额根据实际立木价格或相关政策规定来确定，对于非商品林，则按照林场的建设、种植、养护的实际成本加上每年 7%的复利确定保额。至 1983 年，已有保险公司开始根据不同树种的价值、投保时的林龄和投保期限分别确定不同保额的业务。

（三）费率厘定

发达国家多根据不同地区面临的森林灾害风险大小，按区域划分风险等级，确定保险费率标准。美国根据森林的气候条件、树种耐火性、种植密度、保护措施、交通情况以及其他因素收取不同的保险费率。另外，保险条款和费率还因林木是否处于易着火地带以及是否采取火灾预警措施等而不同。比如 1916 年伦敦凤凰保险公司的林主保险费率为 1%～1.5%，债券持有人保险费率为 0.5%～0.75%；1917 年林地互助火灾保险公司最初设定的保险费率为 2.0%，至 1919 年降为 1.5%；家庭保险公司的保险费率为 1.25%；Assured Partners 的保险费率为 0.65%～1.25%。

（四）赔偿方式

一般来说，被保险的森林一旦发生灾害损失，往往按实际发生的损失赔偿，最大赔偿额度由提供保险服务的公司确定。比如伦敦凤凰保险公司一次火灾的最大赔偿责任定为 17 500 美元，参保的主要树种包括杉树、云杉、雪松、松树等；林地互助火灾保险公司提供的最大赔偿金额为 5000 美元；Assured Partners 单次事故的最大赔偿额度为 1 000 000 美元，总计 2 000 000 美元。

表 2-2　美国森林保险实施方案

产品体系	内容
保险品种（责任）	森林综合险
保险金额	根据不同树种的价值、投保时的林龄和投保期限来确定保险金额
费率厘定	根据森林的气候条件、树种耐火性、种植密度、保护措施、交通情况以及其他因素收取不同的费率
赔偿方式	按实际发生的损失赔偿

四、森林保险补贴模式

（一）补贴方式

实际上，美国的政府补贴方式是在美国的以私人保险公司为主导的模式下自然产生的。由于私人保险公司承保了大部分的森林资源，因此美国的森林保险业已经接近于一个完全的市场供求体系。而在美国，金融相关行业的高杠杆化，使得金融风险一触即发，并且有很明显的多米诺现象。正是如此，美国政府加大了对森林保险业的间接控制，财政补贴自然作为首选，不仅在数额上根据实际情况而定、灵活性好，还为整个森林保险业提供了一个相对公平的竞争环境。

政府在森林保险发展中起着重要作用，保险补贴是其发展的关键因素。在 Clarke-McNary 法案推出前，美国森林保险的主要问题体现在民间保险组织的自营力量薄弱上，因此为了增加森林保险业务双方的资金额，通过采取补贴私人保险机构的模式，鼓励和支持私人保险机构开展森林保险业务，目前美国政府主要的补贴方式包括保费补贴、保险公司经营费用补贴、政府基金赔偿、损失评估费补贴、培训和教育补贴以及税收减免等。

（二）补贴标准与比例

美国森林保险补贴方式主要体现在对保险供给方的业务费补贴和对需求方的保护措施成本补贴：美国的森林保险业务是由私人保险公司直接经营的，但政府对私人保险公司给予一定的补贴，一般提供 30% 的业务费补贴；对于保护措施成本补贴，美国政府通过多种途径对参加森林保险的林业经营者和开展森林保险业务的保险公司进行政策扶持。其中，最主要的措施是补贴私人保险机构，鼓励和支持私人保险机构开展森林保险业务。迄今为止，美国森林保险补贴范围已经涵盖保险公司所有营运开支。联邦保险计划规定将净保费总额的 20%～25% 作为管理补贴返还给保险公司，但新农业法案将这一比例下降到总保费的 18%。此外，政府还认捐包含林业在内的农业保险公司相当数额的资本股份，对其资本、财产和收入免征一切赋税。根据险种不同，美国政府提供不同比例的保费补贴。如联邦农作物保险项目规定,当承保率为 50%、55%、60%、65%、70%、75%、80% 和 85% 时,分别补贴净保费的 67%、64%、64%、59%、59%、55%、48% 和 38%。此外,美国政府不仅对林农和保险公司进行补贴,还通过隶属农业部的风险管理机构（RMA）来监督和管理美国农业保险项目。RMA 通过签订风险管理伙伴关系协议提供资金支持保险产品的研究、开发、教育和培训等。

五、经验借鉴与启示

（一）健全的组织结构体系

美国政府在 1924 年 7 月出台了 Clarke-McNary 法案,政府为林场主承担了大部分保护措施成本,因而为森林保险市场的发展提供了必要的准备条件。同时,法案充分体现公平与效率相结合的原则,形成了一个可持续发展的森林保险体系。美国森林保险组织运行体系实践表明,是否兼顾效率与公平,直接决定了森林保险资源配置的优劣,而良好的森林保险市场的发展直接影响到森林可持续发展战略目标的实现。我国在森林保险早期发展阶段,效仿美国经验,在森林保险发展过程中,在多险种设置、保险公司主办森林保险、政府与保险行业的合作上进行了诸多有益的探索,并对森林保险的组织体系进行了架构,但由于我国森林保险起步较晚,又经历了"试点-停滞-发展"阶段,因此继续学习国外森林保险的相关经验、建立一种适合我国国情的森林保险组织结构体系势在必行。为此,我国有必要整合政府和市场两方面的力量来推动森林保险的发展。

（二）有效的运行管理机制

美国在应对林业灾害的时候,通常是在短时间内调动充足的资源,以减少时间上的相对损失,保险善后工作体现在各个部门的行动高效上;美国森林保险以发达的金融市场为依托,森林保险市场的发展也为金融市场的相关业务拓展提供了机会。可以看出,森林保险体系的运行不仅需要保险公司的努力,还需要其他部门的配合。美国的经验表明,建立有效的森林保险运行管理机制,需要各部门之间的通力合作。我国在此方面也已经具有一定的实践经验,如气象部门在森林灾害的预警工作中起到重要作用,通过预测出灾害出现的类型和时间,做好防范和补救措施,对森林保险业和森林业的发展起到了至关重要的作用。金融机构已实施了多样化的风险分散机制,如建立林业重特大灾情救灾准备金制度,专项用于突发性的雪灾、森林火灾、森林病虫害、沙尘暴、地震、台风等应急救护支出,以减少森林资源的破坏和损失。相关部门也已较早探索出了政策性森林保险机制,来切实加强林业风险抵御能力,降低林业投资的风险,使灾害造成的损失降至最低水平,并对灾后受损失林农给予必要的扶持。

（三）全面的保险产品方案

美国拥有科学的森林保险产品实施方案。一是不断拓宽森林保险业务范围。美国森林保险从最初的单一火灾险种，逐步扩展至飓风、龙卷风、冰雹、干旱、霜冻和病虫害等灾害以及附加险的综合险种。二是实行差级保险费率。森林保险需要根据标的物的情况而确定不同的保费，以降低逆向选择和道德风险等信息不对称所造成的交易成本，美国森林保险根据树种、林龄、立地条件以及其他因素对森林进行了风险等级划分，根据风险等级不同收取不同的费率。在我国，虽然已有多种保险险种的设置，但与实际的市场需求相比，大部分地区的森林保险险种和费率制定还处于非常单一的状态，尤其是综合险中特色险种过少以及差级保险费率制度缺失，导致森林保险不能完全适应林业经营主体的具体需求，这也是我国森林保险工作难以深入开展的瓶颈之一。因此，我们更应该学习美国的成熟经验，并结合我国林业经营主体的具体情况，设计并开发出适应我国林业发展需求和市场需求的森林保险产品方案。

（四）合理的保险补贴方式

在 Clarke-McNary 法案推出前，美国的主要问题体现在民间保险组织的自营力量薄弱上，因此为了增加森林保险业务双方的资金额，美国政府的补贴主要体现为对保险供给方的业务费补贴和对需求方的保护措施成本补贴。实际上，美国的政府补贴措施是在美国的以私人保险公司为主导的模式下自然产生的。为防范金融相关行业的高杠杆化，美国政府对森林保险进行财政补贴，营造了一个相对公平的竞争环境。因此，我国政府应该提供合理的保险补贴方式，在参照美国经验、继续发挥政府在森林保险中的作用的同时，进一步探究在我国国情下财政参与森林保险的合理形式，并强化运用经济手段支持森林保险的发展，更好地发挥间接调控作用。

第二节　日本森林保险

一、森林保险发展历程

（一）开端：1920—1937 年

日本森林保险的发展可以追溯到 1920 年，由日本的私人保险公司最先推出了森林火险，这是日本森林保险第一次出现在农业保险之中，但由于效益问题只承保森林火灾保险，保险对象也只限于拥有大面积森林的林业公司。

（二）火灾险迅速发展：1937—1956 年

1937 年，日本开始大规模造林，森林火灾风险增大，日本政府开始考虑推行森林火灾保险。但由于林业行业的特殊性，加上当时日本众多林地所有者持有的林地面积不足 0.1 公顷，民间商业保险公司不愿意、也没有能力承担森林保险。因此，日本议会通过了《森林火灾国营保险法》，并设立了森林火灾保险特别会，由民间不以营利为目的的森林相关组织经营，由政府对森林提供保险。森林保险的对象仅为人工林，天然林由于价格评估困难而不予保险，政府并不承保所有的森林火灾保险，只承保林龄在 20 年以下的幼树火灾险，由民间商业保险公司承保林龄在 20 年以上的森林火灾险。由于有政府的再保险支撑，政府和保险公司共同承担森林保险的风险，提升了保险公司经营业务和林农参保的积极性。

（三）森林灾害互助保险：1956—2002 年

1956 年，森林灾害互助保险作为林业合作社的一项福利开始实施。1961 年，气象灾害险被列入森林保险险种，改变了过去单一火灾险的局面。1978 年，为分散火山喷发造成森林山火的损失，增加了喷火险。自此，日本形成了火险、气象险和喷火险三大险种的综合险，并且延续至今。保险费的数额根据树种、林龄、立地条件的不同而确定，保险申请和索赔手续非常简便。森林所有者及个人、法人均可加入森林保险。市町村长及林业合作社长等可以代表森林所有者组织申请加入保险。林主可通过附近的林业合作社参保或办理损失赔偿。表 2-3 列举了 1920—2002 年日本森林保险发展史上的重要事项。

表 2-3 日本森林保险发展史重要事项

编号	年份	事项
1	1920	日本私有保险公司推出森林火险
2	1937	日本考虑推行森林火灾保险，林地由不足 0.1 公顷的众多林地所有者持有，商业保险公司不愿进入。日本议会通过了《森林火灾国营保险法》，并设立了森林火灾保险特别会，由民间不以营利为目的的森林相关组织经营
3	1956	森林灾害互助保险作为林业合作社的一项福利开始实施
4	1961	气象灾害险被列入森林保险险种，改变了过去单一火灾险的局面
5	1978	为分散火山喷发造成森林山火的损失，增加了喷火险
6	2002	林业改革，明确了林业合作社的指导方针

（四）林业改革：2002 年至今

由于林业合作社是一个具有公益性、合作性的组织，并不依赖市场，经过一段时间的实践，其缺乏效率的问题逐渐显现出来，影响了林农的参保热情。基于这一问题，2002 年日本进行了林业改革，明确了林业合作社的指导方针，即继续坚持林业合作社的属性（公益性和协同组合的性质），通过追求规模效应实现经营上的独立，从而增强其竞争能力。林业合作社的发展方向会直接影响林业合作社联合会今后的发展趋势，同时也直接影响森林保险的参与率：林业合作社联合会经营绩效好的时候，森林保险参与率高；经营绩效不好的时候，参与率明显下降。

目前，日本森林保险经营目标已由振兴林业转变为充分发挥森林生态作用，国有林的经营费用已经完全由国家负担,这对日本林业发展起到了很好的促进和保障作用。而森林保险只针对私有林展开,日本一些民间商业保险公司也开展森林火灾单项保险。此外，为节约林木资产评估费用，林野厅制定了全国统一的林木价值标准和保险费率，投保人自己可计算出林木资产价值和保险费额，保险申请和索赔手续非常简便。

二、森林保险运行机制

（一）市场运行模式

日本是建立森林保险较早的国家之一，已经形成一套较为完善的森林保险体系。该体系由国营森林保险、森林灾害互助保险和私有保险公司森林保险三部分组成。

国营森林保险是由政府直接提供森林保险或组建政策性保险公司，发挥政府在森林保险中的主体作用，强化森林保险的政策性。政府对森林进行保险，由农林水产省林野厅根据所拥有的详细的全国林地档案和森林调查资料制定全国统一的林木价值标准和保险费率。1937 年，日本政府颁布了《森林火灾国营保险法》和《森林火灾国营保险特别会计法》，并分别依法建立了国营森林保险制度和森林保险特别会计制度。目前，已形成了包括火险、气象险和火山喷发险三大险种在内的森林国营保险体系。政府除对暴风雨、洪水、雪灾、干旱、霜冻、潮水和火山喷发造成的损失进行赔付外，也承保林龄 20 年以下的幼树火灾险。日本国有林的经营费用已经完全由国家负担。林业合作社（即日本林业合作社）在森林国营保险投保和索赔的操作过程中，发挥着上传下达的作用。同时，林业合作社本身也为社员提供森林灾害互助保险（共济）服务。20 世纪 90 年代，日本拥有 1000 多家林业合作社，社员达 170 多万，占民有林所有者人数的 50%，社员拥有的森林面积占所在地民有林面积的 73%。此外，私人保险公司开展的森林保险业务,尤其是林龄在 20 年以上的森林灾害险主要由商业性保险组织承办。

日本的林业金融制度以改善林业经营、振兴山村、推动林业健康发展为目的，同时为造林、间伐木材及特种林产物（如幼树）的生产与流通提供必要的事业发展资金、基础设施建设资金、流动资金以及低息优惠贷款。该林业金融制度与森林保险制度相辅相成，对于日本林业振兴和充分发挥森林的生态作用意义重大。

另外，日本的森林保险由民间不以营利为目的的全国林业合作社主办的市、町、村的森林共济会经营。通过官方的机构，为森林保险提供再保险。多数金融主体，如银行、保险公司等共同为森林灾害损失提供补偿，使得森林得以永续经营，林业经营者产生安全感。

（二）投保与索赔

日本具有较为简便的森林保险投保程序，而且日本政府在其中起到主导和中介的作用。日本林野厅拥有详细的全国林地档案和森林调查资料，为节约林木资产评估费用，林野厅制定了全国统一的林木价值标准和保险费率，投保人可自行计算出林木资产价值和保险费额。这样一方面减少了不必要的成本，另一方面林农可以清楚地了解自己林木资源的价值，透明度极高，进一步增强了林农的参保信任度。林农填写投保申请书和保险单后，将其与保险金一起送达林业合作社或林业合作社联合会，林业合作社送交都道府县厅，由县知事进行认证。县厅送报至林野厅，水产大臣基于农林渔业保险审查，最终给出意见并签发（见图2-1）。

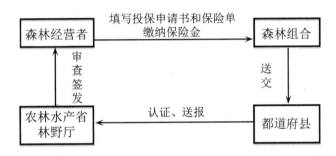

图2-1　日本森林国营保险投保程序

日本国营森林保险索赔程序同申请程序一样简便。投保的林农发现林木资产损失发生后，立即编制损害报告和保险金支付申请书送交林业合作社。林业合作社送交都道府县，由都道府县派人进行损害调查确认后送报农林水产省，由林野厅组织农林渔业保险审查会审查。林野厅将保险金拨付给林业合作社或直接拨付给受损的林农（见图2-2）。

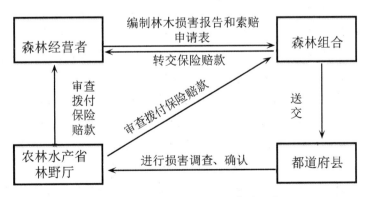

图2-2　日本国营森林保险索赔程序

日本政府委托一个特殊的不以营利为目的的民间组织，即林业合作社联合会承担林农投保和索赔的重要工作。林农的投保和索赔必须通过林业合作社送交都道府县进行认证或调查、确认之后，送交农林水产省林野厅，林农等待农林水产省林野厅签发保单或拨付保险赔款。

随着日本森林保险的发展，林业合作社数量、组合成员人数、造林面积、原木生产量等方面，均有不同程度的下降（见表 2-4），林业合作社的地位明显弱化。

表 2-4　日本林业合作社的变化情况

年份	组合数	组合成员数量（万人）	新造林面积（公顷）	原木生产量（立方米）	总业务额（亿日元）
1996	1 419	171	32 365	3 170 000	4 006
2001	1 073	167	24 584	2 710 000	3 245
减少比例	24%	2%	24%	15%	19%

日本林业合作社的地位降低，究其原因有二：第一，宏观环境对林业生产不利。日本商品木材生产萎缩，森林的木材生产功能日益削弱，林农不愿意为市场前景不好的林木资产投保，林业的不景气造成日本森林保险业日渐萎缩。第二，森林的内制因素。用材林树种和用途比较单一，生长周期长，投资回收较慢，内部收益相对较低。森林自身的特性无法吸引一部分林农继续投资，导致其购买森林保险的意愿下降。

2001 年日本对林业合作社进行了重新定位，2002 年日本林野厅下发了林业合作社业务运营的指导方针，主要内容如下：把林业合作社划分为核心组合、普通组合和无活力组合，将重点放在核心组合上；以大流域为单位进行合并；强化内部监督职能和林业合作社的执行体制；对林业合作社联合会的业务和组织进行调整。

（三）保险金管理与赔付

在保险金管理方面，日本林野厅收取的保险金最后上缴总务省金融厅，按偿付需求再划拨回林野厅。截至 2000 年底，累计保险金余额约 120 亿日元，其中 20 亿日元作为短期资金留存在林野厅，另 100 亿元作为准备金缴存总务省金融厅。

在保险金赔付方面，国营森林保险和民间商业保险一样，只用保险金来运作，而不动用国库资金。由于日本非常注意森林的防灾减灾，森林火灾发生率很低（起火原因大多是农民烧垃圾），民间商业保险公司也开展森林火灾单项保险。

北海道地区森林国营保险契约及补偿情况如表 2-5 所示。1999 年 5 月，广岛县 A 町发生特大森林火灾，60% 的林木被焚毁，投保林农获赔 13 757 688 日元（保费 68 488 日元）。1998 年 9 月，7 号台风造成歌山县 35 年生林木折断，林农获赔 758 870 日元（保费为每 5 年 11 863 日元）。阿久根市 100 年生 1000 棵松树遭遇台风损害，扣除林木变卖所得外，林农获赔 7 053 898 日元（保费每 5 年 256 458 日元），林农的损失得到了充分补偿。而对于遭遇雪灾的棣木县的林场、遭遇火灾的宫成县林业公社，因没有参加保险，林农损失惨重。

表 2-5　北海道地区森林国营保险契约及补偿情况

年份	投保面积（公顷）	保险金额（百万日元）	缴纳保险费（百万日元）	赔偿件数	赔偿面积（公顷）	赔付保险费（百万日元）
1997	10 291	35 276	274	465	459.2	182.1
1998	92 155	32 835	252	330	253.4	88.3
1999	91 306	33 022	254	521	459.2	132.4

（四）法律保障

1937 年日本颁布《森林国营保险法》，并于 2000 年 12 月对该法进行了修订。随着日本森林业的发展，日本的保险法律也从人工林扩展到自然林，从单一险种发展到火险、气象险和喷火险三大险种并行。为了进一步保证森林保险的效率，日本早在 1961 年就制定了《灾害对策基本法》，并根据该基本法成立了国家防灾机构——中央防灾会议，会长由内阁总理大臣担任，各地方各部门也都根据该法设置了相应的防灾机构。而后根据《灾害对策基本法》，还建立了森林保险特别会计制度，设立了森林保险特别预算，以防止灾害阻碍林业再生产，谋求林业的稳定发展。

（五）灾害应对机制

1. 救灾指挥力量

日本的灾后指挥部门明确。早在 1961 年就制定了《灾害对策基本法》，成立了国家防灾机构——中央防灾会议，如遇突发灾害，相关部门采取必要的应急措施。2005 年 12 月 16 日森林雪灾发生时，农林水产省就紧急成立了省内厅局联络会，全面指导全国农林水产系统抗灾救灾工作。

2. 安全避难体制

日本建有完备的灾情通报和通信体制，在全国已形成了一个行之有效的防灾抗灾体系。灾害发生后，有关部门强化了安全避难体制，通过广播、电视、移动端信息推送等形式及时将灾情通报给处于危险场所的居民，以确保居民的人身安全。

3. 森林保险理赔力度

日本每年都制定防灾计划和预算，每年用于防灾的经费约 4 万亿日元。2005 年全国防灾预算及融资等防灾事业费总额约为 4.75 万亿日元，其中国家财政预算约 3.03 万亿日元，占 63.15%。此外，日本还设立了森林保险特别预算，以防止灾害阻碍林业再生产，谋求林业的稳定发展。灾害发生后，农林水产省厅局联络会紧急启动森林保险特别预算方案，及时对受灾的农林渔业者给予补偿，并委托相关机构在融资及延长原有贷款偿还期等方面对受灾的农林渔业者给予优惠。

4. 灾后森林恢复工程

在日本，根据《灾害对策基本法》和重大灾害特别财政援助等相关法律，因重大灾害造成的森林损失额在 1500 万日元以上，且需要恢复的面积在 90 公顷以上的市、町、村，或森林损失额在 4500 万日元以上，且需要恢复的面积超过 40 公顷的市、町、村可以实施灾后森林恢复工程。森林灾后恢复工程主要包括受灾林木的采伐及运出、迹地造林、倒伏林木扶正、林道修复等。工程要求在灾后 2～4 年内完成。工程实施主体包括都道府县、市、町、村、林业合作社、森林整备法人、林业公社等，资金补助率为 2/3，其中国家补助 1/2，地方补助 1/6。

（六）巨灾风险分散机制

日本的商业保险公司在承保后，通常要进行再保险以降低风险，由日本政府为商业性森林保险提供再保险。风险控制手段以投资建立防灾防损工程体系为主。日本建立起了完善的防灾防损工程体系和灾后恢复救助体系，为防止灾害再度发生，对因灾害引起的新增加或扩大的荒废林地或发生雪崩、滑坡的场所，在受灾当年进行紧急恢复和治理；建立灾后治山设施恢复项目，重建或修复由异常自然灾害毁坏的设施；对因重大灾害造成的森林受损和需要恢复的面积较大的市、町、村实行灾后森林恢复项目。森林灾后恢复工作主要包括受害木的采伐及运出、迹地造林、恢复倒伏林木、开设林道等。灾后恢复治理的费用由政府补贴 2/3，其中 1/3 由中央政府承担，1/6 由地方政府承担。

三、森林保险产品要素

（一）保险品种（责任）

日本森林保险的险种由最初单一的火灾险种逐步发展为包括火灾、气象灾害及火山喷发三大类综合灾害以及附加险的综合险种，病虫害不在保险范围内。火灾指野火对林木资产的损害；气象灾害包括风灾、雪灾、水灾、旱灾、冻灾和潮灾；火山喷发灾害指的是火山喷发造成的林木折损、倒伏、火山灰埋没等损害。表 2-6 列举了当前日本森林保险的险种体系，基本囊括了日本发生频率较高的灾害。

表 2-6　日本森林保险的险种体系

项目		具体内容
险种	火灾险	野火对林木资产的损害
	气象灾害险	主要包括以下 6 部分：
		（1）风灾。暴风对林木造成的折干、倒伏等损害
		（2）水灾。暴雨、洪水对林木造成的淹没、冲失等损害
		（3）雪灾。大量积雪造成林木折干、倒伏等损害
		（4）旱灾。干旱造成林木死亡等损害
		（5）冻灾。寒冷造成林木冻裂、枯死等损害
		（6）潮灾。风浪、潮水造成林木枯死等损害
	火山喷发险	火山喷发造成的林木折损、倒伏、火山灰埋没等损害

项目	具体内容
除外责任	（1）森林保险不含虫兽害、战争和地震损失 （2）倒木复立后的损失不予赔偿，小于2000日元的损失也不予赔偿 （3）不承保新植6个月的树苗成活率，以及生长不良的苗木

（二）保险金额

日本农林水产省林野厅根据全国林地档案和森林资源调查资料，制定了全国统一的林木价值标准和保险费率，保险公司和投保人可自行计算出林木资产价值和保险费、保险金额，保险申请和索赔手续都非常简便。保险金额按标准金额（固定金额）或评估金额（递增金额）确定。标准金额为合同的最高额度，主要根据树种和林龄、立地条件的不同而确定。评估金额是随着森林生长而确定的不断增值的保险金额，即根据森林受灾时的林龄计算并缴付保险金。

（三）费率厘定

日本实行的是功能主导型的分类经营，将森林划分为3种类型：水土保全林占66%，人与自然共生林占13%，资源循环利用林占21%。各类森林在发挥其主导功能的前提下兼顾木材等林产品生产，而不是实行"一刀切"的政策。与之相对应，日本根据不同地区面临的森林灾害风险大小不同，按区域划分风险等级，确定差级费率。由农林水产省林野厅根据所拥有的详细全国林地档案和森林资源调查资料制定全国统一的林木价值标准和保险费率，投保人自己可计算出林木资产价值和保险费额。保险费标准因树种、林龄、合同面积、合同期及地区而有所不同。保险费可选择一次性缴付或分期缴付。一次性缴付可享有优惠。表2-7列举了日本不同种类针叶树与阔叶树的保险费率。

表2-7　日本不同种类的针叶树与阔叶树的保险费率

种类	20年以下（含20年）			21年以上（含21年）		
	一等	二等	三等	一等	二等	三等
针叶树	2.7‰	3.6‰	4.3‰	2.3‰	3.0‰	3.8‰
阔叶树	1.4‰	1.8‰	2.2‰	1.2‰	1.5‰	1.9‰

（四）赔偿方式

日本设立了统一的林木赔偿标准，林野厅将赔偿金拨付森林组合或直接拨付参保的林农，减少了相关保险纠纷发生，也使得投保人更有信心参保。

1. 赔偿范围

赔偿范围包括立木枯死或无法恢复，以及立木的经济价值显著降低。赔偿金必须在合同规定的保险金额度之内按照损失程度支付。

2. 免责范围

日本森林保险免责范围如下：2000 日元以下的损失；风倒木等可以恢复的损害；不需要补植，也不妨碍成林的轻微损害；违背适地适树及苗木不良、种植不当等明显的造林技术缺陷造成的立木枯损；在造林后约 6 个月（秋季种植约 1 年）内因生长不良等发生枯损造成的损害；森林病虫害、野兽及地震等造成的损害。

另外，日本森林保险的免责还包括：因被保险者故意或重大过失造成的森林损害；未在规定期限内送达损害发生通知的（自损害发生之日起超过 2 年即为无效）；因战争、动乱造成的损害；应支付金额不足 4000 日元。

表 2-8　日本森林保险实施方案

产品体系	内容
保险品种（责任）	火灾、气象灾害及火山喷发险
保险金额	按标准金额（固定金额）或评估金额（递增金额）确定
费率厘定	根据不同地区面临的森林灾害风险大小不同，按区域划分风险等级，确定差级费率
赔偿方式	林野厅将保险金拨付森林组合或直接拨付参保的林农

资料来源：王坤，陈晓倩，陈露瑶. 日本森林保险发展特点及对中国的启示[J]. 中国商界，2012（12）.

四、森林保险补贴模式

政府在森林保险发展中起着重要作用，保险补贴是其发展的关键因素。为了促进私有林得到长期稳定的发展，日本实行了各种扶持政策，包括以稳定林地和林木所有权为核心的制度保障；以财政补贴、税制优惠和信贷支持为核心的经济扶持；对林业合作社等林业经济合作组织的扶持；等等。

目前日本主要的财政补贴方式有两种：保费补贴和保险公司经营费用补贴。一是直接给予参与森林保险的林业经营者财政补贴，以减轻农民投保负担；二是对承办森林保险业务的商业性保险公司进行财政补助；三是在税收方面制定优惠政策。现在，日本参加保险的农户仅承担很小部分的保费，大部分由政府进行补贴，同时日本政府也为商业性森林保险提供再保险。

五、经验借鉴与启示

（一）发挥政府在森林保险体系中的主体作用

在我国，由于赔付率较高的森林保险要保障的是具有社会公益性的森林，具有很强的外部性，对增进消费者福利和社会稳定具有重大作用。不过在实践中，森林保险往往由于保险公司财力有限、风险过大、成本过高而难以持续经营，导致其本身经济效率低下，因此在森林保险发展的过程中，政府应积极发挥主导作用。日本政府对森林保险的扶持措施有几点值得我国借鉴：一是直接给予参与森林保险的林业经营者财政补贴，以减轻农民投保负担；二是给予并逐渐加大对商业性保险公司承办森林保险业务的财政补助；三是在税收、信贷、再保险等方面制定优惠政策予以经济支持。

（二）通过森林保险相关立法保护和促进森林保险的发展

日本的《森林国营保险法》于 1937 年颁布，并于 2000 年 12 月进行了修订。1961 年制定了《灾害对策基本法》，成立了国家防灾机构——中央防灾会议，而后根据《灾害对策基本法》建立了森林保险特别会计法制度，设立了森林保险特别预算，利用法律手段保护和规范森林保险业发展。因此，应尽快制定符合我国特点的森林保险相关法律，以加快森林保险的发展进程。通过森林保险立法，明确森林保险由政府支持的政策性，并以法律形式明确政府在森林保险中应发挥的职能和作用，避免政府支持森林保险的随意性；同时规范森林保险的经营主体、参与主体、受益主体的权利和义务关系。

（三）探索发展林业合作经济组织，提高林农的组织化程度

2002 年日本进行了林业改革，明确了林业合作社的指导方针。日本见证了政府委托非营利组织经营森林保险业务成功与失败的案例，并形成因地制宜对组织进行改革以提高经营效率的经验。

（四）推动技术支持与手续简化

日本森林保险参保手续的简化降低了林农获得森林保险服务的门槛。从前文的分析中我们了解到，日本林野厅的技术支持和便利服务大大简便了森林保险的申请和索赔手续，从而间接地降低了森林保险的成本。林业金融制度的健全也是日本森林保险顺利开展的重要保障。我国森林保险在简化参保流程上仍有改善空间，比如我国福建省农险试点工作中的森林火灾保险在各试点地区开展的情况参差不齐，这主要还是与当地林业部门和保险公司互相沟通与合作的程度不同有关。在我国，由于中央和各地的林业部门是主管林业工作的专业部门，是森林生态环境建设以及森林资源保护的权威机构，也熟悉林农的具体需求。因此，我国林业部门需要制定全面的技术规范，并努力简化申请森林保险所需要的相关林业手续，以推动和加快森林保险的发展。

（五）明确森林保险中的各方职责

森林保险体系的完备需要多方利益主体的共同努力，无论是作为需求方的林农、作为供给方的保险公司，还是作为中间方的政府、财政部门、农业部门（有

的国家是林业部门）以及保险监测机构，需要配合协作，在各得所需的基础上各司其职。对于发达国家，通常由政府把握宏观脉络，通过政策引导和监督，以私营商业保险公司为业务周转主体来构建国家的森林保险体系，体现了商业性与政策性的结合。例如，日本政府的运作模式以及职责如下：设置森林国营保险险种；政府对森林进行保险；由农林水产省林野厅根据所拥有的详细全国林地档案和森林调查资料制定全国统一的林木价值标准和保险费率。私人保险公司开展的森林保险业务，尤其是林龄较长的森林灾害险主要由商业性保险组织承办。我国可以在吸收各个发达国家经验的基础上，明确各方的责任，发挥各方长处，从而提高市场效率。

第三节　澳大利亚森林保险

一、森林保险发展历程

澳大利亚的森林覆盖面积比较广，约为 1.64 万公顷，占国土面积的 21%，以阔叶林为主，其中桉树和槭树占 97%。澳大利亚的森林资源中，天然林占 99%，约为 1.63 万公顷。纵然澳大利亚拥有丰富的森林资源，但社会对森林保险的关注度相对较低。森林保险作为澳大利亚保险业极小的部分，保费不到全澳保险业保费的 1%，主要是因为森林保险的费率高，投保的森林经营者规模小。

近 10 年来，澳大利亚政府从机构和政策上加强了对农林业的管理，成立了农业、渔业和林业部门，各州和地区政府主要负责森林资源经营管理，而联邦政府主要负责协调环境与工业发展的各种问题。从 1992 年以来，澳大利亚联邦政府陆续与各州政府制订了几项关于林业政策的声明与协议，旨在实现森林生态系统的可持续管理，在发展木材和造纸工业的同时，注意保护森林资源和生态平衡，为当代和后代提供环境、社会、经济和自然遗产的全部价值。

二、森林保险运行机制（见图 2-3）

虽然澳大利亚政府在制定森林防火政策和法律方面的力度很大，各项法律法规也很完善，但在森林保险的运作过程中，政府并没有过多参与，与瑞典、日本等国家相比，澳大利亚的林业保险没有政策性森林保险，林业资源都是私有的，完全由林业所有人经营并办理保险。在此背景下，澳大利亚森林保险具有商业运作模式的一些特点：

森林保险的产品类型主要依据当地的森林主要灾害确定，因此森林火灾保险是澳大利亚最主要的森林保险产品，其保险费率等级与火险发生率挂钩；保险公司采用精算模型，设定保险费率及较高的免赔额，以保障自身利益；保险公司采取代理经营制，以扩大自身的业务；在保额确定方面，保险公司根据不同的树种和地区设定细致的立木价格表，并且根据价格的变动来适时调整，并在价格表中设定了低、中、高三个等级，以适应不同立地条件的林分立木价值评估；保险的调控及理赔方法等标注较为明确，使得参保者能够充分了解保险信息，尽量避免了保险纠纷；参保者可以与保险公司协商确定保额，但保费也要相应提高。以上这些森林保险运作措施都体现出了商业险运作的特点，充分体现出买卖双方在森林保险过程中的市场交易关系，具有投保方和承保方的市场主体地位、保险标的物的市场价值，以及保险业经济最大化运作的市场规律。

澳大利亚森林保险的参与者包括参加森林保险的森林经营者、森林种植者协会、保险公司、保险经纪公司、政府，以及一些专业人士。

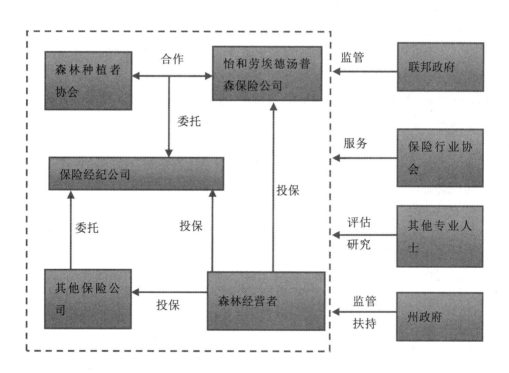

图 2-3　澳大利亚森林保险运行机制

资料来源：汤晓云，等. 澳大利亚森林保险运行机制及经验借鉴（上）[J]. 林业经济，2015（7）.

（一）投保者

在澳大利亚，森林保险并不是强制性险种，所以参加森林保险的主要是私有林场主和公司，而森林保险的参保率取决于这些森林所有者的需要，保险标的通常为人工林。私有林主会进行充分的成本效益核算，由于并无组织或机构强迫林木所有者参保，也没有法律将森林保险定为强制险，因此森林经营者通常依据经济性原则自主决定是否参保。

澳大利亚的国有林不参与森林保险。政府机构和私有机构一样，也需要考虑经济性，并通过对比各种方案来决定是否参与保险。一旦发生灾害，政府要承担很大的经济负担，但要给林木投保可能需要更多的资金。相比支付保险公司大量保费，更好的方案是重新栽植以及培训员工。此外，政府管理的森林一般经营周期较长，可能产生高额的保费，因此澳大利亚政府通常不为国有林投保。

（二）保险公司和保险经纪公司

澳大利亚主要由保险公司和保险经纪公司向森林经营者提供投保服务。因为澳大利亚的自然灾害发生比较频繁，所以森林保险业的风险比较大，在澳大利亚开展保险业务的保险公司和保险经纪公司的数量较少。其中，怡和劳埃德汤普森公司（Jardine Lloyd Thompson，JLT）是全球领先的涉及保险、再保险等相关服务的公司，该公司的总部位于欧洲，在澳大利亚开展了森林保险业务，并与森林种植者协会联合制定了目前澳大利亚最为完善的一个森林保险条款。首位承保管理公司（Primacy Underwriting Management）是在澳大利亚开展农作物和林业的保险公司，该公司也是一家大型的保险经纪代理公司。

在澳大利亚的保险服务中，通过经纪公司完成的业务达到了60%，其中保费收取和理赔都是由保险经纪公司完成的。森林保险代理机构有负责森林保险的专业人员，直接接受私有林场主的投保业务，为中小私有林场主提供保险业务咨询、风险管理与安排，以及价值衡量与评估等有关业务，从中获得佣金，佣金一般为保费的20%～25%。

保险公司开展森林保险业务会根据所在地区的不同而有所区别，保额会根据树木生长年限的不同而有所变化。硬木年限通常达到80年，而在这么长的年限内，让保费变得经济是十分困难的，这就导致了小规模私有林场主参加保险比较困难。另一方面，澳大利亚的火灾发生率较高，所以保险公司会收取相对高额的保费，以便进行赔付。

（三）政府职能

政府主要起到监管森林保险的作用。政府会制定明确、细致的林业发展政策，建立完备的森林消防法律体系，并制定适度有效的保险监管制度，从法律制度上保障林业的可持续经营。澳大利亚的保险管理主要涉及法律和监管两个层面。在法律层面，主要由澳大利亚联邦政府财政部负责制定保险业法律。澳大利亚对保险业的监管较为严格，一是监管保险公司的最低偿付能力；二是监管责任准备金的充裕度；三是管理财务监控能力；四是监管执法能力。其中监管保险公司的最低偿付能力是其监管工作的核心。澳大利亚三级政府均对森林保险行业进行管理，联邦政府制定规划与法律，州政府制定政策，地方政府监管其工作是否符合规程。

　　一些州的政府除负责监管外，也会对森林保险进行扶持。森林保险在澳大利亚是市场行为，州政府和地方政府一般不直接扶持森林保险业，但是有的州也会在税收方面制定优惠政策，支持林业生产经营者对森林进行投保，如新南威尔士州通过减少收入所得税费用的40%的方式鼓励经营者参加森林保险。

（四）森林种植者协会（AFG）

　　在澳大利亚开展最广泛的 AFG 人工林保险计划是由澳大利亚森林种植者协会（AFG）实施的，并由伦敦劳合社承保。伦敦劳合社成立于1984年，从成立那年开始就是 AFG 人工林保险计划的主要承保公司，尽管保费会随着保险市场的波动而有所变化，但对伦敦劳合社影响不大，其承保能力一直很稳定。

　　澳大利亚森林种植者协会有800个会员，很多是小型的私人种植者，该协会成立的目的是维护会员利益。保险、认证、森林经营服务、信息服务是该协会的重要工作领域。AFG 和 JLT 保险公司为澳大利亚各州制定了主要树种的估值标准，林木种植者可以根据这些标准确定人工林总价值，估测保险金额。森林种植者成为 AFG 成员达到一定时间之后，只要其人工林符合协会规定的关于森林经营和防火带的要求，就能依据 AFG 保险计划当前实施的保险费率参与保险，并且每年在规定的时间内进行投保。长期投保的 AFG 成员可以享受较大的折扣，其所缴纳的保费要低于市场价。关于保险费率的制定，会因具体情况不同而有所区别。个人森林所有者以及家族公司的年保费是人工林价值的1%，如果是在低风险地区，保险费率会相应降低。凡是参加 AFG 人工林保险计划的种植者，发生灾难性损失（如森林火灾损失）后都能获得赔付，并且仍能在下一期以较低的保险费率参加同类保险。

　　森林种植者协会在澳大利亚森林保险业发展中起到了重要作用，它代表森林经营者的利益，主动介入森林保险工作，主要体现为三个方面：一是组织参与森林及灾后评估，针对森林立木制订出分地区、分树种、分立地的价值评估表，对于保险保额的确定起到指导作用，在森林火险发生后，协会专家会积极介入森林灾害的评估工作，对于评估结果有异议的，积极进行协调解决。二是积极参与保险条款的制定，该协会与 JLT 保险公司合作，积极研究撰写了森林保险条款。三是信息媒介的作用，协会主办了刊物 *Australian Forest Grower* 杂志，刊载森林保险的广告和相关信息，起到了传递森林保险的可靠信息的作用。但森林种植者协会的工作主要是在服务层面，至于投保或不投保，主要还是由森林经营者自主决定。

（五）澳大利亚的森林灾害预防

澳大利亚全年干旱时间长，林火易发。澳大利亚政府认识到，森林商业保险范围覆盖再广，也不能完全避免森林火灾的发生，应加大预防投入，降低森林灾害的发生率。因此，澳大利亚的国有林和生态公益林不参保，州政府也不为州有林投保，只有私有的工业人工用材林参保。在灾害预防方面，政府通过加强培训、购置设备、提供资金以及与第三方合作等来为森林提供保障，主要措施包括实施用火许可证制度、发布森林火险天气预报、根据火险等级发布森林防火戒严令、广泛开展计划烧除、制定社区保护计划、大量购置森林防火装备等。

三、森林保险产品要素

（一）保险品种（责任）

澳大利亚森林保险的保险责任覆盖了由火灾、风暴、航空车辆事故、冰雹、地震、火山喷发造成的森林灾害等。保险公司根据不同客户的需求，量身定制保险计划，可以投保部分险种，也可以投保全险和附加险。可选择的附加险包括受灾现场清理费用、理赔准备费用和最高为 10 万澳元的减轻损失费用。此外，还可以投保公共责任保险，作为森林保险的延伸。

森林保险责任覆盖的费用主要包括林木的损失费用，还可以选择灭火产生的费用、火灾后的残余物清理费用、基础设施建设费用、设备损坏造成的费用、重新种植的费用等。一些不可控因素造成的森林损害不在森林保险范畴之内，如洪灾、石漠化、病虫害（包括大动物毁坏），以及战争、核泄漏、使用不应使用的化学物品造成的森林损害。

（二）保险金额

在参保之日林木种植者就要根据树种、林龄、地理位置、林分条件和人工林经营情况确定人工林的价值，进而确定保险金额。一旦发生损失，林主可按照约定价值获得赔付。

AFG 为澳大利亚各州制定了主要树种组的估值标准，林木种植者可以根据这些标准确定人工林总价值，估测保险金额。大多数联邦州均可提供高、中、低三种估值标准。高估值标准适用于林地条件好、距市场较近、栽植昂贵优良种苗和营林成本高的林地。相比之下，低估值标准适用于林地生产力低于平均水平、距离市场较远和营林成本较低的情况。在特殊情况下，AFG 的参保会员有权提交不同的估值作为保险公司的赔付标准。

JLT 保险公司和森林种植者协会共同制定了立木评估表，可用于辐射松和蓝桉，设有高、中、低三个额度，中、低额度在大多数州可用。运输的路途远近也是评估林木价值的重要因素，距离城市越远，立木价值越低。森林种植者协会各成员有权申报不同的估价额度作为保额，并与保险公司商定。首位承保管理公司的投保人根据树木年龄和树种的不同来申报保险价值，这取决于森林的物种、年龄、位置、状态和管理。

（三）费率厘定

在澳大利亚，可以根据不同的林木估值标准，确定有差别的保险费率；也可以对所有的人工林实行统一的保险费率，而不必考虑每处人工林的具体情况，但这样会提高总体保险费率。澳大利亚种植者还可根据自己的财产风险水平选择保险扣除额，保险扣除额越高，保费就越低。

在澳大利亚，大多数林木种植者和投资者以趸交保费的形式购买森林保险，这些种植者的保险需求与人工林团体保险计划相一致。个人种植者和家族公司的年保费为人工林价值的 1%。在低风险地区，保费相应低一些，可通过不同的保险扣除予以降低。参加 AFG 人工林保险计划，每续保 1 年可得到 3% 的折扣，连续参保 7 年后累计折扣可达 21%。若当年无赔付，还能得到额外 3% 的无赔付折扣。因此，连续参保和无赔付的综合折扣最高可达 42%。

（四）赔偿方式

当森林发生损失后，林主首先会告知保险公司，保险公司会安排第三方评估师检查和评估损失。评估师会向保险公司提供详尽的信息，以便保险公司做出合理的赔偿。待保险公司评估完毕后，会向林主提供一个建议的赔偿金额。若林主同意赔偿金额，保险公司支付赔偿金，理赔完成。

首位承保管理公司的森林保险索赔额严格根据保险合同进行计算，保险赔偿金额的计算公式如下：

理赔金额 = 森林损失 + 附加费 + 索赔的准备成本 − 挽救的树木获利 − 免赔额

其中，森林损失 = 森林保险声明价值 × 树木的损失率

当树木损失率大于 75% 时，将赔付整个投保林分的价值。

保险公司也会采用精算模型，设定较高的免赔额，以保障自身利益。各公司的免赔额计算方法有所不同，怡和劳埃德汤普森公司的免赔额是立木评估价值的 1%，而首位承保管理公司免赔额是投保林分立木评估价值的 5%，或预先制订固定免赔额，蓝桉公司的 11 万亩人工林保险的免费额是 50 万元。严重灾害（每次火灾面积要大于 20 公顷）的免费额是 100 万元，因此对于小范围的森林火灾，公司要加强预防和救治。

表 2-9　澳大利亚森林保险实施方案

产品体系	内容
保险品种（责任）	火灾、风暴、航空车辆事故、冰雹、地震、火山喷发造成的森林灾害
保险金额	根据树种、林龄、地理位置、林分条件和人工林经营情况确定人工林的价值
费率厘定	根据不同的林木估值标准，确定有差别的保险费率；也可以对所有的人工林实行统一的保险费率
赔偿方式	保险公司会安排第三方评估师检查和评估损失。评估师会向保险公司提供详尽的信息，以便保险公司做出合理的赔偿。待保险公司评估完毕后，会向林主提供一个建议的赔偿金额

四、森林保险补贴模式

虽然澳大利亚政府在制定森林防火政策和法律方面的力度很大，各项法律、法规很完善，但在森林保险的运作过程中，政府并没有过多参与。林业保险完全由林业所有人经营并办理，与国内其他保险一样，按市场规律运作，属于市场行为。自 1984年成立以来，伦敦劳合社一直是澳大利亚 AFG 人工林保险计划的主要承保公司。尽管保费水平随着市场波动，但该保险公司的承保能力一直很稳定。长期参加该计划的AFG 成员可享受较大折扣，所缴纳的保费低于市场价。州政府和地方政府一般不直接支持森林保险业，但是有的州也会在税收方面制定优惠政策。

五、经验借鉴与启示

（一）商品林按立木价值分级确定保额

商品林具有资产性质，特别是在集体林权改革对森林确权后，林农享有森林的经营权和收益权，在一定意义上，森林成为林农的财产和资本，这部分的森林保险工作，具备按照财产保险方式运行的基本条件。森林保险属于财产保险，财产保险的一个重要特点就是按照被保险标的的财产价值确定保额，但是对于森林的保额确定依据及相关的赔偿等问题尚缺乏研究，因此应从商品林的价值评估、风险预测、保费计算等方面开展研究。

目前，我国商品林保险金额为 400～1370 元/亩，仍以保成本为目标，不但没有体现保价值的原则，也没有达到实际的再植成本。因此，商品林保险条款设计的首要目标就是提高保险金额，按照不同树种、不同树龄设置保险金额。建议初期可参照浙江省的做法，根据不同的树种设定不同的保额，在现有商品林和公益林两大类别的基础上，各地区根据本地实际情况划分用材林、经济林、能源林等多个品种，并按照各类树种的实际成本核算保额，等条件成熟后逐步按照各类树种的实际价值来核定保额。

（二）保险费率依据森林灾害的发生状况进行浮动

森林灾害的发生率与保险费率水平是直接相关的，一般来说，森林火灾的发生率为 0.1‰～5‰，保险费率应该在此基础上根据利润与成本进行推算。目前我国一些地区的保险费率远远大于林农的支付意愿，这是林农不投保的一个原因，同时也造成了国家补贴的大量增加，每年也给保险公司带来了巨额利润。此外，应当在风险区划的基础上针对不同区域实行差别费率。森林灾害的损失程度与森林特征、地形、气象因子、社会经济条件等密切相关，因此要因地制宜地估算森林灾害损失率，划定不同等级的风险区域。

我国可以针对树种与林龄等的不同划分风险单位，对森林保险实行差别费率。对于相同树种来说，确定保险纯费率时，要根据幼龄林、中龄林、成熟林等林龄阶段适当划分档次，采用不同的费率级别。保险公司应尽可能地进行实地调研，了解更多有关投保人的信息和投保森林的真实情况，精确划分风险单位，进行费率分区，细分费率档次。

（三）更多发挥市场在森林保险中的作用

垄断不但损害了经济福利，而且损害了经济效率。为了使森林保险达到均衡状态，需要发挥市场作用，使林农作为市场主体，市场中应有多家保险公司可供选择，通过一段时间的竞争，市场可以达到一个优化的均衡状态。对于投保的林农，目前我国是以村为单位进行集中管理，未来可以面向市场开展工作，同时实现险种多样化、保额差异化、保费动态化，只有鼓励竞争的市场机制，才能够促使林农参与保险福利效益达到最优的状态。

（四）加强保险监管及组织建设，避免林农在保险过程中利益受损

省级政府部门应在实事求是、便于操作的原则下，制定符合本省实际的森林保险灾害损失现场查勘定损规程，并对现场查勘定损的申请、受理、查勘方法以及争议调处做出详细规定。而县级保险支公司及营销服务部的主要职责就是执行省分公司的政策技术文件，在相关部门的业务支持下，切实做好面向林地经营者的森林保险营销与服务工作，并且对保险公司的理赔工作做好监督。

第四节　瑞典森林保险

一、森林保险发展历程

（一）出现时期：19 世纪末期

　　早在 19 世纪后期，瑞典的保险公司已经开始关注本国的森林行业，瑞典皇家林业研究所在 19 世纪末发起成立第一家森林保险公司，但只吸引到很少的林主参与保险。基于林主自愿原则，1911 年建立了互助保险公司，因私有林主缺乏意愿而未获成功。此外，森林保险没有被纳入当时盛行于乡村的火灾险池中，原因在于森林火灾一旦发生，可能对火灾险池中的其他财产和个人造成重大损失。在这一时期，只有覆盖临近采伐年龄的近熟林的一般火灾险能够受到认可，瑞典的多数森林没有进行保险，林主只能自保，自行承担损失发生的风险。对于保险公司而言，由于缺乏关于森林风险的完整数据，保险产品设计困难重重。

　　早期的森林保险公司未能将森林经营全过程纳入保险范围，也没有可以准确评估立木价值的模型，因此难以平衡森林现值变动和损失率变动。换言之，风险来源和风险分布的不确定性以及保险金额计算方法落后阻碍了森林保险业的健康发展。此外，森林保险业难以健康发展的原因还包括缺乏需求、保险范围有一定局限性以及免赔责任范围较大。

（二）单一火灾险时期：20 世纪 10 ~ 30 年代

　　1914 年瑞典森林遭受严重森林火灾，大约 2.5 万公顷森林被毁，损失森林蓄积 100 万 ~ 150 万立方米。因此，林主、保险公司和政府部门开始共同关注如何避免如此大规模的火灾及其导致的严重经济损失。但是各方主体在采用互助火灾保险还是强制公共保险这一模式制度设计问题上产生了分歧。互助火灾保险模式，即通过一个非营利组织将各方在火灾保险中的集体利益进行捆绑，林主既可以作为投保人，也可以是保险池的所有者。强制性公共保险方案，则由国有企业负责组织实施，该方案能较好地覆盖森林生长周期，降低幼龄林面临的高保险费率，从而提高保险覆盖率。

　　瑞典议会最终决定实施互助火灾保险模式。然而，互助火灾保险模式却没有得到林主们的一致认可，原因在于以捆绑集体利益为目标的非营利组织在偿付能力和管理方面都存在不确定性。该模式的支持者认为，保险核查员的不认可影响了林主对该模式的信心，而没有认识到森林保险缺乏需求才是阻碍该模式推行的主要原因。

随着时间的推移，森林价值计量方法得以进一步改进，特别是幼龄林价值评估方法在实践中得到较好应用。对于过火森林残值的研究发现，火灾对幼龄林的危害较大，而过火后的近熟林和成熟林若没有燃尽，仍可能保留一部分价值。由此，森林保险费率得以进一步调整。1919 年前针对成熟林的保险费率为 5‰，而后降至 1.2‰。由于可以覆盖森林整个生命周期，森林保险对于林主更加具有吸引力，并促进了森林保险产品的供给。瑞典于 1920 年开办了森林保险，保险种类只有森林火灾保险。

20 世纪 30 年代中期，大规模火灾鲜有发生，保险的普及使得森林保险费率低至 0.68‰，参加保险的林主人数约为 11 万人，拥有的森林资源占全瑞典私有林的比重超过 30%，约占全国生产性森林比重 25% 的国有林则由政府进行自保。截至 20 世纪 50 年代末，森林保险已经覆盖了 70% 的私有林主，森林保险费率进一步下降至 0.42‰，使得公司保险模式十分具有市场竞争力。多数大私有林主放弃了自保模式，但也有大私有林主、联合股份公司和国有林业公司保留了自保模式。

在这一时期，火灾险通常由股份联合公司经营，这些公司都是保险费率同盟成员。森林保险被这些综合性公司纳入一个更大的风险组合中，与房屋、设施及设备等其他保险被纳入同一个保险池。相比而言，森林保险规模更小，森林保险费占这些公司收入的比重也不高。此外，也有公司专门从事森林保险，且不是保险费率同盟成员，对上述综合性公司构成竞争。与此同时，森林再保险公司也开始出现，极大地提高了森林保险公司的承保能力。

（三）多险种时期：20 世纪 50 年代至今

20 世纪 30 年代，森林经营面临的风暴损害风险进入了大众视野，当时认为应该由公共资金进行补偿，没有被纳入森林保险。进入 20 世纪 50 年代，部分公司拓展了森林保险业务，为风暴灾害提供保险，增加了森林风暴保险，但其占森林保险业务整体的比重仅为 4%～5%。1968 年，保险公司委员会提议将风灾纳入保险范围，得到所有保险公司的同意，"1968 年协议"达成，将风灾险与火灾险列为两种主要的保险产品。根据协议，森林保险费率由 1967 年的 0.3‰ 提高至 1968 年的 0.5‰。尽管保险费率得以提高，但由于赔付率和赔付金额过高，导致多数保险公司在 1968—1972 年的森林保险业务中亏损。1950—1967 年的年均赔付率为 30%，而 1968—1982 年的年均赔付率达到 130%。风灾险被认为是导致森林保险出现亏损的主要原因，如 1969 年的一场严重的风暴灾害导致索赔总额超过 1 亿瑞典克朗，达到全国总保费收入的 10 倍以上。当前，多数公司的森林保险得以维续的主要原因在于森林保险在公司产品组合中的份额小，可以通过其他保险产品予以弥补。然而从长期来看，风灾的发生率并不是很高，保险公司可以用长期的保险费来抵消特定年份的高额保险赔付金。进入 21 世纪，瑞典风灾盛行，导致保险费率上涨，风灾险保费由 2005 年古德里兰飓风发生后的 10 瑞典克朗/公顷提高至 2013 年的 18 瑞典克朗/公顷。2014 年以后，森林保险费率进一步提高至 30 瑞典克朗/公顷，相当于 1.5‰。至今，瑞典已经发展成了以综合保险为主的森林保险业务体系,火灾保险约占 40%,综合险约占 50%。

二、森林保险运行机制

(一)市场运营模式

在瑞典的森林所有制中,私有林占 50%,公司林占 24%,国有林占 19%,其他公有林占 7%。承保森林面积约为 900 万公顷,相当于全部森林面积的 40%,其中私人投保的面积占了相当大的比重。全国共有私有林主 25 万多户,其中拥有林地面积在 25 公顷以下的林主占一半以上,拥有林地面积达 200 公顷以上的林主仅占 3.4%,多为小规模林业。

瑞典的森林保险由私营商业保险公司和林业合作社单独经营。一部分森林保险业务由私营商业保险公司经营,同时联营再保险公司承担着联营分保业务;私营商业保险公司承担国有林、集体林和个人林场的人工林及林木产品的保险业务,保险种类分为火灾保险和综合责任保险。另一部分保险业务由瑞典的林业合作社经营。瑞典林业合作社有较长历史,全国有 11 个大区性林农联合会,注册会员有 8 万人左右。这些林业合作组织承担一定的森林保险业务。

瑞典林业的最高管理机构为国家林业局,其管理主要体现在执行国家林业法令和财政补贴上,包括森林保险咨询服务、政府补贴的分配、森林调查、宣传、生态问题、木材等级管理、林业统计,以及林业趋势预测等方面。国家林业部门通过完善保险政策、推进林木标准化工作,为森林保险提供法律依据和统一标准。

(二)瑞典森林保险的法律支持

瑞典的相关森林法非常完善,为促进和保障森林保险的发展提供了重要的法律依据和保障。瑞典政府于 1903 年通过了第一部森林法,到 20 世纪末共颁布过 7 部森林法,现行的森林法为 1994 年颁布的新法,并且每 4 年进行一次评估,以适应林业发展的需要。该法规定政府应为林场主提供免费信息、教育和技术,并由林业部门监督实施。瑞典在 1932 年成立了森林所者联合会,其主要职能是制定和监督木材检尺技术标准。

三、森林保险产品要素(见表 2-10)

(一)保险品种(责任)

瑞典于 1920 年开办了森林保险,保险种类只有森林火灾保险,并于 1950 年增加了森林风暴保险。如今瑞典的森林保险种类分为森林综合保险、森林火灾保险和责任保险。其中，森林综合保险也称森林一揽子保险，涵盖风灾、雪灾、病虫害、野生动物侵害造成的所有损失，此类产品适用于面积大的森林，同时要求损失是在 0.5 公顷以上的连通区域内发生，导致的损害至少达到 50%。森林火灾保险在森林发生火灾后进行赔偿来弥补木材损失，并更新造林。对于责任保险，除森林里的树木可作为保险对象外，还可将拟承担的责任作为保险标的，在损失发生时获得赔偿。在三种业务量中，森林综合保险约占 50%，森林火灾保险约占 40%，责任保险约占 10%

对于活立木而言，如果发生森林火灾或风暴灾害，保险赔付资金的用途多样。一是救援费，即森林火灾后救援服务中心的灭火支出，此部分费用不直接支付给投保人。二是作业费，用于清除剩余的火烧木。三是弥补木材经济损失，即火灾对未成熟林造成的价值损失。四是补偿母树林的经济损失。

（二）保险金额

瑞典森林保险的保险金额按照单位面积立木蓄积量的价格确定，按照森林面积收取保险费。保险费根据不同地区的风险发生率和更新造林成本有所差异。就森林火灾而言，北部地区林木的保险费为 3000 瑞典克朗/公顷，南部可以达到 3889 瑞典克朗/公顷；北部地区的更新造林费为 10 416 瑞典克朗/公顷，南部可达 17 920 瑞典克朗/公顷。然而，如果发生灾害的为违反法律规定经营的过熟林和枯死木，保险公司可以不予赔偿。就森林恢复费而言，根据要恢复的森林面积分为 3 个等级：小规模（1.9 公顷以下）为 3500 瑞典克朗/公顷，中等规模（2～4.9 公顷）为 3100 克朗/公顷，大规模（大于 5 公顷）为 2700 瑞典克朗/公顷。对于幼龄林，赔付金额还与遭受损害的幼龄林比重相关。

（三）费率厘定

1958 年，瑞典的保费确定方法从按照森林价值确定转变为按区划确定，并一直沿用至今。根据地理位置、自然环境、气候条件、交通情况、群众习惯等因素，瑞典将全国森林划分为 7 个林区，不同林区规定不同的保险费率。保费整体趋势对应着森林经营风险由北至南渐增而递增，南部风险远高于北部。各险种受保费区划的影响也不同，森林火灾险的费率差异相对更小，而对于森林火灾和风暴综合险，南部保险费接近北部的 5 倍。另外，瑞典根据投保人参保面积的不同，分为小规模（50 公顷以下）、中等规模（50～500 公顷）和大规模（500～3000 公顷）投保 3 类。森林火灾险保险费率和综合险保险费率相同，但随着风灾险规模变大，保险费率逐渐降低。

（四）赔偿方式

被保险的森林一旦发生灾害损失，即按实际损失赔偿。瑞典森林保险业务经营稳定，其年均赔付率为 40%以上。瑞典森林保险的损失核定规定详细，对于哪些损失可以纳入赔偿范围以及如何进行计量做出了明确规定，具体如表 2-11 所示。

投保人在损失发生后有义务及时向保险公司报险。保险公司确定投保人的保险处于有效期内后，派出现场勘察人员进行实地查验，留存影像和文字等第一手资料，对保险标的损害情况进行检查和核算，形成赔付意见并交由公司审定，投保人无异议后即可进行赔付。有的保险公司给予投保人充分信任，以投保人自行留存的第一手资料作为主要赔付依据，辅以实地随机抽查，在确定投保人提供资料的真实性后对投保人进行赔偿。

对于森林灾害发生后的免赔责任，不同保险公司规定不一。有的保险公司规定免赔责任为 1500 瑞典克朗，有的保险公司设定为 5000 瑞典克朗，还有保险公司未设定免赔责任。对于驯鹿造成的森林损害，根据相关规定，由林主与所在驯鹿养殖社区进行协商并告知林业委员会，保险公司不直接对作为投保人的林主进行赔偿。表 2-11 列举了瑞典森林保险损失核定规则。

表 2-10 瑞典森林保险实施方案

产品体系	内容
保险品种（责任）	森林保险套餐、森林火灾保险、综合责任保险
保险金额	按照单位面积立木蓄积量的价格确定，按照森林面积收取保险费
费率厘定	根据地理位置、自然环境、气候条件、交通情况、群众习惯等因素，将全国森林划分为 7 个林区，不同林区规定不同的保险费率
赔偿方式	按实际发生的损失赔偿

表 2-11 瑞典森林保险损失核定规则

条目	具体内容
对损失的界定	损失指受损林木的原值减少的部分，其中原值指未发生损失时的价值
对原值的计算	原值为木材一般适用交付价格与收获及采伐成本之间的差额。森林保险仅覆盖受损林木减少的原值及处理损坏林木时产生的额外费用。额外费用仅指用于收集受损林木的费用及将受损林木的木材移至最近的储存地点时的费用
增加值和土地价值	增加值指由于过早收获而造成的价值损失。增加值/土地价值的计算基于林木种类。为了平衡各个年份价格的不同，林木价格的计算方式通常是当前年份和过去 4 年该种林木价格的简单平均值
对母树林的损害评估	对于遭受损害的母树林，补偿重置成本的 65%，用于必要的种植或补救
估算林地的损害	可直接采用估算表
森林产品、树篱和桥梁的损害	按损害发生前后这类财产价值的差额估算
受损林木进行重新营造的成本	包括使用的机器费用和种苗成本

四、森林保险补贴模式

瑞典的森林保险没有得到政府的经费支持和补贴。瑞典一开始就借助政府力量推动森林保险业务的开展，后来政府逐渐退出原保险业务，开展再保险融资业务，以达到全局的均衡。瑞典政府为林主提供免费信息、教育和技术服务，森林保险由私营保险公司经营，并成立联营再保险公司承担联营分保业务，尽管没有政府的经费支持和补贴，但是瑞典森林保险的参保率很高。

五、经验借鉴与启示

（一）建立多元的森林保险体系

瑞典的森林保险有多种组织形式，不同的保险组织之间相互配合、相互协作，构成一个完整的、有机的组织体系。瑞典森林保险组织形式以私营商业保险公司为主，同时还有国家受理的森林国营保险和林业合作社主办的森林合作保险，体现了森林保险及其经营组织的商业性、政策性和合作性。

（二）设计科学的森林保险产品

一是实行差别费率。森林保险开办较为成功的国家都进行了森林保险的风险区划，实行差别费率。瑞典将全国划分为 7 个林区，不同林区规定不同的保险费率，且根据火灾、风灾等保险产品的不同，保险费率也存在明显差异。森林保险费率的设定还受保险公司与林主之间博弈的影响，这种博弈对于我国提高现行政策性森林保险制度运行效率具有一定的启示意义。二是保价值。瑞典根据林业价值来确定森林保险保障水平，同时考虑多年灾害损失情况、国家财力和林业生产经营者的经济承受能力，设计森林保险条款，免责、免赔部分应切实可行。

（三）强化市场在森林保险中的作用

瑞典森林保险市场的成熟发展体现了市场在资源配置中的主体性地位，也表明可以通过市场机制来促进森林保险发展，使其成为一种有效的森林经营风险应对机制。回顾我国在 20 世纪 80 年代开展的森林火灾保险，从启动到停止，始终都在营利，但火灾的频繁发生导致营利能力较低，在车险和寿险快速发展的时期被保险公司中止。就新一轮的森林保险而言，仍需要考虑林主的经营风险问题，确定利用市场机制来发展森林保险的可行性，并对政策性森林保险的必要性进行评估。

（四）提高林农的组织化程度

瑞典林业合作社参与人员众多，在瑞典森林保险的发展过程中占有重要地位。随着我国林权改革的不断深入，大量的小规模分散经营的林农成为市场主体。在这种情况下，林农联合起来组建林农合作社，发展林业合作经济组织，是林农提高组织化程度和市场经营能力、进行自我保护和自我服务的有效组织形式。一方面，林农合作社作为中介和纽带，可以为政府和保险公司代办森林保险业务；另一方面，林农合作社可以自办互助性森林保险进行自我保护。

第五节　芬兰森林保险

一、森林保险发展历程

截至 2020 年，芬兰土地面积约为 3040 万公顷，其中森林面积为 2241 万公顷，森林覆盖率为 73.73%。作为欧洲森林覆盖率最高的国家，其林业十分发达，并在国家经济中占有重要地位，林业产业总产值相当于制造业总产值的 18%。受此影响，芬兰早在 1914 年就开展了森林保险业务，成为世界上开办森林保险最早的国家，当时只有一个险种，即森林火灾险，经过近百年的发展，芬兰经营的险种包括森林火灾保险、森林重大损失保险、森林综合保险和森林附加保险。

芬兰在 1972 年前，对损失赔偿定有最高限额，实行定额保险。1972 年 4 月 1 日后，对全部价值实行足额保险，政府设有森林保险补助基金并对私人保险机构提供基金补贴。在森林保险赔偿中，保险公司提供赔偿金额的 1/3，政府补助基金提供赔偿金额的 2/3。此后至 1982 年，芬兰经营各种森林保险综合平均赔付率为 68%，业务发展比较稳定。

时至今日，芬兰森林保险承保数量和险种都有很大的发展，已有 1/3 以上私有林参保。在林农部的领导、监督下，森林保险业务由联营保险公司经营，承保对象包括国有林场、企业财团所有林场、教会林场及个人林场。

芬兰的森林保险在农林部的领导、监督下，由联营保险公司经营。具体来看，芬兰的林业保险是由许多私人的保险公司组成的芬兰保险中央联盟来经营的，而各私人保险公司又统属社会事务和卫生部的保险局管理。此外，芬兰的《森林改良法》规定，政府应为私有林主提供免费的技术支持，这一规定对于促进森林保险的开展起到了积极的作用。

二、森林保险运行机制

（一）市场运营模式

芬兰的森林保险由政府林农部统一领导，林业国营保险公司、森林共济会以及商业保险公司三方协作组成了整个森林保障体系。芬兰的森林保险业务由联营保险公司在农林部的督导下经营。该国的林业保险由许多私人保险公司组成的芬兰保险中央联盟经营，各私人保险公司统属社会事务和卫生部下设的保险局管理。森林保险的承保对象有国有林场、教会所有林场、企业财团所有林场和个人所有林场。发生森林灾害后，保险公司赔付 1/3，其余 2/3 损失金额由政府补助基金供给。此外，政府还为私有林主提供免费技术支持，对于促进森林保险的顺利开展起到了积极作用。

承保人接到报案后，一般需要由损失估定人（第三方）进行调查估定，以求公正，损失估定人通常由林务员和林业技术员担任。赔款额和树木价格的变化每年通过不断的成本研究来记录，通过分析长期理赔统计资料，可以及时得出现行保险方式下适当的保险费率。

（二）森林保护措施

尽管芬兰有完备的森林保险体系，但依然非常重视实施森林保护措施，体现在对生态区位重要的森林进行严格保护，主要措施是划定保护区。芬兰超过 710 万公顷的土地纳入了保护管理，其中国家法定保护区约 168 万公顷，其他保护区约 542 万公顷（见表 2-12）。芬兰不同类型的保护区具有不同的功能与管理方式，多类型的保护区组成了完善的保护体系，从而兼顾保护与开发利用。国家法定保护区包括国家公园、严格管制保护区、泥沼保护区、多草森林保护区、原始森林保护区、海豹保护区、私有保护区等。其他保护区包括原野地、国家山野徒步区、休闲区等。芬兰法律规定，河边、湖边、路边以及私有林中被认定为具有特殊保护价值的森林，严禁采伐利用。

表 2-12　芬兰自然保护区

	类型	数量	面积（万公顷）
国家法定保护区	国家公园	37	97.96
	严格管制保护区	19	15.35
	泥沼保护区	171	46.17
	多草森林保护区	51	0.12
	原始森林保护区	91	0.98
	海豹保护区	7	1.88
	私有保护区	114	0.84
	其他国有自然保护区	38	4.79
	林业与公园管理公司设立的保护区	24	0.08
其他保护区	原野地	12	148.91
	国家山野徒步区	7	3.55
	休闲区	23	14.02
	保护林地	327	5.14
	其他保护区	741	58.66
	自然保护项目涵盖的保护保留地	1714	77.04
	公共水域（未在上述区域内的）		234.80

芬兰的森林可持续管理能力居世界前列。芬兰的大部分森林属于家庭私有,纸张、纸板等以木材为原料的生产企业可以从商用林地购买木材,但森林所有者要将出售木材收入的一半上交政府,待其按规定补种完树苗后,方可从政府取回。森工产品生产企业也往往通过独立运作的第三方认证,来证明所购木材产地的森林状况,以向客户说明用于生产的木材来自可持续管理的森林。

芬兰人没有把森林看作一种单纯的原材料资源,而是以森林为基础,将与其相关的工业看作一个"森林产业群体",通过机械、化工、自动化、林产品等领域的合作,最大限度地保护和利用森林。

芬兰重视森林生态系统的可持续发展。早在 100 多年前,政府就立法禁止破坏森林,并要求换代采伐后必须确保新生林的成长。从 20 世纪 20 年代开始,芬兰就执行了国家森林储备政策,几十年来,芬兰一直对森林实行可持续管理。

三、森林保险产品要素(见表 2-13)

(一)保险品种(责任)

芬兰的森林保险始于 1914 年的森林火灾保险,之后保险险种不断发展。芬兰最常见的森林灾害是风灾,约 80% 的森林灾害由暴风造成,其他森林灾害包括雪灾、火灾、虫灾、洪灾、真菌病和野兽灾害。目前,芬兰森林保险经营险种主要有森林火灾保险、森林重大损失保险、森林综合保险和森林附加保险。森林火灾保险承保火灾损失单一责任,森林重大损失保险承保大面积损失限额以上的赔偿责任,森林综合保险承保火灾、暴风、雪灾和虫灾损失责任,附加险扩大承保大角鹿、啮齿动物兽害、真菌和洪水损失责任。

(二)保险金额

芬兰的森林保险自 1972 年就已经普遍实行定额保险,之后又采取足额保险的方式,对全部价值负责赔偿。森林保险费为 0.2~0.43 美元/公顷,森林综合保险费为 0.4~1.5 美元/公顷。如果被保险的林地达到 500 公顷,可减免其保费的 10%,并由芬兰政府提供相应的基金补贴。

(三)费率厘定

芬兰采取按森林面积确定保险费率的方法,把全国森林划分为 20 个林区,实行差别费率,并且在全国建立了赔款额和树木价格变动数据库,通过分析长期理赔统计资料计算出新的合理保险费率,在费率差级分区的基础上,对重大损失险采用费率优待的补贴政策。

（四）赔偿方式

芬兰最初的森林火灾保险设有最高赔偿限额，且实行定额保险。1972 年以后，芬兰采取了足额保险的方式，对全部森林价值负责赔偿。在芬兰的森林保险赔偿中，保险公司赔付损失金额的 1/3，其余 2/3 的损失金额由政府补助基金供给。麋鹿造成的破坏也可由国家基金予以补偿。1973—1982 年，各种森林保险综合平均赔付率为 68%，业务发展比较稳定。

表 2-13　芬兰森林保险实施方案

产品体系	内容
保险品种（责任）	森林火灾保险、森林重大损失保险、森林综合保险和森林附加保险
保险金额	采取足额保险的方式
费率厘定	按森林面积确定保险费率的方法，把全国森林划分为 20 个林区，实行差别费率
赔偿方式	对全部森林价值负责赔偿，保险公司赔付损失金额的 1/3，其余 2/3 的损失金额由政府补助基金供给

四、森林保险补贴模式

在保险赔付上，由于森林保险具有政策性保险的特征，芬兰政府给予了大力的政策支持，为森林保险提供基金补贴，如造林政府补贴覆盖全部损失金额的 2/3。全国划分为 20 个林区，实行差别费率，重大损失险享受费率优待，并由芬兰政府提供相应的基金补贴。1972 年，芬兰开始对森林保险采用足额保险方式，所需的森林保险补助基金由政府提供，在森林保险赔偿中，保险公司和政府基金提供的赔偿金额的比例约为 1∶2。另外，芬兰的《森林改良法》还规定，政府应为私有林主提供免费的技术支持，对于促进森林保险的开展起到了积极的作用。

五、经验借鉴与启示

（一）公平与效率相结合

芬兰的森林保险是在政府的领导和监督下，由联营私人保险公司经营。北欧森林保险市场良好稳定的发展也印证了公平与效率有机结合的必要性。这也是我国林权制度改革后，政府与市场高效配合、协调各方关系，最终促使林业向可持续方向发展的有益尝试。北欧国家森林保险市场也是由政府提供财政补贴，运用经济手段支持其发展，由市场经营森林保险业务，由政府发挥间接调控作用。

（二）林业合作社建设

林业合作社是联系林农与市场的纽带，随着市场经济体制的完善和全球一体化的推进，林农面临的市场风险和不确定性将进一步加大，我们需要将林农联合起来，提高组织化程度，增强市场竞争力。我国要改革森林保险在商业保险公司中经办的体制，建立和完善适合我国国情的森林保险组织体系。国外开展森林保险的模式是国家不经营森林保险，而由专门的农业保险公司或联营保险公司承担，国家只是给予扶持，这是由国外森林保险业务发展成熟的情况决定的。但是目前我国森林保险尚处于起步阶段，根据国情和林情，还需以国家的财政扶持为主。

基于我国林农现状和林业合作组织的特点，迫切需要加强对林业合作组织的规范化管理，完善内部管理制度，研究制定农民专业合作社法实施细则，抓紧编制林业专业合作社示范章程，指导林农更广泛地参与到合作组织中，建立以合作保险为主体的森林保险组织体系。随着林权改革的不断深入，大量小规模分散经营的林农成为市场主体。在这种情况下，林农联合起来组建了林农合作社。

（三）实行差额补贴，增加补贴品种

我国可以借鉴芬兰实行的分级补贴费率政策，在地方财政补贴品种方面，实行差别保费补贴，坚持险种差别费率原则。我国森林保险的补贴范围为生长、管理正常的商品林和公益林，但由于我国森林植被丰富、品种繁多，其价值的差异也非常大，对应的经营成本和风险也不尽相同，因此有必要扩大森林保险补贴范围，增加森林保险补贴品种。

（四）核定保费补贴水平及林农承担水平

根据芬兰的经验，我国各级政府财政提供的平均补贴水平应不少于50%，政府承担的保费应该大于林农自身所承担的费用，否则难以达到充分调动林农参加森林保险的目的。由于现阶段我国政策性森林保险以保障农户的再生产能力为主，因此宜从保障成本出发，逐步过渡到保产量和保收入的成熟阶段。因而，财政对森林保险支持标准也应有一个梯度渐进增长的过程。

第三章　我国森林保险发展模式与实践探索

本章从政策演进角度解读我国森林保险的发展历程，重点分析我国森林保险总体发展情况、公益林及商品林发展情况，并阐述发展过程中的主要困境及未来发展路径。

第一节　我国森林保险发展历程

我国森林保险经历了近 40 年的探索和实践，其发展历程可以划分为 1978—2008 年和 2009 年至今两个发展阶段。

一、1978—2008 年的探索试验阶段

在这一阶段，森林保险从无到有，经过了"酝酿启动—快速发展—停滞萎缩—稳定复苏"的波动式推进，其经营模式从多元化经营到纯商业化运作，再到地方财政给予保费补贴，反映了政府和保险机构在推动森林保险的过程中不断试验、探索和突破，为后续中央财政森林保险保费补贴工作奠定了坚实基础。表 3-1 列出了探索试验阶段我国森林保险发展中的重要事项。

表 3-1　我国森林保险发展历程中的重要事项

编号	年份	事项
1	1981	为了加强森林资源管理和减少森林灾害损失，林业部门与中国人民保险公司取得联系，与保险部门合作，共同研究森林保险，以便开展本项业务。
2	1982	拟定了森林保险课题研究计划，同时拟定了我国第一部《森林保险条款》
3	1983	在保险公司的配合下，于 1983 年先后收集了国外森林保险动态、特点及趋势的有关资料，并在国内进行了调研，在研究森林价格、营林生产商品化等课题的基础上，完成了《对我国森林保险问题研究》的报告，从理论与方法上阐述了在我国开展森林保险的目的、意义、方法及有关政策问题
4	1984	在中国人民保险公司的配合下，在广西灵川县开始了我国首次森林保险的试点工作
5	1985	在吉林省汪清县林业和草原局（原汪清县林业局）进行了国有林区森林保险的试点，取得了较好的效果

编号	年份	事项
6	1985	会同福建省林业厅和福建省保险公司在邵武市实行了林业与保险公司共保形式的森林保险
7	1985	在辽宁省本溪市试点林业部门自办保险的新形式，先后用 5 年时间进行了 4 种形式（保险公司主办、林业部门主办、双方共办、合作共济）的森林保险试点与应用，开创了行业或部门办保险的先河
8	1988	全国已有 20 多个省的 2000 多万亩森林开展了保险工作，之后森林保险面积不断扩大，对于减少森林风险发生、分散风险起到了积极的作用

资料来源：冯唐华，洪亚军，黄东平. 浅谈我国的森林保险[J]. 中国林业，2008（6）.

（一）酝酿启动时期（1978—1984 年）

党的十一届三中全会以后，林业"三定"政策及"以营林为基础"的方针逐步落实，带来了林业商品生产的发展和山区经济的进一步活跃。与此同时，林业生产经营主体开始独立面对林业生产经营中的自然和市场风险，出于稳定生产的需要，森林保险的现实需求随之显现。

1978 年，我国开始恢复研究森林价格，在为森林保险奠定了理论基础的同时，也提供了相应的研究借鉴。1981 年，为加强森林资源管理和减少森林灾害损失，林业部（现称国家林业局）与中国人民保险公司联合启动了森林保险研究工作。1983 年，双方共同完成《对我国森林保险问题研究的报告》，重点阐明了开展森林保险的目的、意义、方法及有关政策。同年，中国人民保险公司拟定了我国第一部《森林保险条款》，对森林保险业务的承保范围、费率精算、损失赔偿进行了初步规定，森林保险的理论框架初步形成。1984 年，广西桂林市率先启动森林保险试点工作，森林保险的实践探索正式开启。

（二）快速发展时期（1984—1995 年）

1984—1994 年的 10 年间，森林保险快速发展，呈现出以下 4 种发展态势：

一是覆盖面迅速扩展。从 1984 年广西桂林市启动森林保险试点工作之后，吉林、山西、福建、辽宁等地也积极研究，陆续开始了森林保险的实践探索。到 1988 年，全国开展不同形式的森林保险的省份达到 20 多个。据不完全统计，1989—1994 年，全国森林保险累计参保面积占森林总面积的 4%，累计保费达到 11 860 万元，实际理赔累计 8340 万元，平均赔付率为 70.30%。图 3-1 为福建邵武市森林保险发展情况。

图3-1　1988—1995年福建邵武市森林保险发展情况

资料来源：潘家坪. 森林保险中合理确定保险费率的探讨[J]. 林业资源管理，1999（5）：5-8.

专　栏　1

福建省邵武市的林业部门和保险部门共办模式

1985年，福建省邵武市林业局与中国人民保险公司邵武分公司签订了森林火灾联合保险协议书。协议书规定，林业局负责核定森林的标的价值及灾后的损失面积等，保险公司负责确定赔付金额，双方共同确定保险金额和费率，保险公司和林业局按60∶40的比例分配既得保费，且按60∶40的比例承担赔偿责任，以分担风险。村林业理事会、国营林场、伐木场安排特定工作人员承办森林保险业务，负责填写投保单、保险单附表，缴纳保险费，协助开展森林火灾防控，参加灾害事故定损和赔偿，劳务报酬按实际缴纳保险费的2%列支。乡镇林业站设立森林保险代办点，指派专人负责核对投保单和签发保险单，收取保险费，协助开展灾害事故处理，将提留保险费的2%作为代办点的工作经费。此外，市林业局按保费的2%提留，作为其开展损失核查、赔付价值核定、开展理赔等业务的工作经费。

截至1986年2月，邵武市森林保险面积为12.16万亩，保费为2.91万元，总保险金额为1121万元，赔付火灾损失为2.81万元，简单赔付率为96.56%。到1995年底，森林保险年末存保面积达到161.80万亩（见图3-1）。在开展森林保险的10年间，简单赔付率为15.71%，安全奖占总保费的8.89%，劳务费占总保费的6.85%，村委所得占总保费的45.92%，保险公司所得为22.63%。

资料来源：东北网-黑龙江经济报。

二是责任范围逐渐增大。保险品种从最初的杉木保险、柑橘保险扩展到用材林保险和经济林保险，部分地区对人工林和天然林、成熟林和中幼林做出保险费率和保额的区分，保险的责任范围从火灾扩展到病虫鼠害、风灾、水灾、旱灾等主要自然灾害，险种从单一险发展为综合险。

三是多种经营模式并存。这一阶段各地区采取了形式多样的保险形式，主要有4种（见表3-2）。其一是保险公司主办、林业部门代理，这是森林保险试点的雏形；其二是林业部门和保险公司共保，责任和利益按比例分担；其三是林业部门自保，即由林业部门组织开展与森林保护相结合的森林灾害赔付机制；其四是农村互助性质的林木合作保险。

表 3-2　1984—1986 年我国森林保险试点情况

年份	地区	林权所有形式	森林保险组织形式	业务类别
1984	广西桂林	集体林区	保险公司主办	森林火灾险
1985	吉林汪清	国有林区	保险公司主办	森林火灾险
1985	山西永济	集体林区	农村林木保险合作组织共济	—
1986	福建邵武	集体林区	林业部门与保险公司共办	森林火灾险
1986	辽宁本溪	集体林区	林业部门自保	森林综合险

四是市场发育程度较低。市场主体较为单一且市场发展不均衡。在这一时期，中国人民保险公司是森林保险的唯一供给方，以国有林场、国有采育场和乡镇集体为参保主体。森林保险市场在南方集体林区的部分县（市）发展较快，北方国有林区的省、市承保量相对较少，市场发展较为缓慢。

专　栏　2

中国人民保险公司江西省分公司《用材林保险试行条款》摘要

1986 年，中国人民保险公司江西省分公司在《杉树保险试行条例》的基础上出台了《用材林保险试行条款》（以下简称《条款》）。该《条款》是我国 20 世纪 80 年代最具代表性的森林保险规定，由十条规定组成，分别是保险目的、保险范围、不保范围、保险责任、除外责任、保险期限、保险金额及保险费、被保险人义务、赔偿处理、争议处理等。其重要内容摘要如下：

第二条规定保险对象主要为国营林场、集体林场和个人大面积林木保险，而不适用于一家一户小块林地保险；参保林地面积须在五十亩以上才接受投保，以避免参保林地面积过少导致业务无法开展。

第三条规定仅将用材林作为保险对象，以便开展理赔工作，但如果投保人要求投保经济林，需要与保险公司进行特别约定。

第四条规定承保的灾害为各种原因造成的火灾，以及发生火灾时，为防止火灾蔓延所采取的各种必要措施而造成的保险林木损失。

第七条规定保险金额以林木生长期内投入的实际成本费用为依据，并根据林龄设定为 3 个档次：第一档林龄为 1～5 年，保险对象为幼龄林，保险金额设定为 60 元；第二档林龄为 6～10 年，保险金额为 80 元；第三档林龄为 10 年以上，保险金额为 100 元。各个地区可以根据本地实际情况，增加或减少规定档次的保险金额。保险费率的设置遵循"不赔不赚，略留后备，以防大灾之年"的原则，以平衡各个生长时期的损失率，费率为千分之五。考虑到各地灾情不同等原因，保险费率在试办时期可根据当地实际情况下浮千分之一，上浮不限。

第八条规定了被保险人义务，如"投保时，被保险人应将所属历年造林面积、森林资源普查数据及所处地域等有关账册、图标提交给保险人"。

第九条规定受损单位和保险公司在出险后要会同技术测量人员对受损面积进行实地测量核实，以便确定损失面积。

资料来源：中国人民保险公司江西省分公司"用材林保险试行条款"。

（三）停滞萎缩时期（1995—2003 年）

自 1995 年开始,我国森林保险业务发展开始停滞不前,参保面积和保费规模双降,有些地区甚至停止开展森林保险业务。以福建省邵武市为例,1995 年森林火灾保险面积为 161.80 万亩,1999 年仅为 28.94 万亩,下降了 82.11%。至 2003 年,邵武市森林保险工作全面停止。出现上述情况的原因在于以下几点。

一是保险公司商业化转制,森林保险承保意愿下降。1995 年,全国人大审议通过的《中华人民共和国保险法》在保险行业中导入了市场机制,这对于促进保险业发展无疑有积极的作用;但另一方面,在缺乏政府支持和政策性补助的情况下,市场化导致了业务运作的完全商业化,对于林业等生产周期长、灾害类型多、社会公益性强的行业来说,高风险、高赔付（见表 3-3）、低收益必然导致其保险业务被保险公司边缘化。1996 年,原中国人民保险公司组建为中国人民保险集团股份有限公司,森林保险由中保财产保险公司经营。同年,依据《中华人民共和国保险法》的基本精神,中保财产保险有限公司印发《关于目前加强种植业保险业务管理的几点意见》（保财农〔1996〕2 号）,修订完善森林火灾险种条款,放弃和停办规模小、效益差的险种。2003年,中国人民保险公司公开上市,从国有政策性经营机构转变为商业化经营公司,更加关注经济效益,逐步舍弃高赔付率、低利润率的森林保险业务。

二是林业经营主体参保积极性不高,有效需求不足。首先,林业"三定"未能充分调动林业生产经营的积极性,加之受到亚洲金融危机的冲击,我国农村经济发展缓慢,农民收入增长近乎停滞,林业经营主体购买森林保险的有效需求不足。其次,20世纪 90 年代中后期,国有林场经营状况恶化,资产负债率不断提高,无力继续负担森林保险费用。最后,保险公司为提高经营效益,采用上调保险费率和限制责任范围等方式,抑制了林业经营主体投保的积极性。

表 3-3　1997 年全国主要省份森林保险经营状况表

省份	保费（万元）	全国份额（%）	赔付支出（万元）	赔付率（%）
湖南	1432.2	27.67	987.5	68.95
江西	873.0	16.87	763.5	87.46
广东	451.9	8.73	304.3	67.34
广西	450.3	8.70	203.1	45.10
福建	401.6	7.76	302.4	75.30
吉林	291.0	5.62	107.2	36.84
浙江	286.7	5.54	282.5	98.54
云南	253.5	4.90	80.3	31.68
湖北	215.4	4.16	213.2	98.98
贵州	156.0	3.01	49.5	50.96
河南	103.2	1.99	33.8	32.75
安徽	100.2	1.94	51.6	51.50
辽宁	40.1	0.77	47.4	118.2
四川	27.6	0.53	13.9	50.36

（四）稳定复苏时期（2003—2008年）

进入21世纪，农业保险问题受到中央的高度重视。2002年新修订的《中华人民共和国农业法》第一次提出"国家逐步建立和完善政策性农业保险制度"。此后，2004—2008年的中央一号文件，连续对建立和完善政策性农业保险制度提出指导意见。2007年，中央财政农业保险保费补贴政策落地，开启了我国农业保险制度和事业的崭新篇章。

在农业保险大发展的背景下，集体林权制度改革的推进给森林保险的发展注入了一剂"强心针"。从2003年开始，福建、江西等省份相继开启新一轮的集体林权制度改革试点。随着改革的不断推进，林改后林业分散经营带来的风险和林权抵押贷款难的问题凸显，重新激发了林业生产经营主体和相关部门对森林保险的关注和积极性，南方集体林区森林保险事业逐渐复苏（以湖南为例，见表3-4）。自2006年开始，浙江、福建、江西等地相继开展了"财政补贴、政府扶持"的森林保险试点工作。2007年10月，江西省制定并出台了《江西省林木火灾保险试点工作方案》，在全省26个县的范围内开展了政策性森林火灾保险试点工作。试点原则为"三个兼顾"，即森林保险的实施需要兼顾林业经营主体的缴费能力、保险公司的风险承受能力、财政的补贴能力，以及低保额、低保费、保成本的"两低一保"原则，采取"市场运作、林农自愿、政府引导"的模式，以参保者灾后能迅速恢复生产、保险公司可持续经营为目标，尝试逐步建立健全的森林灾害风险保障机制。但受林业产权制度不明晰、森林保险经营复杂、林业经营主体缺乏投保积极性，以及缺乏森林保险的配套扶持政策等因素的制约，我国森林保险的总体进程仍然处于试点推广阶段。2008年，受年初特大雨雪冰冻灾害的影响，一些地区对森林保险的需求急速回升。在地方政府的积极支持下，森林保险的保障面积大幅增加。2008年中央一号文件提出要全面推进集体林权制度改革，明确提出要"积极推进林木采伐管理、公益林补偿、林权抵押、政策性森林保险等配套改革"。2008年6月中共中央、国务院颁布的《关于全面推进集体林权制度改革的意见》中，再次明确提出要"加快建立政策性森林保险制度，提高农户抵御自然灾害的能力"。2008年，全国森林保险面积为7720.05万亩，为2007年的6倍。

表3-4　2004—2008年湖南省森林火灾险发展情况

年份	参保面积（万亩）	保险金额（万元）	保费收入（万元）	赔付金额（万元）	赔付率（%）
2004	148.95	45 841	530.9	604.8	113.9
2005	317.85	32 734	322.5	383.4	118.9
2006	985.65	101 210	534.6	519.0	97.1
2007	733.35	75 490	870.3	760.5	87.4
2008	657.90	164 478	937.8	1095.1	116.8

资料来源：曾静，王锦霞.湖南省森林保险情况分析及相关建议[J].保险职业学院学报（双月刊），2010，24（3）.

在此阶段，森林保险发展呈现如下特点：

一是政策性机制开始导入。围绕建立森林保险发展的长效机制，各界对于森林保险的观点，从最初认为其是由保险公司自主经营的商业化险种，发展到承认森林保险的准公共物品属性，认识到其持续发展必须依靠国家的支持，走政策性保险的道路。2008年中央一号文件①明确提出，积极推进政策性森林保险等配套改革。2008年6月，中共中央、国务院颁布《关于全面推进集体林权制度改革的意见》（中发〔2008〕10号），提出加快建立政策性森林保险制度，以提高农户抵御自然灾害的能力。

二是市场竞争主体趋于多元化。继中国人民财产保险股份有限公司和中华联合财产保险公司之后，从2003年开始，中国大地财产保险股份有限公司、安信农业保险股份有限公司、安华农业保险股份有限公司、阳光农业相互保险公司等相继成立。保险公司数量的增加，促进了森林保险的市场竞争，增加了森林保险的有效供给，推动了森林保险市场的发展。

三是财政支持效果明显。财政保费补贴极大地调动了政府、保险机构和林业生产经营主体推动和参与森林保险的积极性。例如，浙江省于2006年启动政策性森林保险试点，财政给予45%的保费补贴。至2008年，森林保险面积达到2121.23万亩，保费共计920.81万元，提供风险保障92.08亿元，分别为2006年的128.5倍、85.8倍和257.4倍。表3-5和表3-6分别列出了浙江省商业性和政策性森林保险的发展情况。

表3-5 2004—2007年浙江省商业性森林保险情况表

年份	投保户数（户）	参保面积（万亩）	保险金额（万元）	保费收入（万元）	理赔户数（户）	赔付金额（万元）
2004	55.17	12 479.0	34.7	28	58.1	167.44
2005	50.30	11 107.8	32.5	17	7.5	23.1
2006	58.00	12 755.8	36.7	16	13.4	36.5
2007	64.50	19 382.6	59.1	24	25.6	43.3
合计	660.60	113 167.2	386.6	271	258.8	67.0

资料来源：韩国康，刘海英，王铮. 关于建立政策性森林综合保险问题的探讨[J]. 绿色财会，2008（12）：3-6.

表3-6 2006—2008年浙江省政策性森林保险发展情况表

年份	投保户数（户）	参保面积（万亩）	保险金额（万元）	保费收入（万元）	理赔户数（户）	赔付金额（万元）	赔付率（%）
2006	9453	16.51	3577.66	10.73	0	0	0
2007	293	66.93	24 234	24.40	3	5.20	21.3
2008	1548	2121.23	920 787.77	920.81	22	32.89	3.57

资料来源：韩国康，刘海英，王铮. 关于建立政策性森林综合保险问题的探讨[J]. 绿色财会，2008（12）：3-6；杨琳，石道金. 影响农户森林保险需求因素的实证分析——基于对浙江省156户农户的调查[J]. 北京林业大学学报（社会科学版），2010（3）：103-107；杨琳.浙江农户森林保险需求意愿分析[D]. 杭州：浙江农林大学，2010.

注：全部为火灾险。

---

① 《中共中央、国务院关于切实加强农业基础建设 进一步促进农业发展农民增收的若干意见》（中发〔2008〕1号）。

专　栏　3

江西省政策性林木火灾保险试点

2007 年，江西省委、省政府明确建立政策性森林保险制度，提出建立健全林业风险保障机制。要按照"政府引导、政策支持、市场运作、林农自愿、稳步推进"的原则，将林业保险纳入政策性农业保险，重点推进森林火灾保险业务，尝试开展森林病虫害保险业务，所需保费政府负担不少于 30%，个人负担不超过 70%。2007 年 10 月 17 日，《江西省林木火灾保险试点工作方案》（赣林计字〔2007〕362 号）出台，决定在全省 26 个县的范围内开展政策性森林火灾保险试点工作。2008 年，江西省将政策性森林保险实施范围扩展到全省。截至 2008 年 8 月底，江西省 26 个试点县累计投保面积 19.56 万公顷，占有林地面积的 6.06%，保费收入为 391.9 万元，赔付 410 万元，赔付率为 104.62%。据人保财险江西省分公司统计，江西省自 2007 年开办政策性林木火灾保险，到 2009 年 6 月，累计承保林地面积达 58.86 万公顷，提供保险保障 26.80 亿元。

二、2009 年以来的中央财政保费补贴阶段

2009 年，中央财政森林保险保费补贴试点工作正式启动。在政策引擎的强力驱动下，到 2020 年，中央财政森林保险保费补贴范围已经扩展到全国 25 个省（区、市）、4 个计划单列市、4 家森工集团。由于地方财政调整，黑龙江省的保费补贴配套支持受到影响，暂停了 2020 年政策性保险试点。11 年间，森林保险制度体系逐步建立，保障力度稳步增强，有效保护了森林资源，保障了林业经营主体收益，增强了林业融资能力，推动了林业现代化建设进程。

（一）试点实施时期（2009—2011 年）

自新一轮集体林权制度改革正式启动后，森林保险被确定为集体林权制度配套改革的主要政策措施之一，相关政策和文件密集出台。2009 年中央一号文件明确"加大财政对集体林权制度改革的支持力度，开展政策性森林保险试点"。同年，财政部印发《关于中央财政森林保险保费补贴试点工作有关事项的通知》（财金〔2009〕25 号），将福建、江西和湖南列为中央财政森林保险保费补贴首批试点省份，标志着政策性森林保险工作正式启动。此后，财政部、银保监会（原保监会）、国家林业和草原局（原国家林业局）等部门出台的相关政策文件①确定了政策性森林保险业务发展的基本原则、工作思路、参保标的物、灾害责任、保额和费率、风险分散机制、推进森林保险工作的策略，以及财政部门、林业主管部门、保险监管部门在推动森林保险工作中的功能与角色等内容。

在中央制定相关政策的同时，各试点地区也依据各省实际，相继出台了一系列规范化文件，制定了省级森林保险试点工作方案，明确了指导思想、基本原则，界定了

---

① 2009 年 10 月，国家银保监会（原保监会）联合国家林业和草原局（原国家林业局）发布《关于做好政策性森林保险体系建设促进林业可持续发展的通知》（保监发〔2009〕117 号）；2009 年 12 月，财政部联合国家林业和草原局（原国家林业局）和国家银保监会（原保监会）印发《关于做好森林保险试点工作有关事项的通知》（财金〔2009〕165 号）。

保险责任，针对不同树种、树龄、灾害类型等因地制宜地设置险种，并设定了相应的保险费率和保额，规定了赔偿处理的操作方式、保费补贴及资金结算方式等具体环节的内容与要求，不仅在省级政策层面提供了规范，也为各试点地区森林保险的良性运行提供了保障。

在此时期，保险机构与林业部门积极合作，共同推进森林保险工作。2010 年，人保财险与国家林业和草原局（原国家林业局）林业工作站管理总站签订了《共同推进森林保险的合作框架协议》，约定在森林保险的宣传、培训、承保、查勘定损、防灾防损等方面开展全面合作。此后，双方联合印发森林保险宣传产品，开展森林保险培训，举办森林保险座谈会，并在基层合作共建工作上进行积极的研究和探索。各保险公司的分支公司与林业主管部门之间也建立起沟通协作机制，协同开展森林保险宣导、防灾减灾宣传教育等，研究完善森林保险的承保理赔机制，共同开展防灾减损工作等，均有力助推了森林保险的发展。

专栏 4

《中央财政森林保险保费补贴试点方案》

2009 年，财政部发布《关于中央财政森林保险保费补贴试点工作有关事项的通知》（财金〔2009〕25 号），以附件形式印发《中央财政森林保险保费补贴试点方案》，对中央财政保费补贴型森林保险的试点条件、补贴比例、保险责任和保险金额等做出了明确说明。

一、试点地区的选择标准：首先，林权制度改革比较深入，林地经营权已落实到户，具备开展森林保险的条件。其次，地方政府部门重视森林保险工作，有积极性。最后，林地面积占比大，森林覆盖率居于全国前列。

二、补贴品种：生长和管理正常的商品林和公益林。

三、补贴比例：在省级财政至少补贴25%保费的基础上，中央财政再补贴30%的保费。

四、保险责任：以人力无法抗拒的自然灾害为主，包括火灾、暴雨、暴风、洪水、泥石流、冰雹、霜冻、台风、暴雪、雨淞、虫灾等。根据本地气象特点，试点地区可从上述自然灾害中选择几种对本地林业生产影响较大的，列入保险责任。试点地区可选择其他灾害作为附加险保险责任予以支持，由此产生的保费，可由地方财政部门提供一定比例的保费补贴。

五、保险金额和费率：对保险金额和费率不做统一要求，由试点地区根据本地实际情况确定。保险金额原则上为林木损失后的再植成本，包括挖树根、清池、挖坑、移栽、树苗、施肥到树木成活所需的一次性总费用，具体由地方政府和经办保险机构按市场原则协商确定。保险费率应综合保险责任、林木多年平均损失情况、地区风险水平等多种因素科学厘定。有条件的地方，可以适当提高保障水平，选择林木生产成本或林木产量作为保险金额，对于超过再植成本的保障部分，可由地方财政部门提供一定比例的保费补贴。

资料来源：2009 年《中央财政森林保险保费补贴试点方案》。

（二）全面推广时期（2012 年至今）

经过 2009—2011 年的试点，我国于 2012 年正式实施中央财政森林保险保费补贴工作，并快速向全国铺开，形成了较为成熟的组织体系（见表 3-7）。财政部颁布的《关于 2012 年度中央财政农业保险保费补贴工作有关事项的通知》（财金〔2012〕80 号）

提出，自 2012 年起，中央财政农业保险保费补贴区域推广至全国，各地可本着自主自愿的原则开展。这标志着政策性森林保险试点阶段结束，步入正式实施时期。在此时期，有关政策文件①对政策性森林保险理赔、条款和费率、大灾风险分散机制等内容进行了较为详细的规定，有助于进一步完善森林保险制度，促进森林保险市场健康发展。值得说明的是，2013 年中央一号文件②和 2015 年 3 月中共中央、国务院印发的《国有林区改革指导意见》（中发〔2015〕6 号）明确指出，开展重点国有林区森林保险保费补贴试点，加大中央财政的森林保险支持力度，提高国有林区森林资源抵御自然灾害的能力。

表 3-7　我国森林保险政府分级职能概况

政府分级	职　能
中央	国务院保险监督管理机构对森林保险业务实施监督管理。财政、林业、发展改革、税务、民政等有关部门按照各自职责，负责森林保险推进、管理的相关工作
省级	省、自治区、直辖市人民政府确定适合本地区实际的森林保险经营模式。财政部门、保险监管部门、林业部门共同制定森林保险方案，完善森林保险制度。财政部门负责保费补贴资金管理，确保专款专用
市县级	县级以上地方人民政府统一领导、组织、协调本行政区域的森林保险工作，建立健全推进森林保险发展的工作机制。县级以上政府有关部门按照职责分工，负责森林保险推进、管理相关工作
乡镇林业站	开展森林保险政策宣传、林业防灾减灾、指导植被恢复等工作，协助保险机构组织承保、查勘定损、联系理赔等
村民委员会	推荐村级协保员协助推进所在区域森林保险业务

该阶段是我国森林保险政策支持力度继续加大、行业管理体系逐步健全、运营模式逐年优化、信息互通共享的时期，呈现出以下 3 个发展特点。

一是保险覆盖面迅速扩大。2012 年，实施中央财政森林保险保费补贴的省份达到 17 个、计划单列市 1 个，较 2011 年末增加近 1 倍。2013 年，山西、内蒙古、吉林、甘肃、青海 5 省（自治区），大连、宁波、青岛 3 个计划单列市，以及黑龙江大兴安岭林业集团公司被纳入补贴范围。2014 年，我国中央财政森林保险保费补贴项目在全国铺开。2015 年，吉林森工纳入补贴范围。2018 年，长白山森工纳入补贴范围。2019 年，黑龙江和江苏首次纳入补贴范围。截至 2020 年，全国有 25 个省份、4 个计划单列市、4 个森工集团纳入保费补贴范围（黑龙江省由于地方财政调整，保费补贴配套支持受到影响，暂停了 2020 年政策性保险试点），全国实际有 33 个参保地区和单位开展了中央财政森林保险保费补贴工作。

① 2012 年 1 月，保监会发布《关于加强农业保险理赔管理工作的通知》（保监发〔2012〕6 号）；2013 年 4 月，保监会印发《关于加强农业保险条款和费率管理的通知》（保监发〔2013〕25 号）；2013 年 12 月，财政部印发《农业保险大灾风险准备金管理办法》（财金〔2013〕129 号）；2014 年 2 月，财政部印发《农业保险大灾风险准备金会计处理规定》（财会〔2014〕12 号）。

②《中共中央、国务院关于加快发展现代农业　进一步增强农村发展活力的若干意见》。

表 3-8　2009—2019 年中央财政森林保险保费补贴地区和数量

年份	地区	数量
2009	福建、厦门、江西、湖南	3 个省份、1 个计划单列市
2010	福建、江西、湖南、辽宁、浙江、云南、厦门	6 个省份、1 个计划单列市
2011	福建、江西、湖南、辽宁、浙江、云南、四川、广东、广西、厦门	9 个省份、1 个计划单列市
2012	福建、江西、湖南、辽宁、浙江、云南、四川、广东、广西、河北、安徽、河南、湖北、海南、重庆、贵州、陕西、厦门	17 个省份、1 个计划单列市
2013	福建、江西、湖南、辽宁、浙江、云南、四川、广东、广西、河北、安徽、河南、湖北、海南、重庆、贵州、陕西、山西、内蒙古、吉林、甘肃、青海、大连、宁波、青岛、大兴安岭林业集团公司、厦门、内蒙古森工集团	22 个省份、4 个计划单列市、2 个森工集团
2014	福建、江西、湖南、辽宁、浙江、云南、四川、广东、广西、河北、安徽、河南、湖北、海南、重庆、贵州、陕西、山西、内蒙古、吉林、甘肃、青海、大连、宁波、青岛、大兴安岭林业集团公司、北京、山东、厦门、内蒙古森工集团	24 个省份、4 个计划单列市、2 个森工集团
2015	福建、江西、湖南、辽宁、浙江、云南、四川、广东、广西、河北、安徽、河南、湖北、海南、重庆、贵州、陕西、山西、内蒙古、吉林、甘肃、青海、大连、宁波、青岛、大兴安岭林业集团公司、北京、山东（厦门、内蒙古森工集团、吉林森工集团）	24 个省份、4 个计划单列市、3 个森工集团
2016	福建、江西、湖南、辽宁、浙江、云南、四川、广东、广西、河北、安徽、河南、湖北、海南、重庆、贵州、陕西、山西、内蒙古、吉林、甘肃、青海、北京、山东、厦门、大连、宁波、青岛、大兴安岭、内蒙古森工集团、吉林森工集团	24 个省份、4 个计划单列市、3 个森工集团
2017	福建、江西、湖南、辽宁、浙江、云南、四川、广东、广西、河北、安徽、河南、湖北、海南、重庆、贵州、陕西、山西、内蒙古、吉林、甘肃、青海、北京、山东、厦门、大连、宁波、青岛、大兴安岭、内蒙古森工集团、吉林森工集团	24 个省份、4 个计划单列市、3 个森工集团
2018	福建、江西、湖南、辽宁、浙江、云南、四川、广东、广西、河北、安徽、河南、湖北、海南、重庆、贵州、陕西、山西、内蒙古、吉林、甘肃、青海、北京、山东、厦门、大连、宁波、青岛、大兴安岭、内蒙古森工集团、吉林森工集团、长白山森工集团	24 个省份、4 个计划单列市、4 个森工集团
2019	福建、江西、湖南、辽宁、浙江、云南、四川、广东、广西、河北、安徽、河南、湖北、海南、重庆、贵州、陕西、山西、内蒙古、吉林、甘肃、青海、北京、山东、黑龙江、江苏、厦门、大连、宁波、青岛、大兴安岭、内蒙古森工集团、吉林森工集团、长白山森工集团	26 个省份、4 个计划单列市、4 个森工集团

续表

年份	地区	数量
2020	福建、江西、湖南、辽宁、浙江、云南、四川、广东、广西、河北、安徽、河南、湖北、海南、重庆、贵州、陕西、山西、内蒙古、吉林、甘肃、青海、北京、山东、江苏、厦门、大连、宁波、青岛、大兴安岭、内蒙古森工集团、吉林森工集团、长白山森工集团	25 个省份、4 个计划单列市、4 个森工集团

资料来源：根据历年《中国森林保险发展报告》整理汇总。
注：厦门市、内蒙古森工集团、吉林森工集团、长白山森工集团以及黑龙江和江苏分别于 2009 年、2013 年、2015 年、2018 年和 2019 年参照所在省份执行，黑龙江于 2020 年暂停试点。

二是制度体系不断健全完善。本时期历年中央一号文件均对森林保险工作做出安排：2012 年做出"扩大森林保险保费试点范围"的部署；2013 年对"开展重点国有林区森林保险保费补贴试点"做出安排；2014 年提出"扩大森林保险范围和覆盖区域"；2015 年提出"扩大森林保险范围"；2016 年出台《关于完善集体林权制度的意见》，提出"完善森林保险制度"；2017 年出台《中央财政农业保险保险费补贴管理办法》；2018 年提出"加快建立多层次农业保险体系"；2019 年《关于加快农业保险高质量发展的指导意见》提出"要适时调整完善森林和草原保险制度，制定相关管理办法"；2020 年提出"抓好农业保险保费补贴政策落实，督促保险机构及时足额理赔"。为加快完善森林保险制度体系，财政部、银保监会、国家林业和草原局等部门也在关键节点、薄弱环节及时出台相关政策文件，在年度保费补贴工作安排、保险条款和费率、大灾风险准备金、保险市场秩序监管、再保险、共保体建设等方面做出有关规定。同时，被纳入中央保费补贴的各省（自治区、直辖市）、计划单列市及森工集团也结合自身实际，根据本地区森林保险发展阶段与特点，对森林保险工作做出了大量细致的安排。

三是保险功能得到有效发挥。为更加有效地做好森林保险工作，发挥森林保险各项功能，同时实现林业部门、保险部门及被保险人的利益最大化，最大限度地减少投保成本、降低灾害风险，目前各主要森林保险经营机构均着重加强基层服务网点建设，并注重与林业部门开展密切合作，更加注重保险产品创新，以及应用工业 4.0 信息技术、3S 技术、无人机等先进技术与设备，在灾害风险预测与预防、森林灾害遥感评估、灾后查勘定损等方面获得了较好的成效。此外，人保财险积极研究创新多年期森林保险产品，中华财险更加注重灾后减损的关口前移，重点做好日常风险防范的各项措施。

第二节　森林保险经营形式

目前，森林保险实践主要体现为 4 种形式，分别是保险公司主办并由林业部门配合的股份制公司经营形式、林业部门与保险公司共保形式、林业部门自保形式和合作社经营形式。

一、股份制公司经营形式

股份制公司经营形式由保险公司市场化运作，林农自愿投保，政府给予财政补贴，林业部门配合保险公司开展工作，一般以县、乡为单位进行统保。这种形式的特点是政府支持、商业化运作、专业化管理。政府支持主要体现在对保费的财政补贴及林业部门对保险公司开展森林保险业务工作的配合上；商业化运作是指依靠保险公司已有的各种经营渠道开展森林保险业务经营；专业化管理是指凭借保险公司已有的保险产品和管理经验实现森林保险专业化管理。股份制公司经营形式要求所在地区经济比较发达、财力雄厚，政府可以同时在资金和政策上给予扶持，同时林业生产者要具备较强的投保意识。

二、共保形式

共保形式以保险公司名义开展业务，具体承保手续由林业部门负责办理，保费收入和赔偿在保险公司和林业部门按比例分享或负担。共保形式是国内外保险界针对损失概率不确定的重大项目和罕见巨灾设置的一种理想的森林保险制度形式，可以降低独家承保的风险，提高化解巨灾风险的承受能力。由于森林保险的风险单位很大，对于单个投保林业生产者而言，大部分林业灾害都具有较大的相关性，因此要想在空间上分散风险，必须在较大范围内从事保险经营，否则面对大灾，区域范围小且财力弱的政府是难以兜底的。

三、自保形式

自保形式是指由林业部门独立开展森林保险业务，自行收取保费并负责灾后赔偿的森林保险经营方式。这种形式带有强烈的计划经济色彩，其优点是林业部门可利用自身行政管理和技术上的优势，有效防止被保险人的道德风险和逆向选择现象的发生；其缺点是风险比较集中，难以在较大空间上得到分散，同时政府的财政压力较大。

四、合作社经营形式

合作社经营形式是由各级政府帮助组织和建立以被保险农民为主体的民间森林保险合作组织或森林保险合作社。这种形式下的保险合作社是在自愿互利的基础上，由社员自主建立的自负盈亏、风险共担、利益共享的森林保险组织，其经营灵活，可因地制宜地设立险种，而且保险费不会太高。保险人和被保险人捆绑在一起，利益高度一致，信息比较完全，在这种情况下，被保险人往往容易站在保险人的立场上，实行以防范风险为主的管理，这样就避免了道德风险的发生。但另一方面，由于森林保险合作组织存在于狭小的社区地域，且主要经营对象是林业，一旦发生森林灾害，受灾面积大，往往波及数县甚至跨省，一次灾害可能使整个地区性合作保险的成员共同受损，保险以多补少、自我平衡的原则难以实现，且缺乏专业的保险技术人才。

这4种形式中，林业等政府相关部门主要通过保费补贴、免营业税、直接行政干预、指导和帮助建立森林保险合作组织等形式予以协助。我国针对不同地区、不同时期的林业风险状况，在选择森林保险形式时进行了不同的组合和侧重，在一定时期、一定程度上防范和化解了林业的风险，保障了林业生产者的经济利益，促进了林业的发展。目前，福建、江西、湖南、浙江、辽宁和云南6个试点省份的森林保险经营形式属于股份制公司经营形式，即由政府提供制度框架，在林业部门的配合下，由商业性保险公司开展森林保险业务，同时政府给予被保险人一定的补贴。表3-9列明了4种森林保险经营形式的特点。

表3-9　4种森林保险经营形式的特点

形式	主要特点	主要优点	主要缺点
股份制公司经营形式	政府支持、商业化运作、专业化管理，政府给予一定的财政补贴	能够发挥林业部门在查勘定损等方面的专业优势	保险公司追求利益最大化，开展业务积极性不高
共保形式	林业部门承保，保费收入和赔偿在保险公司和林业部门按比例分享或负担	可以降低独家承保的风险，提高化解巨灾风险的能力	受区域限制，区域范围小且财力弱的政府难以兜底
自保形式	由林业部门独立开展保险业务，计划经济色彩浓厚	可以利用林业部门行政管理和技术上的优势	风险比较集中，财政压力较大
合作社经营形式	政府引导建立、自主经营、风险共担、利益共享	经营灵活，可因地制宜地设立险种，有效避免道德风险和逆向选择现象的发生	受区域和资金限制，风险集中，且缺乏保险技术人才

第三节　我国森林保险发展情况

一、森林保险总体发展情况

2009年，福建、江西和湖南3省投保面积达到2.03亿亩，保费为1.20亿元，保险金额达到 973.59 亿元，各级财政补贴 9475.27 万元。2010 年，中央财政森林保险保费补贴试点地区新增浙江、辽宁和云南 3 个省份，当年森林保险面积达到 5.58 亿亩①，同比增长 174.29%；保费为 3.43 亿元，同比增长 185.83%；提供风险保障 2366.58 亿元，同比增长 143.08%；各级财政补贴为 2.77 亿元，同比增长 192.02%。2011 年，试点新增四川、广东和广西 3 省（区），当年森林保险面积为 7.69 亿亩②，保费为 6.6 亿元，平均每亩保费约为 0.86 元；提供风险保障 3216.83 亿元，平均每亩保险金额约为 418.31 元；各级财政保费补贴为 5.4 亿元，补贴比例达到 81.71%；全年共完成理赔案件 1150 起，理赔金额共计 1.57 亿元，简单赔付率为 23.73%（见表 3-10）。

表 3-10 2009—2011 年森林保险总体发展状况

年份	参保面积（亿亩）	赔款金额（亿元）	保险金额（亿元）	保费总额（亿元）	赔付率（%）	财政资金投入（亿元）	财政资金比例（%）
2009	2.03	0.57	973.59	1.20	47.66	0.95	79.28
2010	5.58	1.18	2366.58	3.43	34.40	2.77	80.77
2011	7.69	1.57	3216.83	6.60	23.73	5.40	81.72

资料来源：根据国家统计数据汇总。

注：2009 年数据未包含参照福建省执行的厦门市，2010 年数据未包含辽宁省和厦门市，2011 年数据未包含广东省和厦门市。

2012 年，将河北、安徽、河南、湖北、海南、重庆、贵州、陕西等 8 个省（市）新纳入中央财政森林保险保费补贴范围，森林保险试点范围扩大到了 17 个省（区、市）。2012 年底，上述 17 省（区、市）的森林保险投保总面积为 12.89 亿亩，比 2011 年增长了 5.2 亿亩，增长率为 67.62%，其中公益林投保面积 7.71 亿亩，商品林投保面积为 5.18 亿亩。平均参保率为 57.19%，其中公益林 64.09%，商品林 49.29%。中央财政共拨付保费补贴资金 6.8 亿元，约占保费总额的 40%，省、市、县财政支付保费补贴 7.5 亿元，约占保费总额的 44%。各级财政保费补贴比例平均达到 84.48%，林业经营单位和林农个人平均承担保费 16%。公益林保额平均为 487 元/亩，商品林保额平均为 514 元/亩。全年共完成理赔案件 3379 起，理赔金额共计 2.53 亿元，占保费总额的 14.9%。

与 2012 年相比，2020 年参保的地区和单位数量增加了 12 个；参保森林面积增加 11.48 亿亩，增长 89.06%；保费增加了 19.42 亿元，增长 114.30%；风险保障增加了 9459.75 亿元，增长 147.28%；平均每亩保险金额提高 153.45 元，增长了 30.79%；各级财政保费补贴增加了 17.94 亿元，增长 125.63%；保费补贴比例提高 4.01 个百分点，简单赔付率提高 11.44 个百分点（见表 3-11）。

---

① 数据不包含辽宁省，因其在统计期内尚未正式开展试点工作。

② 数据不包含广东省，因其在统计期内尚未正式开展试点工作。

表 3-11 2012—2020 年森林保险总体发展状况

年份	参保面积（亿亩）	赔款金额（亿元）	保险金额（亿元）	保费总额（亿元）	赔付率（%）	财政资金投入（亿元）	财政资金比例（%）
2012	12.89	2.53	6422.86	16.99	14.90	14.28	84.48
2013	19.57	4.38	9060.13	25.59	17.10	22.81	89.12
2014	21.03	5.68	10 889.29	27.27	20.82	24.34	89.25
2015	21.74	9.75	11 871.85	29.17	33.42	26.09	89.45
2016	20.44	10.62	11 779.98	29.45	36.06	26.74	90.80
2017	22.40	10.71	13 011.42	32.34	33.11	29.07	89.88
2018	23.26	10.40	14 521.60	34.76	29.92	31.16	89.63
2019	23.56	10.99	15 065.25	34.97	31.43	30.94	88.50
2020	24.37	9.59	15 882.61	36.41	26.34	32.22	88.49

资料来源：《2021 中国森林保险发展报告》。

注：2012 年数据未包含安徽省和厦门市，2013 年数据未包含参照所在省份执行的厦门市和内蒙古森工集团，2014 年数据未包含山东省。

（一）保险规模稳中有增，面积覆盖接近七成

截至 2020 年，中央财政森林保险保费补贴范围覆盖全国 25 个省（区、市）、4 个计划单列市和 4 个森工企业，参保面积达到 24.37 亿亩，比上年增加 0.81 亿亩，增幅为 3.44%。参保面积覆盖全国森林面积的 73.85%，增幅为 3.66%。

如图 3-2 所示，2011 年以来森林保险总参保面积持续增长，增速从 2014 年开始明显回落，这一趋势与中央财政森林保险保费补贴政策密切相关。2019 年，中央和地方陆续出台了一系列鼓励、规范、引导森林保险工作的政策措施，为其发展指明了方向，中央财政森林保险保费补贴政策目前覆盖了 25 个省（自治区、直辖市）、4 个计划单列市、4 大森工集团在内的 33 个实施地区和单位，其中黑龙江和江苏两省首次被纳入政策实施范围。西藏和新疆由于森林面积大、地方财力负担重，暂时没有被纳入补贴范围；天津、上海和宁夏森林面积所占比重较小，短期内申请开展森林保险的意愿不高；黑龙江省由于地方财政调整，保费补贴配套支持受到影响，暂停了 2020 年政策性保险试点。全国实际有 33 个参保地区和单位开展了中央财政森林保险保费补贴工作。

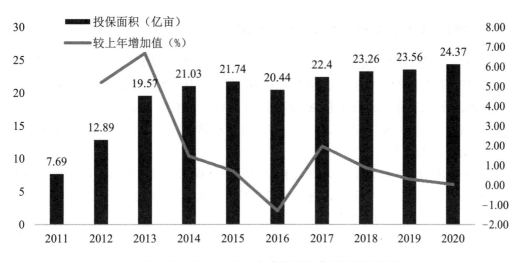

图 3-2 2011—2020 年森林保险参保面积及变化

资料来源:《2021 中国森林保险发展报告》。

(二)保额提高费率下调,保障程度有所提升

2020 年,森林保险总保险金额为 15 882.61 亿元,较上年增加 817.36 亿元,增幅为 5.43%。亩均保额 651.73 元,较上年增加 12.29 元,增幅为 1.29%。2020 年,森林保险费率水平总体略有下调,为 2.29‰,较上年下调 0.03 个千分点。

如图 3-3 所示,2013 年以来森林保险单位面积的保额逐年提高,平均费率逐年下调,这意味着林业经营主体可以花更少的钱来获得更高的保障,森林保险保障程度逐步提高。

图 3-3 2011—2020 年森林保险亩均保额与平均费率变化

资料来源:《2021 中国森林保险发展报告》。

（三）财政补贴保持平稳，亩均补贴稳步增加

2020 年，森林保险保费共计 36.41 亿元，比上年增加 1.44 亿元，增幅为 4.12%。各级财政对森林保险的保费补贴金额共计 32.22 亿元，比 2019 年增加 1.28 亿元，增幅为 4.14%。财政补贴占总保费的 88.49%，与上年差距不大（见图 3-4）。其中，中央财政补贴资金共计 16.39 亿元，中央、省、市县和林业生产经营主体的实际保费承担比例为 45∶30∶13.5∶11.5。

如图 3-4 所示，2011 年以来，财政补贴与保费规模保持同步增长，补贴所占比例保持在 88% 上下。如图 3-5 所示，各级财政亩均补贴金额在 2012 年有较大幅度增长，之后保持平稳上升态势，2020 年达到 1.32 元。

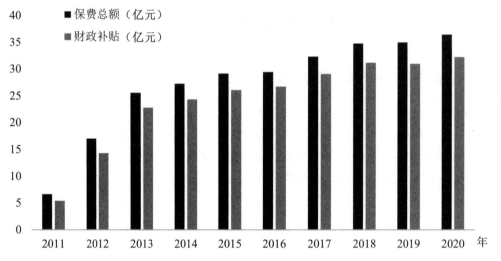

图 3-4　2011—2020 年森林保险保费及财政补贴规模

资料来源：《2021 中国森林保险发展报告》。

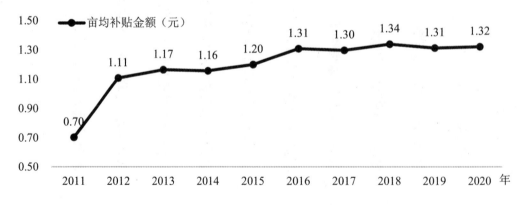

图 3-5　2011—2020 年森林保险亩均财政补贴金额变化

资料来源：《2021 中国森林保险发展报告》。

（四）赔付水平继续提升，保障功能日益显现

2020 年，全国森林保险完成灾害理赔 9494 起，理赔面积达 876.50 万亩，已决赔付金额为 9.59 亿元，较上年减少 1.41 亿元，降幅为 12.74%。全国平均简单赔付率为 26.35%，较上年降低 5.1 个百分点。

如图 3-6 所示，自 2016 年以来，森林保险总体赔付率在波动中下降，2020 年达到最低值，为 26.35%。赔付金额和赔付率的下降与灾害发生情况密切相关。据国家森林草原防灭火指挥部公布的数据，2020 年，全国发生森林火灾 1153 起，受害森林面积为 12.79 万亩，同比分别下降 51% 和 37%；发生草原火灾 13 起，受害面积为 16.57 万亩，同比分别下降 71% 和 83%。据国家林业和草原局森林和草原病虫害防治总站公布的数据，2020 年全国主要林业生物灾害发生情况总体上较为稳定，近 5 年发生面积在 1.8 亿亩和 1.9 亿亩之间波动。受主要林业生物灾害发生情况的影响，森林保险赔付额和赔付率均有所下降。

图 3-6　2011—2020 年森林保险简单赔付率变化

资料来源：《2021 中国森林保险发展报告》。

二、公益林保险发展情况

（一）参保情况

随着公益林保险中央财政保费补贴工作逐步深入开展，我国生态公益林保险业务快速增加，保险覆盖率持续增长，保费收入规模也不断扩大。截至 2020 年底，全国公益林累计参保面积达 18.27 亿亩，承保面积覆盖全国总投保面积的 74.97%。2012—2020 年，公益林保险面积增加了 10.56 亿亩，增长率为 136.96%。2020 年，全国公益林保费总额达 24.85 亿元，占森林保险总保费的 68.25%，比 2019 年增加了 0.47 亿元，同

比增长了 1.93%；亩均保费为 1.36 元，与 2019 年接近；保险费率为 2.19%，比 2019
年下降了 0.03 个千分点（见表 3-12）。

表 3-12 　2012—2020 年全国公益林保险参保情况

年份	投保面积（亿亩）		保额	保费
	总计	公益林	（亿元）	（亿元）
2012	12.89	7.71	3758.69	9.29
2013	19.57	14.28	6377.62	17.46
2014	21.03	15.88	7901.30	19.95
2015	21.74	16.44	8834.79	21.46
2016	20.44	16.99	9590.54	22.94
2017	22.40	17.92	10 134.77	24.35
2018	23.26	18.28	11 053.23	25.39
2019	23.56	17.93	10 991.53	24.38
2020	24.37	18.27	11 371.16	24.85

资料来源：《2021 中国森林保险发展报告》。

在政府基本实现全额补贴的背景下，公益林参保面积呈现逐年上升态势，公益林
保险面积占森林保险总面积的比例稳步提高。参保面积和保费收入不断增加，体现了
我国公益林保险的全面推广，随着政府支持力度不断加大，我国公益林保险制度体系
日益完善，公益林保险的风险保障功能日益显现。

全国 33 个参保地区和单位均开展了公益林保险，但在险种上存在一定的差异。浙
江省、青岛市和云南省投保公益林火灾险，其他参保地区和单位都投保了公益林综合
险，其中宁波市、贵州省同时投保了两个险种，基本情况与往年一致。

从参保地区和单位分布来看，2020 年，全国 33 个参保地区和单位均开展了公益
林保险，公益林参保面积排名前 5 位的地区和单位依次为内蒙古自治区、四川省、云
南省、陕西省和内蒙古森工集团，排名与 2019 年度保持一致（见表 3-13）。

表 3-13 　2020 年各地区和单位公益林保险参保面积分布情况

面积（万亩）	地区和单位
0～1000	厦门市、大连市、青岛市、江苏省、宁波市、吉林森工集团
1001～5000	海南省、北京市、山东省、长白山森工集团、河南省、安徽省、吉林省、湖北省、青海省、河北省、重庆市、福建省、浙江省、辽宁省
5001～10000	江西省、广东省、山西省、大兴安岭林业集团、湖南省、广西壮族自治区、甘肃省、贵州省、内蒙古森工集团
>10001～30000	陕西省、云南省、四川省、内蒙古自治区

资料来源：根据《2021 中国森林保险发展报告》汇总整理。

从变化幅度来看，江苏省、长白山森工集团、湖北省和青海省的公益林参保面积
增幅均超过 25%，其中江苏省的增幅最大，为 119.58%，其余 3 个地区和单位的增幅

依次为 42.31%、26.51%、25.60%；江西省与北京市的公益林参保面积和 2019 年保持一致；大连市、吉林森工集团、湖南省和广西壮族自治区的降幅皆超过 5%，分别为10.09%、7.01%、5.79% 和 5.52%（见图 3-7）。

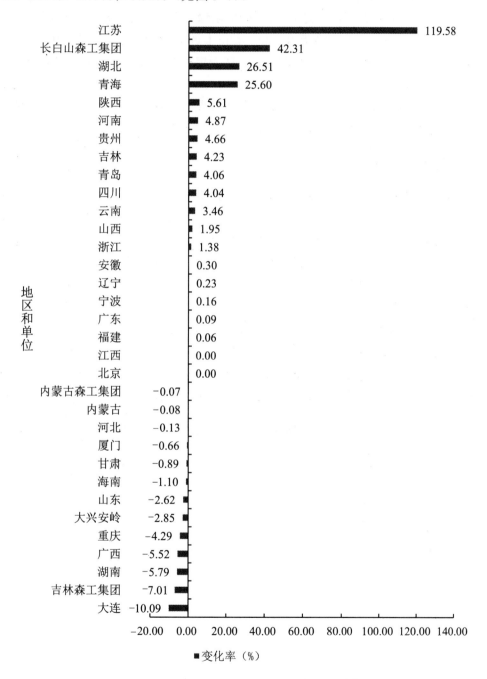

图 3-7 2020 年各地区和单位公益林保险参保面积变化情况

资料来源：根据《2021 中国森林保险发展报告》汇总整理。

2020 年是江苏省启动公益林保险工作的第二年，处于快速扩面阶段，投保面积翻倍，覆盖全省 36% 的公益林，且仍有较大发展空间。长白山森工集团由于区划落界，部分商品林落界为公益林，总参保面积与 2019 年持平。湖北省克服疫情困难，统筹协调各级林业部门落实好森林保险工作，确保承保、续保平稳开展，参保面积稳中有升。青海省于 2019 年将公益林保额由 600 元/亩上调至 1000 元/亩，费率由 2.5% 下调至 1.5%，2020 年公益林参保面积由降转增，在一定程度上反映了政策调整的效果在逐步释放。大连市公益林参保面积降幅超过 10%，一方面原因是参保面积为 73 万亩，基数小导致变动幅度偏大；另一方面原因是森林保险专管员变动较频繁，个别地区由于错过预算编报时间、政府采购程序不规范等影响了森林保险工作的连续性。

（二）补贴情况

目前，我国中央财政森林保险保费补贴政策属于"政府引导，市场运作"的"股份制公司经营形式"，即在林业管理部门的大力配合下，由商业保险公司开展政府规定的森林保险业务，政府给予购买森林保险的林农和林业企业等投保主体一定比例的保费补贴。《中央财政农业保险保险费补贴管理办法》明确规定："保费补贴分为中央、省、地市、县（市、区）四级，公益林在地方财政至少补贴 40% 的基础上，中央财政补贴 50%；对大兴安岭林业集团公司，中央财政补贴 90%。"

2020 年，各级财政对公益林的保费补贴为 23.71 亿元。其中，中央、省、市县财政补贴金额依次为 12.93 亿元、7.43 亿元和 3.35 亿元，分别占公益林保费的 52.03%、29.90% 和 13.48%。各级财政补贴占总保费的 95.41%，林业经营主体平均承担保费 4.59%，与 2019 年相比，林业经营主体所承担的保费比重略有下降（见图 3-8）。

图 3-8 2016—2020 年全国森林保险保费分担情况

资料来源：《2021 中国森林保险发展报告》。

从各地区和单位来看，33个公益林参保地区和单位中，一半地区和单位的公益林保费无须林业生产经营主体承担。其中，北京市、江西省、海南省这3个地区的保费由中央财政和省（市）财政按1:1的比例分摊。除内蒙古森工集团和吉林省的公益林保费补贴比例低于90%，（分别为82%和89.62%外，其余各地区和单位的财政补贴比例均达到90%以上（见表3-14）。

中央、省级和市（县）财政对开展公益林保险的各地区和单位给予财政补贴，大部分地区（除吉林省、内蒙古森工集团外）各级补贴比例之和约在90%以上，其中大兴安岭林业集团公司中央一级的保费补贴就达90%。2020年，林业经营主体实际分担的公益林保费为1.14亿元，占公益林总保费的4.59%，分担比例较2019年下降0.21个百分点。最近5年，林业经营主体分担比例基本稳定在4%～5%。

表3-14　2020年各地区和单位公益林各级财政补贴比例分布情况

比例	地区和单位
<90%	吉林省、内蒙古森工集团
90%～100%	辽宁省、江苏省、甘肃省、青海省、湖南省、河北省、大连市、福建省、厦门市、四川省、陕西省、大兴安岭林业集团、吉林森工集团、长白山森工集团
100%	北京市、山西省、内蒙古自治区、浙江省、宁波市、安徽省、江西省、山东省、青岛市、河南省、湖北省、广东省、广西壮族自治区、海南省、重庆市、贵州省、云南省

资料来源：根据《2021中国森林保险发展报告》汇总整理。

（三）理赔情况

我国公益林保险总体赔付率呈不断上升趋势。但相比农业保险及森林保险发达国家，我国公益林保险整体赔付率仍旧偏低，近年来公益林赔付率在20%～27%波动，2020年为历年最低。这与我国公益林管护措施日益完善、防灾减损水平日益提升有一定关系，但是过低的公益林赔付率也表明相当一部分保费收入没有直接用于风险损失的补偿，造成财政资金低效甚至无效使用。2020年，我国完成公益林理赔4350起，理赔面积达608.33万亩，已决赔款5.16亿元，简单赔付率为20.79%，较2019年减少了5.3个百分点（见表3-15）。

表3-15　2012—2020年我国公益林森林保险赔付变化情况

年份	保费（亿元）	赔付金额（亿元）	简单赔付率（%）
2012	9.29	0.64	6.93
2013	17.46	1.52	8.73
2014	19.95	2.31	11.57
2015	21.46	5.97	27.81
2016	22.94	5.18	22.57
2017	24.35	6.23	25.60

年份	保费（亿元）	赔付金额（亿元）	简单赔付率（%）
2018	25.39	6.10	24.03
2019	24.38	11.7	26.09
2020	24.85	5.16	20.79

资料来源：《2021 中国森林保险发展报告》。

三、商品林保险发展情况

（一）参保情况

2020 年，全国森林保险参保地区和单位开展商品林保险保额为 4511.45 亿元，投保面积为 6.10 亿亩，占总参保面积的 25.03%。自公益林与商品林分项统计以来，2012—2020 年商品林参保面积基数相对较小，在 2016 年经历了负增长后，商品林参保面积开始逐年回升，经过 4 年发展，参保面积超过 6 亿亩，其在全国森林保险面积的占比也逐年升高（见表 3-16）。

表 3-16　2012—2020 年全国商品林保险参保情况

年份	投保面积（亿亩）		占比（%）	保额（亿元）	保费（亿元）
	总计	商品林			
2012	12.89	5.18	40.19	2664.17	7.70
2013	19.57	5.29	27.03	2682.31	6.42
2014	21.03	5.15	24.49	2987.99	7.32
2015	21.74	5.30	24.38	3037.06	7.72
2016	20.44	3.45	16.88	2189.44	6.51
2017	22.40	4.48	20.00	2876.65	8.00
2018	23.26	4.97	21.00	3468.37	7.70
2019	23.56	5.63	23.90	4073.72	10.6
2020	24.37	6.10	25.03	4511.45	11.56

资料来源：《2021 中国森林保险发展报告》。

从各地区和单位的情况来看，除北京市、江苏省、青岛市、大兴安岭林业集团外，其余 29 个参保地区和单位均开展了商品林保险，与 2019 年相比，山西省新增了商品林保险。商品林保险参保面积排名前 5 位的地区和单位依次为云南省、江西省、广西壮族自治区、福建省和湖南省，与 2019 年情况基本一致（见表 3-17）。

表 3-17　2020 年各地区和单位商品林参保面积分布情况

参保面积（万亩）	地区和单位
0～1000	大连市、甘肃省、青海省、宁波市、厦门市、山西省、海南省、内蒙古自治区、山东省、湖北省、重庆市、陕西省、河南省、浙江省、辽宁省、广东省
1001～5000	吉林森工集团、长白山森工集团、吉林省、河北省、安徽省、四川省、内蒙古森工集团、贵州省
5001～10000	湖南省、福建省、广西壮族自治区、江西省、云南省

资料来源：根据《2021 中国森林保险发展报告》汇总整理。

从森林保险的险种来看，云南省投保了商品林火灾险，其余地区和单位均投保了商品林综合险，其中浙江省、宁波市、江西省和贵州省同时投保了两个险种。

从变化幅度来看，2020 年，湖北省、内蒙古自治区和吉林省增幅远大于其他地区和单位，其中湖北省商品林参保面积的变化率高达 241.43%，内蒙古自治区和吉林省的保险面积变化率分别为 188.89% 和 121.55%。长白山森工集团和浙江省的商品林参保面积降幅较大，分别为 28.09% 和 18.49%（见图 3-9）。

2020 年，湖北省对商品林保险条款进行了优化，保费保持在 1.5 元/亩不变，保额由 500 元/亩上调至 750 元/亩，费率由 3% 下调至 2%，保障水平的提升激发了林业生产经营主体的投保积极性。同时，试点县市克服疫情困难，优先落实森林保险配套保费补贴资金，组织乡镇分管领导、林管站、林场负责人和协保人员通过参加视频会议和培训，确保工作的正常开展。内蒙古自治区的商品林保险在经历了 2019 年的大幅下降后出现回调态势，由 25 万亩增至 71 万亩，增速明显。河南省林业部门充分利用自上而下的林业工作站管理体系和服务网络，以及庞大的护林员队伍，广泛开展政策宣传、协助投保、协助查勘定损、调解理赔矛盾等工作，取得了积极效果。山东省在 2017 年启动商品林投保，整体上仍处在快速扩面阶段，2019 年调整经济林参保地方特色保险，商品林保险项下仅保留用材林，2020 年用材林参保面积由 50 万亩增至 84 万亩。吉林省和长白山森工集团的参保面积发生变化主要由国家级公益林重新区划落界所致，吉林省的部分公益林区划落界为商品林，长白山森工集团的 540 万亩参保商品林转为公益林。浙江省的参保面积减少约 100 万亩，降至 433 万亩，近 3 年在 470 万亩上下波动。

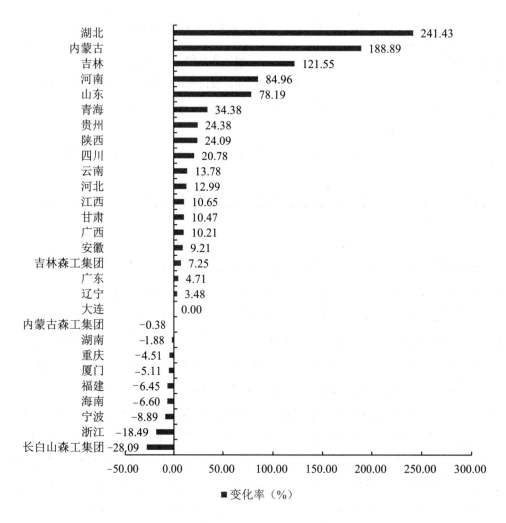

图 3-9　2020 年各地区和单位商品林参保面积变化情况

资料来源：根据《2021 中国森林保险发展报告》汇总整理。

注：2020 年山西省新增商品林保险，图中未列示。

（二）补贴情况

从年度变化来看，2020 年，商品林保费合计 11.56 亿元，财政补贴合计 8.52 亿元，其中中央、省、市县财政补贴金额依次为 3.47 亿元、3.48 亿元和 1.57 亿元，分别占商品林保费的 30.02%、30.10% 和 13.58%。在各级财政补贴之后，林业经营主体实际分担的商品林保费为 3.04 亿元，占商品林总保费的 26.30%，分担比例较 2019 年降低了 0.70 个百分点（见表 3-18）。近 5 年，林业经营主体分担比例稳定在 25%～27%。2013 年以来，各级财政对商品林保费补贴比例呈现波动中逐年上升态势，林业经营主体平均承担的商品林保险保费比例由 2013 年的 32.45%，逐步降至 2020 年的 26.30%。

表 3-18　2011—2020 年商品林自缴比例情况

年份	保费总额（亿元）	自缴比例（%）
2011	3.06	33.13
2012	7.70	30.03
2013	6.42	32.45
2014	7.32	28.57
2015	7.72	28.15
2016	6.52	26.75
2017	8.00	26.45
2018	9.37	25.28
2019	10.6	27.00
2020	11.56	26.30

资料来源：《2021 中国森林保险发展报告》。

从各地区和单位情况来看，除北京市、江苏省、青岛市和大兴安岭林业集团 4 个地区和单位暂未开展商品林保险外，云南省、贵州省、广西壮族自治区和厦门市 4 个地区的各级财政商品林保费补贴比例超过 80%（见表 3-19）。吉林省、海南省、江西省、重庆市、宁波市等 26 个地区和单位的商品林保费补贴比例为 50%～80%。

从各级财政补贴来看，中央财政商品林保费补贴比例为 30%；省级财政补贴比例最高的是广西壮族自治区，为 49.32%；市县财政补贴比例较高的依次是厦门市（70%）、大连市（50%）、宁波市（45%）。河北省、安徽省、贵州省和浙江省财政补贴比例均为 25%，云南省为 22.5%，吉林省、四川省、山东省为 20%，其余各地区和单位为 5%～18%。

表 3-19　2020 年各地区和单位商品林保费财政补贴比例分布情况

比例	地区和单位
55%～69%	海南省、湖北省、江西省、湖南省、长白山森工集团、吉林森工集团、内蒙古森工集团、甘肃省、陕西省、广东省、河南省、内蒙古自治区
70%～79%	重庆市、四川省、福建省、宁波市、浙江省、吉林省、辽宁省、青海省、山东省、安徽省、大连市、山西省、河北省
80%～90%	云南省、贵州省、广西壮族自治区、厦门市

资料来源：根据《2021 中国森林保险发展报告》汇总整理。

（三）理赔情况

自 2011 年起，商品林赔付率始终高于公益林 10 个百分点以上，尤其在 2016 年，商品林赔付率高达 83.55%。从表 3-20 中也可以看出，商品林的赔付率波动较公益林更为明显。2020 年，我国完成商品林理赔 5144 起，理赔面积达 268.17 万亩，已决赔款 4.43 亿元，简单赔付率为 38.30%，较 2019 年降低 5.47 个百分点。

表 3-20 2015—2020 年我国商品林森林保险赔付变化情况

年份	保费（亿元）	赔付金额（亿元）	简单赔付率（%）
2015	7.32	3.77	49.02
2016	7.72	5.44	83.55
2017	6.52	4.48	56.01
2018	8.00	4.3	45.91
2019	10.6	4.64	43.77
2020	11.56	4.43	38.30

资料来源：《2021 中国森林保险发展报告》。

四、保费补贴政策执行情况

（一）保费补贴政策运作模式与执行情况

现行森林保险采取的是"低保额、保成本、广覆盖"的成本保险方式，保费补贴层级一般为中央、省、地级市、县（市、区）4 级；在省直管县的地区，补贴层级则为中央、省、县（市、区）3 级。中央财政对商品林的补贴比例为 30%，省级财政的补贴比例为 25%～30%，市级及以下财政承担的补贴比例为 5%～25%，农户自担部分平均为 0～40%，中央财政对公益林的补贴比例为 50%，部分省（直辖市）级财政对公益林的保费补贴比例提高到 50%（见图 3-10）。2020 年，从各地区和单位情况来看，有 17 个地区的公益林保险财政补贴比例达到 100%，14 个地区的补贴比例为 90%～100%，2 个地区和单位的补贴比例低于 90%。

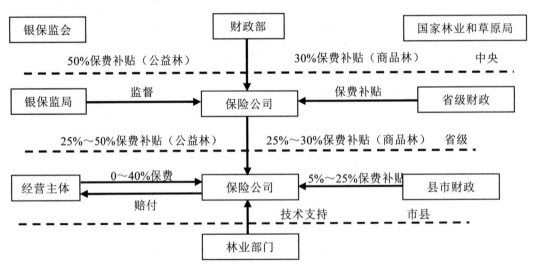

图 3-10 中央财政森林保险保费补贴运作模式图

资料来源：编者自制。

1. 保费结构总体稳定

2020 年，中央、省、市县三级财政对全国 33 个地区和单位森林保险的保费补贴金额共计 32.23 亿元，同比增加 1.29 亿元（见表 3-21）。其中，中央财政补贴 16.40 亿元，省财政补贴 10.91 亿元，市县财政补贴 4.92 亿元，林业生产经营主体承担 4.03 亿元，财政补贴比例为 88.52%。

表 3-21 2012—2020 年财政补贴情况及比例

年份	保费总额（亿元）	补贴比例（%）	财政补贴（亿元）	中央财政（亿元）
2012	16.99	84.06	14.28	7.03
2013	25.59	89.12	22.81	11.95
2014	27.27	89.26	24.34	12.67
2015	29.17	89.45	26.09	13.52
2016	29.45	90.80	26.74	14.08
2017	32.35	89.88	29.07	15.08
2018	34.76	89.63	31.16	16.01
2019	34.97	88.50	30.94	15.87
2020	36.41	88.52	32.23	16.40

资料来源：《2021 中国森林保险发展报告》。

2009—2020 年，林业生产经营主体自缴保费比例从 21.04% 降至 11.48%，负担明显减轻。2013 年至今，保费来源结构按中央、省、市县及林业生产经营主体划分，相对稳定，为 5：3：1：1（见图 3-11）。

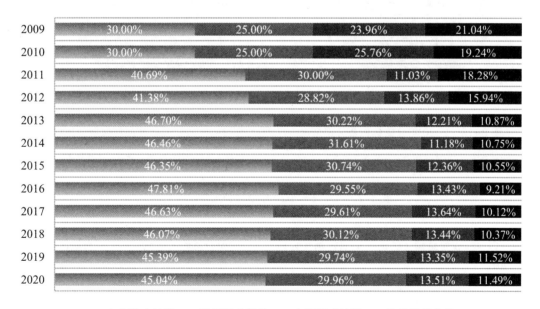

图 3-11 2009—2020 年全国森林保险保费分担情况变化

资料来源：根据《2021 中国森林保险发展报告》汇总整理。

2. 两大险种自缴比例差距缩小

2020年，公益林保费合计24.85亿元，各级财政对公益林的保费补贴为23.71亿元。其中，中央、省、市县财政补贴金额依次为12.93亿元、7.43亿元和3.35亿元，分别占公益林保费的约52%、30%和13%。各级财政补贴占总保费的95.41%，林业经营主体平均承担保费约5%，与2019年相比，林业经营主体所承担的保费比重略有下降（见图3-12）。

2020年，各级财政对商品林保费补贴8.52亿元，补贴比例达到73.70%。其中，中央、省、市县财政补贴金额依次为3.47亿元、3.48亿元和1.57亿元，分别占商品林保费的约30%、30%和14%（见图3-13）。在各级财政补贴之后，林业经营主体实际分担的商品林保费为3.04亿元，占商品林总保费的26.30%，分担比例较2019年降低了0.68个百分点（见表3-22）。近5年，林业经营主体分担比例稳定在25%~27%。由表3-22可知，自2012年，商品林自缴比例始终较公益林高20个百分点以上，但差距在逐渐减小，2012年二者的自缴比例相差25.75%，2020年相差21.71%。

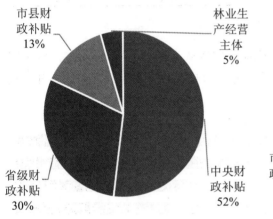

图3-12　2020年公益林保费分担情况

资料来源：《2021中国森林保险发展报告》。

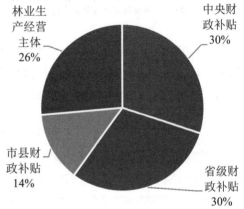

图3-13　2020年商品林保费分担情况

资料来源：《2021中国森林保险发展报告》。

表3-22　2012—2020年财政补贴情况及比例

年份	公益林		商品林	
	保费总额（亿元）	自缴比例（%）	保费总额（亿元）	自缴比例（%）
2012	9.29	4.25	7.70	30.03
2013	17.46	3.89	6.42	32.45
2014	19.95	4.20	7.32	28.57
2015	21.46	4.23	7.72	28.15
2016	22.94	4.22	6.52	26.75
2017	24.35	4.76	8.00	26.45
2018	25.39	4.86	9.37	25.28

年份	公益林		商品林	
	保费总额（亿元）	自缴比例（%）	保费总额（亿元）	自缴比例（%）
2019	24.38	4.80	10.6	26.98
2020	24.85	4.59	11.56	26.30

资料来源：《2021 中国森林保险发展报告》。

3. 各地区保费构成差异明显

2020 年，全国 33 个地区和单位的公益林保费总额达 24.85 亿元，占森林保险总保费的 68.25%，较 2019 年增加了 0.47 亿元，同比增长了 1.93%；亩均保费为 1.36 元，与 2019 年保持一致；保险费率为 2.19%，比 2019 年降低了 0.03 个千分点。表 3-23 为 2020 年公益林财政补贴地区分布情况。

表 3-23　2020 年公益林财政补贴地区分布

公益林	东部	中部	西部	东北
财政承担全部保费	浙江省、宁波市、山东省、青岛市、广东省、广西壮族自治区、海南省、	北京市、山西省、安徽省、江西省、河南省、湖北省	重庆市、贵州省、云南省	内蒙古自治区
财政承担部分保费	江苏省、福建省、厦门市	湖南省、河北省、陕西省	甘肃省、青海省、四川省	辽宁省、吉林省、大连市、内蒙古森工集团、大兴安岭林业集团、吉林森工集团、长白山森工集团

注：为避免数据重复，省（自治区、直辖市）统计数据不包含辖内计划单列市和森工企业，即辽宁省不含大连市、山东省不含青岛市、浙江省不含宁波市、福建省不含厦门市、内蒙古自治区不含内蒙古森工集团、黑龙江省不含大兴安岭林业集团、吉林省不含吉林森工集团和长白山森工集团（下文不再进行说明）。

商品林保险中，除厦门由中央和市两级财政分担保费外，其余地区和单位均需要林业生产经营主体缴纳部分商品林保费，其中海南比例最高，为 44.4%；江西、湖北为 40%。表 3-24 为我国主要省份森林保险补贴比例情况。

表 3-24　2020 年主要省份森林保险补贴比例

省份	补贴类别	中央财政	省级财政	市县财政	农户自缴
江西	公益林：100%	50%	50%	0	0
	商品林：60%	30%	25%	5%	40%
福建	公益林：90%	50%	25%	15%	10%
	商品林：75%	30%	30%	15%	25%
湖南	公益林：90%	50%	30%	13.49%	6.51%
	商品林：75%	30%	25%	13.83%	31.17%

续表

省份	补贴类别	中央财政	省级财政	市县财政	农户自缴
贵州	公益林：100%	50%	30.54%	19.46%	0
	商品林：75%	30%	30%	25%	15%
辽宁	公益林：95%	50%	30.25%	14.75%	5%
	商品林：75%	30%	30.47%	14.53%	25%
云南	公益林：100%	50%	25%	25%	0
	商品林：70%	30%	32.5%	22.5%	15%
广东	公益林：100%	50%	25%	25%	0
	商品林：70%	30%	25%	15%	30%
四川	公益林：90%	50%	25%	15%	10%
	商品林：75%	30%	25%	20%	25%
广西	公益林：100%	中央及自治区财政补贴100%			0
	商品林：60%	中央及自治区财政补贴86%			14%

资料来源：《2021 中国森林保险发展报告》。

（二）中央财政森林保险保费补贴试点情况

1. 保险品种和责任

林业是依靠自然力进行生产和再生产的行业，其生产经营周期较长，容易遭受各种自然和人为灾害的侵袭。林业生产经营面临的自然风险主要包括森林火灾（地表火、林冠火和地下火）、气象灾害（风灾、干旱、水灾、霜冻、雪灾、雾凇、雨凇等）、生物灾害（病害、虫害、鼠兔害、有害植物等）、地质灾害（地震、火山、泥石流、滑坡、崩塌等）四大类。表 3-25 为我国主要省份森林保险责任情况。

表 3-25　主要省份森林保险责任情况

省份	保险责任
江西	森林综合保险，火灾、暴雨、暴风、洪水、泥石流、冰冻、冰雹、霜冻、台风、暴雪、森林病虫害
福建	森林综合保险，火灾、病虫害、暴雨、暴风、洪水、滑坡、泥石流、冰雹、霜冻、台风、暴雪、雨凇、干旱
湖南	森林综合保险，火灾、洪水、旱灾、冻灾、病虫鼠害
浙江	森林综合保险，火灾、暴雨、台风、暴风、龙卷风、洪水、泥石流、冰雹、霜冻、暴雪、雨凇
辽宁	森林综合保险，火灾、洪水、泥石流、雨（雪）凇、暴风（雨、雪）、台风、冰雹、霜冻、干旱
云南	火灾
广东	森林综合保险，火灾、暴雨、暴风、洪水、泥石流、旱灾、冰雹、霜冻、台风、暴雪、雨（雪）凇、林业有害生物等造成被保险林木损毁

续表

省份	保险责任
四川	森林综合保险，火灾、暴雨、暴风、洪水、泥石流、冰雹、霜冻、森林病虫害等
广西	森林综合保险，火灾、暴雨、暴风、洪水、滑坡、泥石流、雨雪冰冻、霜冻、台风、暴雪、雨凇、干旱、病虫害

2009 年开始，各试点纷纷启动了森林综合险方案，森林保险的保险责任呈现出多样化趋势。全部试点地区都采取了多风险、多灾因的保险保障。尽管根据各地具体的灾害状况，涵盖的保险责任略有不同，但大多涵盖了全省（市、自治区）发生较为频繁和易造成较大损失的灾害风险。因为林业生产经营者的支付能力有限，难以承担森林综合保险的高费率，所以保险公司不愿开发和提供森林综合险产品。长期以来，我国的森林保险只有森林火灾保险一个险种，其他灾害风险未被纳入保险保障范围。

2. 保险金额和费率

目前我国森林保险试点工作以"低保费、保成本、广覆盖"为原则，既考虑了林业生产经营者的缴费能力和基本保障需求，又考虑了保险公司的风险防范水平和稳健经营，防止超出双方的承受能力。保险金额原则上为林木损失后的再植成本，包括郁闭前的整地、苗木、栽植、施肥、管护、抚育等费用。现有森林保险一般以 0.067 公顷为投保计量单位，基本上不分树龄与树种。虽然我国各省森林保险的保险金额也各不相同，但是普遍金额较低，前三批试点省份公益林的平均保险金额为每亩 400 元左右，而商品林的平均保险金额为每亩 500 元左右，具体保障情况如表 3-26 所示。公益林的保险费率为 1‰～4‰，商品林为 1‰～10‰。单一火灾险的费率为 1‰～1.5‰，综合险的费率为 1.5‰～8‰。

表 3-26　主要省份森林保险金额及保险费率设定情况

省份	保险金额	保险费率
江西	公益林 500 元/亩；商品林视树种、树龄情况按不超过 800 元/亩保额协商确定	公益林 2‰；商品林火灾险 1.5‰；综合险费率 4‰
福建	500 元/亩	2.5‰
湖南	公益林 400 元/亩；商品林市场化	公益林 4‰
浙江	公益林 300 元/亩；商品林 500 元/亩 200～800 元/亩	综合险费率用材林、竹林 10‰；经济林 7‰；公益林 6‰
辽宁	400 元/亩	综合险费率不高于 4‰
云南	400 元/亩	火灾险费率 1.0‰
广东	不分树种与林龄	综合险费率 4‰
四川	公益林 400 元/亩；商品林 500 元/亩	公益林 2‰；商品林 3‰
广西	公益林 500 元/亩；商品林 800 元/亩	公益林 3.0‰；商品林 3.5‰

注：浙江省商品林保险采取市场化运作方式，保险金额、费率、保险责任等内容由保险公司和林业经营主体（林业企业、林场）双方按《浙江省森林保险实施方案》规定标准商定，商品林保险应限定在每亩保额 800 元以下，费率在 1‰以内开展。中央和省级财政仅按每亩保额 400 元、费率 4‰给予补贴（即对每亩保费大于等于 1.6 元的，按 1.6 元的 55%给予补贴；若每亩保费小于 1.6 元，则按实际每亩保费的 55%给予补贴）。

3. 承保单位和理赔

整体来看，各地区森林保险的具体经办机构逐步向多元化趋势发展，既有综合性财险公司，又有专业性农险公司；既有股份制公司，又有互助制公司；既有单个的商业保险公司，又有多家商业保险机构构成的共保联合体（见表 3-27）。部分地区保险经办机构由地方政府直接指定，部分地区则在招标的基础上进行筛选。

表 3-27 2015—2020 年全国森林保险承保主体

年份	承保主体	变化
2015	人保财险、中华财险、中航安盟、平安财险、太平洋财险、国寿财险、安华保险、国元农险、北部湾财险、阳光财险、永安财险、大地财险、安诚财险、锦泰财险、泰山财险、安邦财险、太平财险、都邦财险、天安财险、华安财险、紫金财险、安信农险、浙商财险、华农财险、诚泰财险	-
2016	人保财险、中华财险、中航安盟、平安财险、太平洋财险、国寿财险、安华保险、国元农险、北部湾财险、阳光财险、永安财险、大地财险、安诚财险、锦泰财险、泰山财险、安邦财险、太平财险、阳光农险、中原农险、都邦财险、天安财险、华安财险、紫金财险、安信农险、浙商财险、中煤财险	新增阳光农险、中原农险、中煤财险，减少华农财险、诚泰财险
2017	人保财险、中华财险、中航安盟、平安财险、太平洋财险、国寿财险、安华保险、国元农险、北部湾财险、阳光财险、永安财险、大地财险、安诚财险、锦泰财险、泰山财险、大家财险、太平财险、阳光农险、中原农险、都邦财险、天安财险、华安财险、紫金财险、安信农险、浙商财险、中煤财险、燕赵财险	新增燕赵财险
2018	人保财险、中华财险、中航安盟、平安财险、太平洋财险、国寿财险、安华保险、国元农险、北部湾财险、阳光财险、永安财险、大地财险、安诚财险、锦泰财险、泰山财险、大家财险、太平财险、阳光农险、中原农险、天安财险、华安财险、紫金财险、安信农险、浙商财险、中煤财险、燕赵财险	减少都邦财险、华安财险
2019	人保财险、中华财险、中航安盟、平安财险、太平洋财险、国寿财险、安华保险、国元农险、北部湾财险、阳光财险、永安财险、大地财险、安诚财险、锦泰财险、泰山财险、大家财险、太平财险、阳光农险、中原农险、天安财险、紫金财险、安信农险、浙商财险、中煤财险、燕赵财险、国任财险	新增国任财险
2020	人保财险、中华财险、中航安盟、平安财险、太平洋财险、国寿财险、安华保险、国元农险、北部湾财险、阳光财险、永安财险、大地财险、安诚财险、锦泰财险、泰山财险、大家财险、太平财险、阳光农险、中原农险、天安财险、紫金财险、安信农险、浙商财险、中煤财险、燕赵财险、国任财险、黄河财险、诚泰财险	新增黄河财险、诚泰财险

资料来源：《2021 中国森林保险发展报告》。

森林保险销售渠道以兼业代理的间接销售为主，如聘请县乡林业工作站作为保险兼业代理机构、乡村干部担任农村营销员等，以便充分借助本地基层政府和干部的资源和优势，缓解因农村土地广阔、农户分散而带来的保险机构人员不足的压力。目前集体林承保方式为统一保险，一般以村为单位进行签单，基本能够实现"投保明细发到户，参保信息告知到户"，并由参保农民签字确认。

江西省在探索统保模式方面进行了有益的尝试。2010 年，江西省宁都县政府出台了《宁都县政策性商品林综合保险实施方案》，并指定县林业产权交易管理中心为总投保人，就全县经营和管理正常的 268 万亩商品林与保险公司统一签订林木综合保险统保协议，保险金额为每亩 400 元，费率为 4‰，分年投保，一年一签。全县商品林林权人应缴保费先由县林业产权交易管理中心代为垫付，然后再根据不同对象分类处理，林业经营主体应缴保费由县财政承担，直接支付给宁都县林业和草原局（原宁都县林业局），林业企业和国有林场应缴保费由县林业产权交易管理中心按标准收取，中央、省、县财政补贴的保费由县林业局、人保财险县级分公司共同向县财政划收。江西省赣县政府出台了《赣县林木火灾保险工作实施方案》，赣县林业和草原局（原赣县林业局）与人保财险赣县支公司签订了林木火灾保险合作协议，指定县林业工业公司为总投保人，就全县 187.06 万亩商品林与保险公司统一签订林木火灾保险统保协议，保险金额为每亩 400 元，费率为 1.5‰，分年投保，一年一签。林农个人所缴保费由县林业工作站负责向林农收取，再由县林业工业公司统一缴纳至保险公司。

在理赔方面，一般都要经过事故上报、事故查勘（如核查受损面积）、初次定损、二次定损、张榜公示定损理赔情况、发放赔款等程序。在这一过程中，许多地区的保险经办机构一般会大量借助基层林业管理、林业技术单位的人员和专家力量进行查勘定损。许多调研地区已实施"零现金"赔款发放办法，即借助农村信用社、邮政储蓄银行等金融机构，把赔款直接打到农户的银行卡或存折中。

（三）保费补贴工作的主要成效

自我国的森林保险实施以来，在中央财政和地方财政的积极推动下，森林保险业务迅速开展。截至 2020 年，中央财政森林保险保费补贴政策覆盖全国 25 个省（自治区、直辖市）、4 个计划单列市及 4 家森工企业。黑龙江省由于地方财政调整，保费补贴配套支持受到影响，暂停了 2020 年政策性保险试点，全国实际有 33 个参保地区和单位开展了中央财政森林保险保费补贴工作。截至 2020 年底，森林保险在保面积为 24.37 亿亩，总保额达 15 882.61 亿元，年度总保费为 36.41 亿元，各级财政补贴 32.23 亿元，其中中央财政补贴 16.40 亿元。全年完成森林保险赔款 9.59 亿元，简单赔付率达 26.35%。森林再保险市场发展稳健，再保险业务共计实现保费收入 8.33 亿元。内蒙古自治区先后在巴彦淖尔、赤峰、鄂尔多斯等市开展草原保险试点工作。

1. 投保面积不断增加，产品种类呈现多元化趋势

随着森林保险保费补贴工作的深入推进，森林保险覆盖率快速提升。至 2020 年，森林保险保费补贴政策覆盖全国 33 个地区及单位，参保面积达 24.37 亿亩，保费收入为 36.41 亿元，总保额达 15 882.61 亿元。整体来看，总参保面积的增长主要依赖于公益林参保面积的提高，2020 年公益林参保面积较 2012 年增长了 136.96%。

2009 年试点以来，试点省份在各级政府的高度重视下，经过财政、保险机构等各部门的共同努力、密切配合和积极推进，投保面积均有不同程度的增加。第一批试点为福建、江西和湖南三省，从森林火灾保险试点阶段进入森林火灾保险统保阶段，并在 2010 年基本步入森林综合保险实施阶段，投保面积高速增长。2010 年福建、江西和湖南三省的投保面积较 2008 年分别增长了 6 倍、12 倍和 4 倍。而 2010 年新增的第二批试点为浙江、辽宁、云南三省，在有条件、有能力、有意愿的市县开展试点工作，中央财政对公益林保险保费补贴比例由 30% 提高到 50%，地方财政至少补贴 40% 的保费，其中省级财政至少补贴 20% 的保费，该年的森林保险投保面积较往年大幅增加。2010 年，浙江、辽宁和云南三省的投保面积较 2009 年分别增长 0.5 倍、2 倍和 3 倍。从整体情况来看，6 个试点省份的森林保险投保面积均较大幅度增长，2010 年较 2008 年增长 4 倍。

各试点省纷纷启动了森林综合保险方案。以浙江省为例，在 2009 年试点开始时，将保险责任扩大到火灾造成的保险林木死亡和暴雨、台风、暴风、龙卷风、洪水、泥石流、冰雹、霜冻、暴雪、雨凇造成的保险林木流失、掩埋、主干折断、倒伏或者死亡，几乎覆盖了除地震、病虫灾害以外的所有灾害责任，同时把保险标的扩大到公益林及商品林中的用材林、经济林、能源林。

2. 保障作用初步显现，林业投融资环境得到优化

森林保险工作的开展，有效降低了林业生产经营风险，让林业企业、林农和造林大户安心从事林业生产，大胆投入，促进了林业规模化、集约化经营。例如，江西九江金太阳公司于 2008 年将在修水县种植的 3 万亩工业原料林全部投保，自缴保费 3.84 万元，共发生 3 起火灾，获赔近 20 万元，坚定了金太阳公司在江西投资林业发展的信心。森林保险的发展也减少了林业经营主体的损失，据 2010 年 12 月人保财险江西省分公司的统计数据显示，仅 2010 年，公司已支付赔款 2321.64 万元，待付未决赔款 1000.3 万元，赔付率达 42.15%。森林保险的开办让广大林业经营主体享受到了国家的优惠政策，为灾后恢复生产提供了资金保障。此外，各地还结合林业融资需要推出了"林业贷款+森林保险"的组合形式，将林权抵押贷款与森林保险捆绑，既便利了投保，又保障了贷款安全，打消了金融部门对林业高风险所带来的生产经营不稳定的顾虑，提高了金融部门对林业放贷的积极性，做到了银行放心、林业经营主体满意，实现了银行、保险、林业经营主体多方共赢，促进了林业的发展。

3. 各方共同推动发展，森林保险协作机制已形成

为了推动森林保险相关政策的顺利执行和实施，各试点省市均在各级政府部门的带领下，建立相应的协作机制。协作机制主要分为两个层面：一是组织层面。财政部门、林业部门、保险监管部门和保险公司分别成立森林保险试点工作领导小组，以便在试点实施过程中随时沟通和反馈问题。二是协调层面。各试点省市在实施财政部、国家林业和草原局的联合指导文件时，均积极探索有效的合作模式，尽力实现政府、保险公司和林业生产经营者的三方共赢。为了保证森林保险的顺利开展，政府指定的承保单位均由实力雄厚的保险公司担当，大多数省份更是指定多家保险公司同时承保，以便加强协作机制，更好地分散风险。

江西省林业和草原局（原江西省林业局）与中国人保财险江西分公司签订了《共同推进森林保险的合作协议》，建立了由林业和保险两部门参加的省、市、县三级森林保险工作协调机构，同时就县级林业主管部门及基层林业工作站参与森林保险工作的相关工作经费进行了规范。四川省林业和草原局（原四川省林业局）与中国人保财险四川分公司签订了《中国人民财产保险股份有限公司四川分公司、四川省林业工作站共同推进森林保险的合作协议》，作为指导保险公司与各级林业主管部门合作的依据。云南省林业和草原局（原云南省林业局）与保险经纪人（安诺保险经纪有限公司），以及以中国人民财产保险股份有限公司云南省分公司为主承保人、中国太平洋财产保险股份有限公司云南分公司等 5 家保险公司为共保人的共保联合体签订了《云南省 2011 年度森林保险试点项目服务协议》。

4. 重视防范森林巨灾，风险分散机制已初步建立

由于森林巨灾、大灾具有突发性、偶然性和风险系统性等特点，不仅破坏了正常的生产与生活秩序，还会造成严重的生态环境恶化和巨大的经济损失。2008 年初，江西省遭受了 50 年一遇的低温雨雪冰冻灾害，全省森林受灾林地面积达 460.19 万公顷，占全省林地总面积的 43.4%，森林资源经济损失估计达 92.2 亿元。因此，森林保险更应当关注防范风险，建立巨灾/大灾风险分散机制，使风险能在时间和空间上得到有效分散。对于巨灾风险防范，一般采用提取风险准备金、再保险等形式，从试点省份调研情况看，部分省份结合自身情况建立了风险分散机制，主要形式为提取风险准备金。

从试点省份调研情况看，福建省的具体做法是由省级财政建立 2000 万元的森林综合保险风险补偿基金，上年度结余结转下年度使用，年度总额保持在 2000 万元。当年全省森林综合保险简单赔付率超过 80%时，启动省级森林综合保险风险补偿基金，赔付由森林保险经办机构与省级森林综合保险风险补偿基金按 1：1 比例承担。省级风险补偿基金以 2000 万元为限，超过部分由森林保险经办机构全额承担。福建省人保公司内部也建立了风险平衡保障基金制度，将森林险与其他农业险合并考核，以降低基层保险公司经营风险。江西和湖南的具体做法是由保险公司从保费收入中按相应比例计提巨灾风险准备金，突出了保险公司在巨灾风险分散市场化方面的作用。四川省的具体做法是建立省内森林保险大灾风险准备金机制，按当年总保费的 25%提取大灾风险准备金，专户管理，逐年滚存，当全省森林保险赔付率达到 80%时，可动用大灾风险准备金；同时实行森林保险 3 倍保费超赔封顶机制，超赔 2～3 倍保费部分由政府和承办机构按 1：1 比例分担。

第四节　我国森林保险面临的主要困境与发展路径

从经营属性和生态价值来看，林业与农业存在很大差异，针对林业经营的长周期、高风险和分散化特征，以及其发挥巨大的生态价值，应考虑实施国家补贴政策，但现行保费定价机制和补贴方式并没有充分考虑林业经营的风险特殊性及其巨大的生态价值，而是简单地将森林保险纳入农业保险范畴内，导致森林保险在定价机制和补贴方式设计方面存在问题，阻碍了森林保险的健康发展。

一、主要困境

（一）补贴比例提升空间有限，林农的参保积极性不高

从我国保费补贴的实际来看，我国林农的收入水平较低，商品林保险的参保积极性不高。国内许多学者给出的建议是提高保费补贴比例，但单纯提高补贴比例并不能达到最优效果。近年来，各级财政的保费补贴比例不断提高，自缴保费负担比例逐步降低。2013 年，中央和地方财政共安排保费补贴资金 21.85 亿元，约占总保费的 90%，林业经营单位和林农支付保费比例仅占总保费的 10%左右。实际上，改善森林保险"市场僵局"，并非要一味地提高保费补贴比例，高比例的保费补贴的确能够在一定程度上提高林农的参保积极性，但我国财政补贴比例远超出全球农业保险保费补贴比例平均 44%的水平，补贴比例提升的空间已经十分有限，财政补贴的保险激励作用难以进一步发挥，且继续提高补贴必然会产生边际效用递减，影响补贴资金的使用效率。随着补贴比例的提高以及补贴覆盖面的扩大，必然会造成地方政府财政负担过重，同时过高的财政补贴比例在一定程度上违背了保险经营的原则。

根据目前的森林保险条款，每亩林地的保险金额平均为 500～800 元，不但没有体现保价值的原则，甚至没有达到实际的再植成本。由于保额低、赔付少，有较高经济价值的林种参保的意义不大。以湖北省罗田县为例，该县近 100 万亩高产板栗林均没有参保。同时，随着物价指数的上涨、劳动力成本的提高，每亩平均造林成本已远超过现行保障金额。根据测算，山西省每亩造林成本已经达到 1000 元以上，湖南省每亩造林成本为 800～1000 元，现有的保障水平已不能满足灾后重造的实际需要。由于保障水平过低，即使继续提高补贴比例，保费补贴额度仍难以得到有效提高。这样看来，受保障水平的限制，单纯提高补贴比例已经无法有效提高整体补贴水平，因此，提高林业经营主体收入效用的关键是提高森林保险的保障水平。此外，应设置科学合理的保险金额，一方面，保险金额的增加可以提高林业经营主体的支付意愿；另一方面，

在相同补贴比例下，补贴额度的增加可以进一步提升林农的支付能力，最终达到提高林业经营主体参保率的政策目标。

（二）保险市场缺乏竞争格局，供给创新动力明显不足

我国森林保险供给市场产业集中水平偏高，属于高度寡占型市场。2020年前十大森林保险承保机构的承保面积占市场的97%，多数经营机构市场分布窄且无市场优势；同时多数经营主体仅在某一地区开展森林保险业务，部分地区存在着"一家独大"的承保局面。这导致承保主体"挑肥拣瘦"的低风险承保倾向严重，难以统一服务及明确标准，增加了市场非理性竞争与摩擦纠纷。此外，保费补贴政策实施10多年来，森林保险产品未有实质性变化，新型森林保险产品的开发、设计、创新及升级相对滞后，难以适应现代林业发展过程中涌现出的诸多新情况与新需求；尤其随着新型林业经营主体逐渐成为林业生产的主导力量，不仅要求森林保险产品能满足其灾损补偿的需求，同时也朝着保产量、保收入、保价值转变，现有以成本保险为主的单一森林保险产品，远不能满足林业经营主体多样化、精细化的保险需求。

当前保险公司愿意承保森林保险的重要原因是公益林保险实行县域级的统一投保模式，地方政府尤其是基层林业部门在实际运作中完成了大量工作并承担了大部分经费支出，由此减少了保险公司的经营成本；若林业部门停止相关协助工作，保险公司就极有可能缩减甚至退出森林保险业务，未来持续供给面临威胁。同时，在森林保险业务开展过程中，技术难度大、经营成本高的问题凸显，但受限于"低保费"原则，保险公司创新产品的积极性被严重抑制。

（三）地方政府财政压力较大，基层林业部门动力不足

从我国森林保险财政补贴形式上来看，主要是采用有条件、不封顶配套补助方式，为被保险人提供森林保险保费补贴（价格补贴）。目前，我国财政对森林保险实行的是固定比例和"倒补贴"的政策，要求在林业经营主体保费收缴、县市和省级财政的补贴到位后，才予以配套中央财政补贴。中央财政补贴的森林保险工作运行机构层级一般为中央、省、地级市、县（市、区）四级，在省直管县的地区，补贴层级则为中央、省、试点县（市、区）三级。以商品林保险为例，中央财政的补贴比例为30%，省级财政的补贴比例为25%～40%，市级及以下财政承担的补贴比例在5%～25%。这意味着在森林保险保费结构中，林业经营主体自担部分平均为5%～40%。在我们调查的省份中，县级财政一般都担负着10%～20%的中央补贴配套任务。虽然这种补贴方式有利于激励地方政府支持森林保险的发展，避免地方政府的道德风险和"钓鱼"问题，但一些林业大省财政压力较大，难以承担相应的巨额保费补贴责任，影响了该地区森林保险的发展。在当前森林保险补贴制度下，各地森林保险发展直接与县级政府财力相关，如果出现县级财力困难的情况，就会影响省级财政和中央财政补贴金额的落实。

　　从各地情况看，对于缺乏财力的地（市）、县而言，森林保险覆盖面越大，本级财政的保费补贴负担越沉重。由于地方政府财力有限，人力不足，操作困难，导致推动森林保险工作的积极性不高。主要体现在以下两个方面：一是地方财政困难。实行林权改革之后，县级政府财政收入相对减少，而部分试点省要求县级财政提供保费补贴配套资金，给财政带来巨大负担，大大影响了县级政府推动森林保险工作的积极性。二是基层林业部门工作动力不足。在森林保险工作中，林业部门本应是占主导地位的管理者，但从调研结果来看，保险公司处于强势地位，林业部门处于被动地位，缺少森林保险管理的话语权，是一个地地道道为保险公司打工的"打工者"，许多具体工作如宣传、承保、出险定损和理赔等均需要基层林业部门的配合，但保费全由保险公司收取，林业部门只能挤占其他业务经费开展森林保险工作，林业部门以各种被动接受的方式参与森林保险，工作压力大、任务重，由于没有经费保障，推进森林保险工作的难度较大。

（四）再保险市场发展缓慢，巨灾风险分散机制尚未健全

　　由于林业风险具有相关性和巨灾性，一旦出现风险灾害很可能动用森林保险公司的所有准备金和资本金，严重影响保险公司经营的稳健性，甚至危及森林保险的可持续发展。因此，需要建立完善的林业巨灾风险分散机制，以分散保险公司的经营风险。目前，我国森林保险市场已经开始采用再保险来分散经营风险，但是由于我国森林保险的实际承保公司为各大保险公司的省级分公司，其经营对象通常为各省区域内，导致区域内经营风险较为集中且不易分散，各省分公司在与外资再保险商谈判分保过程中遇到较多困难。而再保险公司同样面临森林保险的逆向选择严重、赔付率高、经营成本高等问题，导致森林保险再保险的费率进一步提高。不仅如此，再保险公司通常也在合同中设有免赔、共同赔付及损失限额等条款规定，原保险公司也不能通过再保险寻求到全方位的保护，削弱了其投保的积极性。因此，国内森林再保险市场在缺乏政府支持的情况也很难发育起来。

（五）保险产品设计不合理，市场运作原则未被遵循

　　由于政府过度干预，造成森林保险产品无法完全按照市场化原则进行设计，人为性与随意性较强，保险责任、保险金额及保险费率的设定缺乏科学依据，无法满足实际需求。

　　第一，保险责任单一。不同地区、不同林种所面临的林业风险不同，且森林分类经营的发展趋势也加强了对保险责任多样化的需求。目前我国主要以灾害补偿型险种为主，产品与责任覆盖单一，各省针对公益林和商品林仅开办了森林火灾险与综合险，未能有效区分树种与树龄等；而森林保险发展水平高的国家均为多险种，日本有火灾险、气象灾害险、火山喷发险等，澳大利亚的保险责任不仅覆盖林木损失费用，还包

括基础设施费用、灭火费用、灾后残余物清理及设备损坏费用等，瑞典保险责任覆盖范围包括损失费、救援费、作业费及树林损失补偿费等。

第二，保障水平偏低且单一。根据财产保险一般原理，保额的设置应依据产品实际价值来确定，而我国以低保障为原则，保险金额相当于承保对象物化成本的一定比例（40%～60%），人力及土地租金等占比较大的成本未被纳入考量。补贴政策实施10年来，保障水平既未能与投入成本维持同步增长，也未进行多层级差异化的设定。2012—2020年，森林保险亩均保额总体提升仅为153.45元；2020年公益林亩均保额为622.70元，商品林亩均保额为739.58元。此外，我国目前的最高保障水平（1250元/亩）也抵不上普通立地条件的林木再植成本（1500元/亩左右），更不抵"三难地"及个别特殊地带的林木再植成本。

第三，未进行风险区划与保险费率精细化厘定。2016年国务院办公厅印发的《关于完善集体林权制度的意见》中明确规定，要考虑多种因素科学厘定费率、建立健全森林保险费率调整机制，但现实情况是保险费率水平整体变化不大，既没有根据各地实际风险与致灾情况进行精细厘定，也未能体现树种、林龄和立地条件的不同，保险费率水平没有明显差异性。2020年大部分公益林参保地区和单位费率水平集中在2‰～4‰，13个商品林参保地区和单位集中在3‰～4‰。统一保险费率促使投保主体产生严重的逆向选择，致使森林保险市场趋向"柠檬市场"，最终导致需求市场萎缩。

二、发展路径

（一）优化财政补贴模式，制定差异化补贴政策

在提高保额的基础上，科学测算补贴规模，重新设计补贴比例，并实行差异化补贴政策，包括地区差异化补贴与保障水平差异化补贴，更高效地实现财政补贴资金的杠杆效应与激励效应。

1. 科学测算补贴规模，合理设计补贴比例

在市场化原则下，结合不同森林保险方案与产品，在逐步提高保障水平并体现其差异性的基础上，科学设计保费补贴标准。具体来看，科学测度各风险区域投保主体的森林保险支付意愿，并基于不同保险金额与费率水平，从供给方保费水平与需求方支付水平间的缺口确定补贴规模，实现森林保险财政补贴机制与产品体系及定价机制的有效联结，并据此重新设计最为合理的财政补贴比例。

2. 制定差异化补贴政策，增强补贴激励作用

建议调整"倒补贴"联动机制，要根据不同地区经济与财政水平、林业经营主体收入状况、森林资源及受灾特点等对补贴水平进行合理调整，合理设置差异化补贴比例。一是加大对重点林区和经济发展弱势地区的补贴力度，尤其要提高对西部地区林

业大县的中央财政补贴比例。二是降低或取消县级政府补贴比例，适度提升保费补贴统筹层级，尤其是经济较弱且财政负担重的地区。三是结合保障水平与补贴政策，按照不同层级保险金额与费率水平设计回归补贴比例，即补贴比例随保障水平的提升逐渐降低，以避免投保主体因信息不对称而进行低效率生产。此外，增强补贴资金指向，考虑不同投保主体的保险需求差异性，有效区分需求弹性较低与需求弹性较高的林业经营主体，将补贴资金向高需求投保主体倾斜，以增强补贴资金的指向性与精准性。

（二）健全保险服务模式，提升保险经营效率

1. 引入承保机构竞争机制，提升服务水平

在健全承保机构准入与考核机制的基础上，建议制定统一招投标标准，公开招标以筛选符合需求的保险公司，允许达标的多家承保机构进入森林保险领域，甚至包括小规模保险公司，拓宽承保对象范围；依据统一承保综合能力评测标准评估各承保机构的森林保险业务执行情况，按照优胜劣汰竞争规则定期测评筛选。同时，广泛参考广大投保主体的服务满意度，按测评成绩重新分配各承保机构市场份额，进而形成有效市场竞争机制，通过有序竞争增强承保机构的经营动力，从而破解创新供给动力低、服务水平弱的两大难题。

2. 引入第三方理赔鉴定组织，提高经营效率

立足于我国投保主体点多面广的特点，应引入专业理赔鉴定组织作为第三方进行灾后查勘定损。现有森林保险运行机制下，作为承保方的保险公司，承担着产品设计、推广销售、定损、理赔等多重职责，既增加了保险公司的经营成本，拉低了经营效率，又会增加出现不当行为的风险。而引入专业理赔鉴定组织，实现专业化分工，既能有效提升经营效率与活力，提升服务水平，又能有效防止"寻租"等不当行为发生，还可大幅降低保险公司的经营成本，激励市场潜在进入者实现供给方的适度竞争，从而进一步加强森林保险产品和服务的改善。

（三）采取分类经营模式，健全参保引导机制

1. 公益林保险采取统保模式，保费由中央与省级财政全额承担

目前国家对生态公益林采取禁伐或限伐的经营管护措施，林业经营主体没有直接的经济收益，且不能抵押、不能流转，每年的生态补偿基金远不足以补偿林业经营主体以同样时间和精力去经营商品林或从事其他农业生产所获得的收益。考虑到公益林的特殊属性，建议运用政策性基本险经营模式，以区域统保方式承保公益林。地方政府可以采取购买服务的方式授权林业部门作为公益林保险的投保主体，发生损失后，保险公司可将理赔款直接发放到林业部门下的公益林保险专用账户，由其调配、统一用理赔款购买恢复造林的种苗并进行林木再植，以确保保险赔偿款专项用于公益林灾损后恢复重造。

2. 商品林保险推行市场机制，实行政策性基本险+商业性附加险

基于商品林自身特点，建议运用"政策性基本险+商业性附加险"的经营模式。基本险保险金额低，费率水平偏低，风险保障水平有限，政府应加大财政支持力度；附加险是在保成本与保价值之间设置多层级保障水平，鼓励有需求的投保主体根据自身对损失补偿的要求自愿选择购买超出基本险部分的林木价值。此外，按照"先起步、后完善，先试点、后推广"的实施策略，分阶段逐步推行基本险与附加险并举模式，这样既可满足投保主体多层级风险管理的需求，又可缓解林业经营主体经济负担与基层政府财政压力，既能提升投保主体的参保意愿，又能确保财政资金的高效使用。

3. 健全森林保险参保引导机制，实行"统保+自愿"运作模式

根据各地不同风险状况，将高频、高灾损的林业灾害及低经济效益的林种纳入基本险，并以"统保"模式参与运作，这种基本险统保模式具有一定的操作强制性和经济利益诱导性，考虑实行信贷、补贴、流转和抵押限定等的限制措施，如只有参加了森林保险的林业经营主体才有资格参与林地流转、林权抵押贷款及小额信贷等活动，才能享受生态效益补偿基金和价格补贴等的相关优惠政策。同时，对于一些低风险的林业灾害与高经济效益的林种，可纳入附加险，并采取自愿保险的方式。这种区分基本险与附加险的差别化参保模式的优势在于既减轻了财政负担，又可迅速提高森林保险覆盖度以实现规模经济，增强森林保险风险保障功能，从而更高效地服务林业经营主体和林业生产。此外，应积极探索建立多年连续投保机制，以减少投保主体逆向选择问题。

（四）健全风险防控体系，多渠道分散巨灾风险

依据国际经验，有效的巨灾风险机制是由政府、公众、保险机构、再保险机构等多方参与的。林业风险的巨灾性特点决定了不能根据单一年份的损失和赔付情况判断风险，而应建立立足于长期应对极端损失的风险补偿机制，探索通过再保险、巨灾风险准备金和减灾防灾基金等方式，构建林业灾前管理和灾后管理相结合的灾害管理机制。

政府可建立专门针对林业的政策性再保险公司，与商业性保险公司联合起来进行再保险，通过再保险实现分保，避免标的风险过于集中。同时，借鉴美国、日本等发达国家的经验，给予商业性保险公司适度的再保险费用补贴，为风险分散提供财政支持。建立林业风险补偿基金，聚集社会各方面的力量对林业生产所遭受的损失进行补偿。风险基金的资金来源主要有三大渠道：一是每年按一定比例从保费收入中提取或者将保费结余按一定比例转入；二是中央财政每年按当年森林保费收入的一定比例拨付，可由国家控股的中国再保险代为经营；三是积极开展森林巨灾风险证券化试点。风险基金要由专门机构负责管理，专款专用，用于森林保险经营主体当年收不抵支的情况下受灾投保林业经营主体理赔支出，避免森林保险经营主体倒闭造成的损失。

（五）坚持市场运作原则，创新保险产品设计

设计多样化的森林保险产品，依据市场化原则完成从量到质的转变，实现供需有效对接。

1. 根据投保主体实际需求，合理设计保险品种

森林保险产品设计需在考虑投保主体现实需求的基础上，基于林业灾害的特点，根据市场化原则科学设计适销对路的森林保险产品与保险条款。因此，建议根据林业经营主体的实际需求和林业风险灾害特点，设计以火灾险、病害险及虫害险为主的单独险，并考虑各地主要林业风险情况，基于科学谨慎的原则积极探索基差风险小的多种意外天气指数型保险，从而建立多样化的新型森林保险险种体系。此外，尝试设计多年期森林保险产品，并考虑将施救费用纳入保险责任，逐步丰富险种和保险标的。

2. 科学确定保险金额，逐步提高保障水平

保险金额是森林保险风险防范能力的重要体现，森林保险最根本的目标与功能是增强林业生产的抗风险能力。因此，为满足不同投保主体的需求，应借鉴澳大利亚等发达国家发展森林保险的经验，根据林木价值随时间变化的特征和规律，结合树种、树龄、地形等因素合理确定多层级的保障水平，以满足不同投保主体差异化的风险保障需求。此外，需依据森林资产价值逐步提高保险金额，在物化成本全覆盖的基础上，逐步实现由保完全成本向保实际价值的转化。保完全成本要求以保险标的市场成本为保险金额，包含物化成本、地租、劳动力成本等；保价值要求运用市场价格信号确定保险标的的价值，将其作为保险金额，以更准确地估计森林受灾损失并确定保障水平。现阶段，要以完全成本覆盖为首要目标，以确保投保主体在受灾后能获得恢复再生产的保障；待保成本模式发展成熟后，逐步试行保价值模式。

3. 根据林业风险区划，确定动态差别保险费率

不同地区林业风险的形成原因、发展机理、致损程度存在较大差别，因此建议由保险公司针对不同地区自然环境条件和风险灾损情况，将全国森林资源划分为不同的林区，在此基础上通过保险精算建立费率科学厘定机制，实施费率差别厘价。同时，应考虑费率动态调整机制，如建立无赔付优待、续保优待以及给予高规模参保投保主体优惠等，结合奖惩措施来缓解道德风险与逆向选择问题。对于在投保期间赔付率低或未发生灾害的投保主体，可在下一年给予一定的保费优惠或适当降低保险费率，而对于未按规定看护管理或及时施救的投保主体，可在赔付额上给予相应的惩罚。此外，应逐年积累和完善森林保险承保和理赔数据，为森林保险风险区划与费率精细化厘定提供基础信息。

第四章 森林保险产品设计

森林保险属于财产保险的范畴，但与一般财产保险有着显著区别。遵循一般财产保险的规律，结合森林保险的特点，本章从保险标的、保险责任、保险金额、保险定价等内容对森林保险产品设计进行介绍。

第一节 保险标的

一、林种分类

《中华人民共和国森林法》规定，森林按照用途可以分为防护林、特种用途林、用材林、经济林和能源林；根据生态保护的需要，可以分为公益林和商品林；按林木的生长条件，又可划分为天然林和人工林。根据森林保险标的的选择，本章重点介绍森林按用途、生态保护需要及生长条件分类下的几种类别。

（一）按用途分类

防护林是以防护为主要目的的森林、林木和灌木丛，包括水源涵养林，水土保持林，防风固沙林，农田、牧场防护林，护岸林，护路林。

特种用途林是以国防、环境保护、科学实验等为主要目的的森林和林木，包括国防林、实验林、母树林、环境保护林、风景林、名胜古迹和革命纪念地的林木，以及自然保护区的森林。

用材林是以培育和提供木材或竹材为主要目的的森林，是林业中种类多、数量大、分布广、材质好、用途多的主要林种之一，可分为一般用材林和专用用材林两种，前者指以培育大径通用材种（主要是锯材）为主的森林，后者指专门培育某一材种的用材林，包括坑木林、纤维造纸林、胶合板材林等。用材林主要包括短轮伐期工业原料用材林、速生丰产用材林、一般用材林、天然用材林。

经济林又称为"特用林"，是指利用树木的果实、种子、树皮、树叶、树汁、树枝、花蕾、嫩芽等，以生产油料、干鲜果品、工业原料、药材及其他副特产品（包括淀粉、油脂、橡胶、药材、香料、饮料、涂料及果品）为主要经营目的的乔木林和灌木林，是有特殊经济价值的林木和果木，如木本粮食林、木本油料、工业原料特用林等。经济林根据其利用部位不同，大致分为：①利用种子作为榨油原料的木本油料林，如油茶、油桐、油橄榄、核桃等；②利用树叶的茶树林、桑树林等；③利用树皮的纤维林和木栓林，如栓皮栎等；④利用枝条作编织原料的采条林，如荆条、柽柳等；⑤利用树液的橡胶林、漆树林等。经济林的价值很高，一般实行集约化经营。

能源林是以生产燃料和其他生物质能源为主要目的的森林。由于其主要用于生产薪材和木炭，因而一度被称为薪炭林。但现今对能源林做出了新的定义，即除了提供薪炭外，凡是能够提供能量的森林均泛称为能源林。能源林具有生长快、适应性和抗逆性强、热能高、易点燃、无恶臭、不释放有毒气体、不易爆裂等特点。由于能源林大多种植在比较贫瘠的立地上，且轮伐期短，对地力消耗较大，所选树种还应考虑有改良土壤作用的，如豆科及其他有固氮能力的树种。

（二）按生态保护的需要分类

国家根据生态保护的需要，将森林生态区位重要或者生态状况脆弱，以发挥生态效益为主要目的的林地和林地上的森林划定为公益林。未划定为公益林的林地和林地上的森林属于商品林。

公益林是指为维护和改善生态环境、保持生态平衡、保护生物多样性等满足人类社会的生态、社会需求和可持续发展为主体功能，主要提供公益性、社会性产品或服务的森林、林木、林地，其建设、保护和管理以各级人民政府投入为主，按事权等级划分为国家生态公益林和地方生态公益林（其中包括省级、市级和县级）。

商品林是指以生产木（竹）材和提供其他林特产品、获得最大经济产出等满足人类社会的经济需求为主体功能的森林、林地、林木，主要提供能进入市场流通的经济产品，包括用材林、经济林和能源林。

（三）按生长条件分类

人工林指通过人工植苗、播种（含飞机播种）和抚育管理而生成的森林，是森林保险最主要的承保对象。我国是世界上人工林面积最大的国家，约为10亿亩。

天然林指天然生成或非人工培育成的森林，包括原始林和次生林。这类森林的承保条件尚不成熟，但对已采伐的木材可开办木材储运保险。

二、保险标的确定

保险标的即保险合同的客体，是指保险合同当事人权利义务共同指向的对象。保险标的是保险合同存在的基础，也是确定保险责任、保险金额、计算保险费率和赔偿标准的依据。根据《中华人民共和国保险法》的规定，财产保险是以财产及其有关利益为保险标的的保险。

森林保险是一种特殊的财产保险，2009 年财政部、国家林业和草原局（原国家林业局）及银保监会（原保监会）等部门联合下发的《关于做好森林保险试点工作有关事项的通知》[财金〔2009〕165 号] 等文件规定，"森林保险试点要从集体林权制度改革比较深入、林地经营权已落实到位、地方政府较为重视的地区开始。保险标的以承保商品林、公益林为主，在试点基础上，逐步扩大试点品种"。自此，各省、自治区、直辖市等地区制定的政策性森林保险实施方案均将保险标的划分为所有生长和管理正常的商品林、公益林，并要求投保人将其所有或管理的、符合上述条件的林木全部投保，不得选择性投保。

第二节 保险责任

森林保险责任，是指保险合同中约定的保险人向被保险人提供保险保障的范围。被保险人签订保险合同并交付保险费后，保险合同条款中规定的责任范围即成为保险人承担的责任。在保险责任范围内发生财产损失，保险人均需负责赔偿或给付保险金。

一、灾害类型划分

长期以来，我国森林保险的保险责任只有森林火灾，其他灾害风险未被纳入保险责任范围。2009 年中央财政森林保险保费补贴政策开始实施，《关于做好森林保险试点工作有关事项的通知》等文件明确规定森林保险责任主要包括火灾、暴雨、暴风、洪水、泥石流、冰雹、霜冻、台风、暴雪、雨淞、虫灾等 11 种人力无法抗拒的自然灾害，试点地区可以根据当地气象特点从中做出选择。之后，随着补贴范围的扩大，各地也依据当地自然灾害特点和实际，不断拓宽保险责任范围，陆续将干旱、滑坡、雪淞、雨雪冰冻、热带气旋、龙卷风、雷击、涝灾、低温、沙尘暴强风、地震和干热风等 12 种自然灾害明确列为保险责任，并将虫灾扩展为林业有害生物灾害。

近年来，在以上 23 种自然灾害中，火灾、洪水、暴雨、泥石流、暴风、霜冻、冰雹、暴雪和林业有害生物等 9 种自然灾害发生频率高、分布范围广，成为各地区森林保险责任的主要覆盖对象，逐步形成综合险。除上述 9 种自然灾害外，各地区的具体保险责任范围选择又有一定的差异（见表 4-1）。例如，福建、广东、海南等 16 个地区处于东部沿海或邻近区域，易受台风影响，因此强调台风灾害的保险责任；内蒙古和辽宁等 14 个地区为季风性气候，容易形成季节性旱灾，因此强调干旱灾害的保险责任；福建等 7 个地区山体众多、山势陡峭、降雨较多，因此强调滑坡灾害的保险责任；受雨雪冰冻灾害影响比较严重的江西等 6 个地区强调冰冻灾害的保险责任。此外，海南还强调热带气旋、龙卷风和雷击的保险责任，甘肃确定了沙尘暴强风的保险责任，青海于 2015 年增加了地震和干热风的保险责任，福建于 2019 年增加了地质灾害的综合保险责任。

表 4-1　各地区森林保险责任范围的差异选择

灾害	地区	灾害	地区
台风	河北、辽宁、大连、吉林、安徽、浙江、宁波、福建、厦门、江西、湖北、湖南、重庆、广东、广西、海南	干旱	北京、内蒙古、辽宁、大连、吉林、福建、厦门、山东、湖南、广东、广西、贵州、云南、甘肃
雨凇	北京、河北、辽宁、大连、吉林、安徽、浙江、宁波、福建、厦门、山东、湖南、重庆、广东、广西、陕西	滑坡	福建、厦门、广西、海南、贵州、云南、青海
雪凇	辽宁、大连、吉林、湖南、广东	冰冻	江西、湖南、贵州、云南、青海、重庆
热带气旋	海南	龙卷风	浙江、宁波、海南
雷击	海南	涝灾	山东
低温	山东	沙尘暴强风	甘肃
地震	青海	干热风	青海

资料来源：根据《2021 中国森林保险发展报告》及各地森林保险实施方案汇总整理。

二、火灾险

森林火灾保险的责任范围：在保险期间内，由于火灾以及在火灾事故时为抢救保险林木或防止火灾蔓延，采取合理、必要的措施而直接造成保险林木损毁（包括流失、掩埋、主干折断、倒伏、死亡或者推断死亡等表现在内的直接经济损失），保险公司按保险合同约定的赔偿标准负责赔偿。

专栏　1

云南省火灾险案例介绍

2010 年 11 月 3 日，云南省林业厅与云南阳光财险正式签订了《云南省政策性森林火灾保险试点项目服务协议》，正式启动云南政策性森林火灾保险试点项目。2011 年云南已在全省 16 个州（市）开展，涉及 15 个地区共 3.26 亿亩森林，2012 年森林保险已经实现云南省全覆盖。云南省保险标的为生长和管理正常的公益林、商品林，保险期限为 1 年（为当年的 11 月至次年的 11 月）。保险期内，因森林火灾、火灾施救造成保险林木死亡的直接经济损失，由保险公司赔偿。公益林火灾损失赔偿由保险公司直接支付试点林区的县（市、区）林业和草原局（原县林业局），专项用于受灾林木恢复造林及管护；商品林火灾损失赔偿由保险公司直接赔付给林木经营者。公益林实行全省统保，商品林由财政补贴和林业经营主体共同承担，财政补贴占 85%，林业经营主体只需承担 15%。

表4-2　云南省森林保险火灾险方案

保险人	阳光财产保险股份有限公司云南省分公司
被保险人	云南全省16个州（市）
保险标的	生长和管理正常的公益林、商品林
保险责任	保险期限内，因森林火灾、火灾施救造成保险林木死亡的直接经济损失，承保公司赔偿
保险金额	保险金额为每亩400元
赔偿处理	保险期内，因森林火灾、火灾施救造成保险林木死亡的直接经济损失，由保险公司赔偿。公益林火灾损失赔偿由保险公司直接支付试点林区的县（市、区）林业和草原局（原林业局），专项用于受灾林木恢复造林及管护；商品林火灾损失赔偿由保险公司直接赔付给林木经营者
保险期限	1年（为当年的11月至次年的11月）

资料来源：根据云南省森林保险火灾险方案整理。

三、综合险

森林综合保险的责任范围：在保险期间内，因火灾、林业有害生物，以及暴雨、暴风、洪水、滑坡、泥石流、冰雹、霜冻、台风、暴雪、雨凇、干旱等人力无法抗拒的自然灾害，在发生保险事故时为抢救保险林木或防止灾害蔓延，采取合理、必要的措施而造成保险林木损失，保险公司按照保险合同约定的赔偿标准负责赔偿。

专栏　2

内蒙古自治区综合险案例介绍

2013年，内蒙古自治区全面开展了政策性森林保险工作。中华财险内蒙古分公司为经营区域内公益林、商品林在整个成长过程中可能遭受的自然灾害或意外事故所造成的经济损失提供保险保障。内蒙古自治区森林保险机构采取招标形式，将全区12个盟市分为东西两个标段。东六盟市和内蒙古森工为第一标段，由人保财险内蒙古分公司承保，包括呼伦贝尔市、兴安盟、通辽市、赤峰市、锡林郭勒盟、乌兰察布市等六个盟（市）下辖的62个旗（县、区），以及内蒙古森工集团所管辖区域的全部公益林和商品林承保权，承保份额超过80%；西部六盟市为第二标段，由中华保险内蒙古分公司承保，包含阿拉善盟、乌海市、巴彦淖尔市、鄂尔多斯市、包头市、呼和浩特市。公益林保险由旗县（市、区）林业部门作为代理投保人与保险公司签订保险协议，并经自治区林业部门审定备案，内蒙古森工集团实行统一投保；商品林由森林经营者自主决定投保。

截至2020年12月，中华财险内蒙古分公司已为区内1亿多亩森林提供600多亿元的保险保障。森林保险的保险责任包括：在保险期间内，由于火灾、旱灾、暴雨、暴风、洪水、泥石流、冰雹、霜冻、病虫鼠兔害原因，直接造成保险林木流失、掩埋、主干折断、倒伏、烧毁、死亡的损失。从事林业生产的林业经营主体、林业专业合作组织、林业企业均可作为被保险人投保，正常生长和管理的商品林和公益林均可作为保险林木投保。

表4-3 内蒙古森林保险综合险方案

保险人	中华财险内蒙古分公司
被保险人	内蒙古全区12个盟市
保险标的	生长和管理正常的公益林、商品林
保险责任	在保险期内因以人力无法抗拒的自然灾害为主，包括火灾、暴雨、暴风、洪水、泥石流、冰雹、霜冻、暴雪、旱灾、病虫鼠兔害，造成被保险森林流失、掩埋、主干折断、倒伏、烧毁、死亡的损失，保险公司按照保险合同的约定负责赔偿
保险金额	公益林：乔木林地按照再植成本每亩800元计算，灌木林地按照再植成本每亩500元计算。商品林：乔木林地按照再植成本每亩900元计算，灌木林地按照再植成本每亩600元计算
赔偿处理	在保险期限内，被保险森林发生保险责任范围内损失的，保险人按照自治区森林保险条款（由自治区有关部门另行制定）规定承担赔偿责任。保险人要制定切实可行的投保和理赔操作规程，并经自治区保险监管及林业、财政部门审定备案后实施
保险期限	1年

资料来源：根据内蒙古森林保险综合险方案整理。

本章对当前各省、自治区、直辖市森林保险开展险种进行了归纳总结，如表 4-4 所示。

表4-4 2020年不同地区森林保险险种差异

保险标的	综合险	火灾险
公益林	北京、河北、山西、内蒙古、辽宁、大连、吉林、浙江、安徽、福建、厦门、江西、山东、河南、湖北、湖南、广东、广西、海南、重庆、四川、贵州、陕西、甘肃、青海、大兴安岭林业集团、内蒙古森工集团、宁波	浙江、宁波、青岛、贵州、云南
商品林	河北、内蒙古、辽宁、大连、吉林、浙江、宁波、安徽、福建、厦门、江西、山东、河南、湖北、湖南、广东、广西、海南、重庆、四川、贵州、陕西、甘肃、青海、内蒙古森工集团	浙江、湖北、江西、贵州、云南

资料来源：根据《2021中国森林保险发展报告》汇总整理。

四、除外责任

除外责任是指依照法律规定或者合同约定，保险人不承担保险赔偿责任的危险范围。设置除外责任的目的是避免保险人因为一些特殊事件面临巨额索赔的风险，同时也能减少由道德风险导致的非偶然事故索赔。

森林保险的除外责任一般包括以下内容：①投保人及其家庭成员、被保险人及其家庭成员、种植及管理人员的故意或重大过失行为、管理不善；②行政行为或司法行为；③战争、敌对行为、军事行动、恐怖活动、武装冲突、民间冲突、罢工、骚乱、暴动；④他人的恶意破坏行为。

以下损失、费用，保险人不负责赔偿：①当地洪水水位线以下的林木由暴雨、洪水造成的损失；②四旁树（村旁、宅旁、路旁、水旁）的损失；③保险期间开始前已发生森林病虫害造成的损失；④发生保险责任范围内的事故，被保险人未采取必要且合理的防灾减灾措施，致使保险林木损失扩大的部分；⑤按照保险合同中载明的免赔率计算的免赔额；⑥其他不属于保险合同责任范围内的损失、费用，保险人也不承担赔偿责任。

五、免赔

免赔额是指保险合同中规定的在一定程度内保险人不承担赔偿责任的损失额度，分为绝对免赔额和相对免赔额。设置免赔额的主要目的是减少一些频繁发生的小额赔付支出，在节约理赔费用、降低总保费和保险公司经营成本的同时，促使被保险人提高责任心，减少事故发生。

绝对免赔额指保险合同中规定的保险人对约定数额以下的损失绝对不承担赔偿责任的免赔限额。在保险标的发生损失时，必须超过一定金额或比率，保险人才对超过部分承担赔偿责任。相对免赔额指保险合同中规定的保险人承担赔偿责任的起点限额。在保险标的发生损失时，达到规定的金额，保险人对全部损失承担赔偿责任，未达到规定金额时，保险人不予赔偿。2022 年新修订的《中央财政农业保险保险费补贴管理办法》第十四条规定："承保机构应当合理设置补贴险种赔付标准，维护投保农户合法权益。补贴险种不得设置绝对免赔，应科学合理设置相对免赔，由省级财政部门负责监督。

第三节　保险金额

森林保险金额是指投保人或被保险人对保险标的的实际投保金额，即保险期限内单位面积上保险公司承担赔偿或者给付保险金责任的最高限额，是保险人收取保险费的计算基础。一般财产保险的保险金额根据保险标的的价值确定。

一、确定原则

森林保险保费金额的确定既要考虑到林业经营主体的缴费能力和保障需求，又要考虑到保险公司的风险防范和稳健经营。保险金额原则上为林木损失后的再植成本，包括郁闭前的整地、苗木、栽植、施肥、管护、抚育等费用，具体由地方政府和保险公司按市场原则协商确定。考虑到森林保险政策的实施旨在提高对保险标的的保障水平，各省、市（自治区、直辖市）等正逐步改变目前单一保额的粗放局面，按照不同树种、树龄设计保险金额，确定方式也从保成本衍生到了保产量、保收入、保价值等。

二、确定方式

对于森林保险保额的确定，目前主要有 4 种方式：保成本、保产量、保收入和保价值，即分别按照林木的再植成本、林木的收获产量、林木的经济收入、林木的价值确定保险金额。

（一）按林木再植成本确定保险金额

按林木再植成本确定保险金额，是指按照造林、育林过程中投入的物化劳动和活劳动来计算保险金额。这些物化劳动和活劳动一般包括树种费，整地、移栽费，材料、运输费，设备、防护、管理费，等等。由于森林是经过多年生长形成的，其成本也是逐年增加的，所以其保额呈"倒金字塔"形。森林的生长时间越长，其保险金额越高，因此应该按照森林生长的不同阶段分成若干档次计算保险金额。

（二）按林木产量确定保险金额

按林木的产量确定保险金额，有助于保障林产品因洪水、涝渍、冰雹、风灾、霜冻、病虫害等自然灾害致使农作物产量下降从而造成的利润损失。林业经营主体在林产品生产周期开始之前向保险公司购买产量保险，在种植过程中当林产品因自然风险导致产量下降并达到理赔条件，即实际产量小于保障产量时，就可以获得保险公司给予的相应赔偿来弥补一定的利润损失。理赔金额按照历史产量与实际产量差额进行计算，理赔金额=（历史产量×保障水平－实际产量）×预测价格×价格保障水平。实际历史产量由林业经营主体提供的历史产量的平均值决定，预测价格则由往年期货市场的平均期货价格确定。

（三）按林木经济收入确定保险金额

该方法按照林木成材卖出后可获得的收入来确定保险金额，适用于经济林木的森林保险。当收获期实际收入小于保障收入，并且导致收入降低的原因在保险范围内时，林业经营主体就可以通过购买的收入保险获得一定的赔偿金，赔偿金额=保障收入－实际收入。收入保障保险有两种形式，一种是包含收获价格的收入保险，另一种是剔除收获价格的收入保险。两种形式的收入保障保险的理赔金额是不同的：包含收获价格的收入保险的理赔金额=实际产量×［收获价格－max（预测价格，收获价格）］×历史产量×保障水平；剔除收获价格的收入保险的理赔金额=实际产量×（收获价格－预测价格）×历史产量×保障水平。

专　栏　3

广西壮族自治区油茶收入保险案例介绍

为推动广西油茶产业发展，帮助农民脱贫增收，广西壮族自治区财政厅、广西壮族自治区林业和草原局（原林业局）联合下文，率先在全国范围内试行油茶收入保险。首批试点面积为18万亩，试点地区选取柳州市（含三门江林场）、三江侗族自治县、右江区、田阳区、田东县、凌云县、田林县、昭平县、东兰县、凤山县、巴马瑶族自治县和来宾市本级（含维都林场）。当自然灾害、意外事故、病虫草鼠害和市场波动造成油茶鲜果实际收入低于合同约定的每亩保险金额时，保险人按照保险合同的约定负责赔偿。

此次试点的保险费率为5%，财政补贴70%，林业经营主体自负30%，建档立卡贫困户给予免缴政策。按照保险合同的约定，当自然灾害、意外事故、病虫草鼠害和市场波动造成油茶鲜果实际收入低于合同约定的每亩保险金额时，保险人按照保险合同的约定负责赔偿。目前，试点对于8年以上龄油茶良品约定目标收入为2700元/亩，5～7年树龄油茶良品约定目标收入为1800元/亩，以有效稳定林业经营主体收入，保持油茶产业平稳发展。当实际收入小于约定收入（保险金额）时发生理赔，赔款直接转入种植户银行卡，全过程无须报案、提供材料，由保险公司自动处理。

资料来源：广西油茶收入保险实施方案。

（四）按林木价值确定保险金额

森林本身就具有一定的功能，这种功能的体现就是林木的价值，因此保价值的方式能够最大限度地保障森林在灾害发生后的损失，尽可能地达到恢复森林功能的目的。在美国、日本、芬兰等发达国家，森林保险的发展进入成熟阶段，通常采取保价值的方式来确定森林保险金额，保险金额较高。在我国，森林的生态功能主要体现在保持水土、涵养水源、防风固沙、净化空气等方面，对于每一种功能都要有一套价值体系来衡量。

专　栏　4

广东省林业碳汇价值保险案例介绍

2021年6月30日，广东省首单林业碳汇价值综合保险创新业务在云浮市成功落地。本次碳汇价值综合保险创新业务，是由人保财险广东省分公司基于广州碳排放权交易所出具的林木碳汇价值认定结论，为云浮市国有大云雾林场碳汇造林项目提供112万元的风险保障。在保险期间，当火灾、冻灾、泥石流、山体滑坡等合同约定的灾害造成由林业价值、碳汇价值和生态价值组成的综合价值损失达到保险合同约定的标准时，视为保险事故发生，保险公司按照约定标准进行赔偿。

广东云浮模式中的主要产品是林业碳汇综合价值保险。除了碳汇自身价值之外，广州碳排放权交易所还创新性地提出将碳汇造林项目的其他生态效益（如水土保持、水源涵养、净化空气）以调节系数的形式体现在碳汇最终价值的核定方法中，有效地将林木经济价值与碳汇价值、生态价值相结合。

资料来源：广东云浮林业碳汇价值保险实施方案。

以上 4 种方法可以尽可能准确地估计森林保险标的的保险金额。在目前的森林保险实务中,考虑到保险人承担风险的能力和被保险人的保险意识以及承担保费的能力,保险金额多数依据林木损失后的再植成本制订,同时根据当地水平并适当考虑育林成本,合理确定不同林种、不同林龄的林分差异化保额档次,原则上每个省(市、区)的同一林分保险金额应保持统一,而不同地区的再植成本、营林成本不同,保险金额也不尽相同。在森林保险实施的过程中,采取保成本的方式可以减少灾后定损、价值厘定等诸多步骤,实施森林保险的成本也较低,但会造成我国森林保险保额偏低,保障水平不足以满足大户林业经营主体的避险需求。虽然国家财政给予森林保险保费高额补贴,但是因为保障程度低下,仍然未能有效激发林业经营主体的有效森林保险需求,直接导致了我国森林保险市场出现需求不足的困境。

第四节　保险定价

森林保险价格的确定应该按照市场化原则,在经过保险精算的基础上由参与森林保险的商业性保险公司制定。然而,由于林业经营主体和商业性保险公司普遍缺乏参与森林保险的意愿,森林保险保费较为依赖财政补贴,因此政府在森林保险定价方面起到了主导作用。不同立地条件、不同树种、树龄的公益林和商品林所面临的风险程度存在差异,保险公司的经营成本也存在差异,故在森林保险定价的过程中,应满足林业经营主体和保险公司各自的利益需求,并结合不同自然灾害发生频率,针对不同险种、不同立地条件下的树种设计差异化价格的保险产品。

一、基本原理

保险费,是被保险人为取得保险保障而向保险人支付的费用,简称保费。单位保费是指每单位保额需要支付的费用,又称为保险费率,通常用千分比或百分比表示。从保险费率的构成来看,一般可以分为两部分,即纯保险费率和附加保险费率。纯保险费率是刚好可以补偿风险损失的费率,根据期望赔付支出与期望保费收入相等的原理计算。纯保险费率对应的纯保费通常又被称为公平保费、风险保费,是通过保险精算得到的将来用于支付赔偿金的保费。附加保险费率一般指森林风险损失以外,支撑森林保险业务持续经营的费率。与附加保险费率相对应的是附加保费,附加保费一般包含经营管理费用、风险附加费用以及一定的利润等。具体森林保险保费构成见图 4-1。

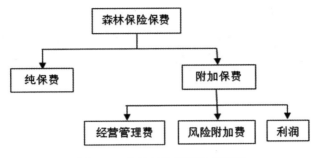

图 4-1 森林保险保费构成要素

作为森林保险费率的重要组成部分，纯费率的大小与森林风险的高低直接相关，森林风险越高，相应的赔付支出会越大。与纯费率相对应，纯保费是保险公司的期望赔付成本。在缺乏赔付支出数据的情况下，近似等于森林灾害损失分布的数学期望。附加保险费率是指与经营管理费、风险附加费以及利润等相关的支出与保险金额的比例，其中经营管理费用是保险公司经营管理活动过程中的必要支出。风险附加费与森林风险的波动性有关，为降低极端风险对保险公司的冲击，一般采取从风险保费中提取一定比例保费的原则建立风险基金，或进行再保险；利润在保险市场化经营的状态下是必不可少的，是保险公司扩大再生产的重要组成部分。

二、定价方法

林业风险的发生率与森林保险的费率水平直接相关，其中纯费率是厘定科学保险费率的关键，定价方法主要分为分类法和个案法。

（一）分类法

分类法是指把具有类似特征的损失风险归为一类，并针对此类风险设置相同费率的方法（收取的费率反映了类似特征的平均损失经验数据）。分类费率主要可以通过纯费率法进行计算。纯费率法以某一时期内被保险标的具体发生的损失为基础，首先计算纯保险费率，然后再将附加费用、承保利润和意外准备金考虑进去，一般以毛保费的比率来表示。

（二）个案法

个案法又称为判断法，是根据被保险标的的具体情况单独厘定费率的方法。这种方法主要用于分类法无法适用的情况。通常在森林保险实务中会遇到一些特殊的标的，如古树名木作为重要的森林资源及历史文物资源，是不可再生的自然和文化遗产，需要防范台风、雷击、暴雨、冻灾、雹灾、火灾以及病虫害等各类风险对其造成的损伤；或者由于同类标的数量少而无法分类，或者缺少历史数据资料，或者遭遇罕见的特殊事件，往往采用个案法，由承包人员凭借自身经验和判断，对具体标的进行风险分析，从而确定个别费率。

第五章　森林保险风险区划

保险与风险相联系，风险的大小是决定保险费率高低的最基本因素。对于不同的地区或区域来说，森林灾害的种类、发生频次、强度和灾害所造成的损失有很大的不同，不同的森林植被类型、林种、林龄的森林抗灾能力也存在差异。因此，为进一步稳定发展森林保险业务，应结合各区域森林分布类型和特点、森林灾害损失的时空分布，进行森林灾害风险区划，实行差别森林保险费率。

第一节　森林保险风险区划理论基础

一、基本概念

森林保险风险区划，是在对森林保险标的及其风险特点进行调查的基础上，根据各地不同的风险状况和保险标的的损失状况，按照区内相似性、区间差异性和保持行政区界相对完整性的原则，将一定地域范围内森林保险标的所面临的风险划分为若干不同类型和等级的区域，并分析研究各区域的自然经济等条件和风险特点，从而全面规划森林保险、为其全面开展和稳定经营提供科学依据的一种方法。进行森林保险风险区划的目的，在于从长期、整体的角度出发，全面规划某地区森林保险，为其普遍推行奠定科学基础。其内涵是把具有相同风险等级，即风险性质相同、损失发生率基本一致的保险单位组合在一起。

二、必要性

进行森林保险风险区划，可以精确计算各地保险费率，再结合经济发展水平，评价各地区林业经营主体的保险支付能力、讨论保费来源等问题。具体来说，进行森林保险风险区划有以下几点必要性。

（一）分区分类防灾和评估损失

我国是森林灾害多发国家，但是森林灾害的相关历史数据和经验资料因为各地情况的不同，分散在各省气象、林业、民政等相关部门，未进行统一整理汇总，缺乏应有的系统性和完整性。另一方面，森林保险起步较晚，森林保险业务开展范围不广泛，缺乏相关的业务数据和经验资料，给森林灾害的预防、减少及灾后评估带来较大困难。通过森林灾害风险区划进行深入细致的调查分析，摸清某一地区森林灾害的时间、空间分布规律以及各区域灾害发生的联系，便于进一步获得风险区域的资料，有利于分区分类防范灾害和评估损失。

（二）准确厘定差异化保险费率

由于森林产品的特殊性，各地发生森林灾害的情况、灾害造成的损失、承灾能力和救灾能力都不同。开展森林保险业务，关键要对森林风险及其损失等进行测算，包括风险发生的概率和对不同对象造成的损失及损失率等，进而科学地确定保险责任、厘定保险费率。由于森林产品的特殊性，各地发生森林灾害的情况、灾害造成的损失、承灾能力和救灾能力都有所不同。森林保险产品的费率厘定不仅直接关系到保险公司业务经营的稳定性，还与林业经营主体对森林保险的有效需求密切相关。风险区划是准确厘定保险费率的前提，通过风险区划，结合当地经济发展水平以及被保险人对森林保险的有效需求和支付能力，在不同的风险区域进行差别费率厘定，可以避免保费负担的不均衡性，既能使费率与区域生产状况、风险状况紧密联系，又能使被保险人的保费支出与获得的保障相一致，准确厘定保险费率。

（三）降低森林保险的逆向选择

森林保险标的的生长状况和最终产出结果不仅与自然因素有关，还与被保险人的生产管理水平有很大关系，导致难以判断其道德风险和逆向选择。由于实行统一费率，保险公司按照过去的历史资料计算出平均出险概率，从而确定森林保险费率，忽视了保险标的风险程度的客观差异，会导致风险小的地区负担相对较重，获得的补偿少，而风险大的地区负担相对较轻，获得的补偿多。道德风险和逆向选择的产生，不仅会导致相对优质的客户因为保费过高而放弃购买保险，增加劣质客户对保险的需求，还会影响保险公司经营的可持续性——大量劣质客户的投保造成保险赔付率上升，保险公司财务状况恶化，最终将被迫提高森林保险的费率或减少森林保险的市场供给。进行风险区划以及实行费率分区可以体现风险一致性原则，从而减少森林保险中逆向选择的问题。

（四）实施差异化森林保险补贴

森林保险以森林资源作为标的，具有明显的正外部性，具有准公共物品的属性，该属性决定了国家对森林保险实施财政补贴的政策。我国于 2009 年启动中央财政森林保险保费补贴，如何构建"公平有效、形式多样"的财政补贴政策成为我国森林保险差异化补贴的重点。"公平"不是指"平均和统一"，而是指由中央财政根据各个区域灾害风险等级以及各个地区保险公司的经营管理成本不同，进行差别保费补贴，这种操作不仅可以在不同风险等级的投保人之间实现公平对待，同时也会减轻政府的财政负担。由于各省森林火灾的发生率不同，且森林保险费率与森林火灾发生率直接相关，所以对各省森林保险保费补贴的比例也不同。区域森林灾害的风险程度越高，灾害损失后果越严重，森林保险的费率也就越高，林业经营主体的保费负担也就越重，对森林保险保费补贴的需求也就越强烈。但是，当前我国的财政补贴制度还没有完善地考虑到区域风险的不同，由此造成了财政补贴乏力及相对不公平，所以进行森林保险的风险区划有利于政策性森林保险差异化补贴的实施。

三、理论依据

森林保险风险区划基于该区域历年来森林灾害的大量数据，综合反映了该区域森林在不同生长阶段可能遭受灾害的损失程度。此外，考虑到森林在不同生长阶段的生长规律，对森林保险进行风险区划也可以参照森林生长过程中的准周期性规律。森林保险风险区划的依据是各区域森林面临的灾害风险水平，在一定层面上能体现森林灾害发生的半随机性，既可以对单种森林灾害进行区划，也可以对多种灾害进行区划。随着对森林火灾、病虫鼠灾等灾害成灾机制的进一步探索，风险区划中融入了森林灾害的等级概念，它依据某一区域可能发生的森林灾害的最高等级进行划分，将风险水平相近的区域划分为一组，依照高、中、低等风险区域进行划分。随着研究的进一步开展，有学者把概率的相关理论也引入了风险区划，以某区域可能发生森林灾害最高等级的概率为依据进行森林保险风险区划。由于森林灾害与风险系统极其复杂，因此在进行风险区划时要综合考虑致灾因子，包括林区灾前气象条件、灾后损失情况等。风险区划层面的研究角度逐步向自然体系、人类社会体系倾斜，片面考虑某种情况可能会使人们对其产生误解。

四、国际经验

从世界范围来看，森林保险工作进展顺利的国家都进行了森林的风险区划和精细的费率厘定。2008 年，美国正式发布了全国火灾规划单元系统，在具体的风险区划方面，将全国划分为两个风险等级，共计 143 个区域，其中一级区有 8 个、二级区有 135 个，极大地方便了对火灾的管理工作。美国从防灾、减灾的角度考虑全国的一二级分区，在森林火灾保险领域又有另一套体系。在一二级分区的基础上，再根据具体条件进行森林保险分区，实行差别费率，具体根据气温、降雨量、风速和湿度等气候条

件，地理位置、道路交通情况以及当地居民用火等其他习惯，将美国的森林分为 6
个风险区。

世界范围内，森林保险发展较先进的国家通常根据不同地区面临的森林灾害风险
程度，按区域划分风险等级，并实行差别保险费率。除美国外，瑞典根据自然环境、
地理位置、气候条件、交通情况和群众习惯等方面的差异，将全国森林划分为 6 个具
有不同风险程度的林区；日本根据树种、林龄、立地条件等因素，对森林进行了风险
划分；芬兰也根据多方面因素的差异，将全国划分为 20 个林区（见表 5-1）。欧美国
家的住宅地震保险、种植业保险、森林保险等自然灾害险种均以风险区划作为保险定
价与业务开展的基础，由此可见，尽管各国划分风险区的依据和方法不完全一致，其
实质都是为了保证同一区域或等级内的风险基本一致，森林灾害风险的区域划分和费
率分区成为开展森林保险工作的重要基础。

表 5-1　部分发达国家森林保险区划依据及实施

国家	区划依据及实施
美国	根据森林的气候条件、树种耐火性、种植密度、保护措施以及其他因素收取不同的费率
瑞典	根据全国各地的地理位置、气候条件、自然环境、交通情况、群众习惯等因素，将全国森林划分为 6 个林区，实行差别保险费率
日本	在风险区划方面比较完善，不仅考虑了降雨、湿度等气候因素，还将树木的种类及树龄都考虑在内，在此基础上确定差异化保额
芬兰	根据森林灾害损失统计资料，把全国森林划分为 20 个林区，实行差别费率。单一森林保险费基本上为 0.2～0.43 美元/公顷，综合森林保险费为 0.4～1.5 美元/公顷，重大损失险享受费率优待

就我国而言，森林保险业务一直缺乏科学的风险评估与费率精算的支持，具体体
现在我国大部分省市采取统一费率，未能反映区域之间风险水平的差异和风险转移的
真实成本，给森林保险的各方带来了非常不利的影响：首先，投保人认为保险费率过
高，投保意愿低；其次，有些保险公司认为保险费率不足以弥补风险和经营成本，参
与积极性不高；最后，还可能导致再保险公司出于类似担忧而不愿承保，巨灾风险因
此难以得到有效转移，从而进一步影响保险公司的积极性和整个森林保险的完整性。
森林保险费率厘定的不科学是阻碍我国森林保险健康发展的重要原因，因此应借鉴国
际先进经验，开展森林保险的风险区划与基于风险区划的费率厘定工作。风险区划可
以体现森林灾害风险的区域性，同时基于风险区划进一步对不同地区的费率进行差异
化和细化，实现保险负担与保险责任的统一，有助于解决统一费率造成的不同地区之
间保费负担不均衡问题，避免低风险地区由于负担相对较重而不愿投保造成的优质客
户流失，进而防范逆向选择和道德风险的问题。

第二节　森林灾害风险区划指标体系

实行森林灾害风险区划是开展森林保险费率分区的重要基础工作,对于在政策层面完善森林保险定价机制具有重要的理论价值与现实意义。本章以最具代表性的森林火灾作为风险区划研究对象,借此为我国森林灾害风险区划和保险费率分区提供参考。

一、指标选取原则

森林火灾保险风险区划指标选取应根据风险分散原理,结合林木生长的相关特点以及不同地区的区域性因素来进行。一般应达到以下要求:一是指标具有准确性。相关指标应能准确反映不同地区森林火灾及造成损失程度的差异性,因此在设计相关指标时,应避免指标的重复,但也要考虑指标的完备性,以反映森林火灾的全过程。二是数据具有可操作性。指标的选取应能够依据现有数据库或文献直接或间接推算得出,以便对指标进行精确量化,并具有可操作性。

二、具体指标选取

本章从森林火灾历史数据、森林火灾气象条件、森林火灾损失程度、森林资源占有及产出 4 个层面来构建森林火灾风险区划的指标体系(见表5-2)。

(1)森林火灾历史数据。利用各地区火灾发生的历史数据,可以有效预测和划分各地森林火灾的发生情况,因此应当将森林火灾历史数据纳入指标体系。同时,为了消除由于森林覆盖率不同产生的差异,以火灾发生次数、火灾总面积、林地受害面积等除以该地区森林面积得出相对指标,将这三个数据作为火灾发生的历史数据指标。

(2)森林火灾气象条件。气象条件对森林火灾的发生有重要影响,一般来说,温度越低,发生火灾的可能性就越小;而高温可降低木材的含水率,使之更加易燃;相对湿度越低,林木的含水率越低,火灾发生的可能性就越大;降水量会影响地区的相对湿度,降水量越大,平均相对湿度就越高,可影响森林火灾的发生。因此,应遵循指标量化的原则,把温度、相对湿度、降水量纳入指标,其中降水量和相对湿度越高,火灾发生率越低,故将指标的倒数纳入模型。

(3)森林火灾损失程度。为了准确进行森林火灾风险区划,还应考虑到火灾发生造成的损失,因为保险损失只有在有灾害并造成损失时才会发生,没有灾害损失,保险也就没有风险。森林火灾发生之后造成的损失主要有林地的损失和经济方面的损失,其中林地损失可用森林成林蓄积量损失的相对数额表示,经济损失包括为火灾而投入的费用（即扑火费用），用扑火费用与该地区森林面积指标表示。

（4）森林资源占有及产出。森林覆盖率越高的地区，受到自然灾害的影响程度越大，所以以各地区森林覆盖率与全国森林覆盖率之比作为森林规模的指标。一方面，森林蓄积量是指一定森林面积上林木树干部分的总材积，是反映某地区森林资源总规模和水平的基本指标；另一方面，一个地区的林业总产值越高，灾害造成的损失就可能越大，所以将各地区单位森林面积林业产值与全国单位森林面积林业产值之比作为指标纳入体系。

表 5-2　森林火灾风险区划指标体系

指标	子指标	说明
森林火灾	火灾发生率	火灾次数（次）/该地区森林面积（公顷）
历史数据指标	火场面积比率	火场面积（公顷）/该地区森林面积（公顷）
	林地受害面积比率	林地受害面积（公顷）/该地区森林面积（公顷）
森林火灾	平均气温	（℃）
气象条件指标	平均降水量（取倒数）	
	平均湿度（取倒数）	
森林火灾	森林资源损失率	森林损失蓄积量（立方米）/森林总蓄积量（立方米）
损失程度指标	扑火经费平均损失额	扑火经费（万元）/该地区森林面积（公顷）
森林资源占有	相对森林覆盖率	各地区森林覆盖率/全国森林覆盖率
及产出指标	森林资源占有率	各地区单位森林面积森林蓄积量（立方米）/全国单位森林面积森林蓄积量（立方米）
	林业产出比率	各地区单位森林面积林业产值（万元）/全国单位森林面积林业产值（万元）

第三节　森林灾害风险区划方法

实行森林火灾风险区划的方法较多，大致可以分为 3 类，分别是基于致灾因子的风险区划、基于历史损失的风险区划以及基于情景模拟的风险区划。

一、基于致灾因子的风险区划方法

基于致灾因子的森林火灾风险评估，核心思想是先寻找森林火灾风险的影响因素，建立相应的指标体系，然后根据指标值进行整体的风险评估。在实践中，风险区划一般使用定量和定性相结合的方法，定性方法主要是找出不同区域之间质的不同，主要包括主导指标法、层次分析法、套叠法、经验分析法等；定量方法则是运用统计学及数学方法对影响各区域之间风险差异因素的指标量化归类分析，主要包括因子分析法、聚类分析法、线性规划法等。本章重点对主导指标法、因子分析法和聚类分析法进行介绍。

（一）主导指标法

主导指标法是根据风险区划的要求，从各个定量指标中选出最能反映区域特征的主要指标来进行区域划分的方法。区划种类不同，主导指标的选择也不同。而同一种风险区划中，区划等级不同，主导指标的选择也不尽相同，区域划分的等级表明对区域差异的概括程度。例如，全国性林业区划以气候带、地貌和林业发展方向为主导指标，二级区划以地貌、农林部门和地域类型为主导指标。至于保险区划的划分可以根据全国性风险区划进行详细分解，但区划思路和方法可以参照一级区划标准。使用主导指标法的关键是找出与风险区划密切相关、最能反映区域特征主要指标的指标进行区域划分。

在主导指标法下，如果所选指标具有很强的概括性，可以显示出主导指标法的优越性。但是该方法也存在一定的不足：第一，在用主导指标法进行风险区划时，关键是主导指标的选择，但选择主导指标容易受个人主观因素的影响，造成选择的指标不能全面概括风险差异，或者随意选择指标，而没有验证指标的适用性；第二，并不是所选的指标越多越好，过多的指标不仅会增加计算的工作量，更会使聚类结果受到那些同风险区域划分没有密切联系因素的干扰，降低分类区划的科学性；第三，虽然主导指标法是一种定性方法，但所选的指标必须能够量化，这样才可以为进一步分析做准备。

（二）因子分析法

因子分析是指从变量群中提取共性因子的一种统计技术，即通过对变量的相关系数矩阵内部结构进行研究，找出能控制所有变量的少数几个随机变量去描述多个变量之间的相关关系。简单地说，就是将具有错综复杂关系的变量精简为数量较少的几个因子。因子分析是由主成分分析发展推广出的一种多变量统计分析方法，主要研究的是变量间的相关性、样品间的相似性以及两者之间的联系，并探索它们之间产生相似关系的内因，利用降维的思路，从研究原始变量相关矩阵内部的依赖关系出发，把一些具有错综复杂关系的变量归结为少数几个综合因子。因子分析法可减少变量的数目，还可检验变量间关系的假设。

因子分析法的优点在于：第一，可在许多变量中找出隐藏的具有代表性的因子，将本质相同的变量归入一个因子。在研究中如果要处理大量的数据，尤其是数据项目较多的时候，因子分析法就能很好地涵盖原始数据的各个项，同时将分析过程简化为因子项的分析，从而使问题的分析更加简便。第二，在变量、数据较多时，如果为了简化分析步骤，选取从中筛选几组数据分析的方法，会使得分析结果不够准确，而因子分析不是对原有变量的取舍，而是根据原始变量的信息进行重新组合，找出影响变量的共同因子，可靠性更强。第三，通过旋转使因子变量更具有可解释性，命名清晰性高。该方法也有两点不足：因子分析只能面对综合性的评价，同时对数据的数据量和成分也有要求，需要先进行 Kaiser-Meyer-Olkin（KOM）检验，以检测数据是否适用因子分析法；此外，在设计调查表的时候也需要针对性地设计问题。

由于森林本身的特性，森林灾害风险的指标较多，分别分析各组数据的过程很烦琐，用因子分析法可以有效提取变量之间的公共因子，降低分析过程的烦琐程度，而且不必对原有变量进行取舍，这样得出的结果更加科学。通过因子分析，可以清楚地找出影响森林灾害发生的风险因子，通过计算贡献率，进一步说明因子的重要程度，并且对其进行直观命名，从而为风险区划的聚类分析做准备。

（三）聚类分析法

聚类分析法是多元统计学中的一种分析方法，其基本原理是根据各样本的属性特征，用数学方法定量地确定样本的差异性和相似性，把相似性较大的类型或地区聚合成一类，把相似性最小的类型或地区区别出来，按其亲疏程度进行分类区划。聚类分析的目标就是在相似的基础上收集数据来分类，从统计学观点来看，聚类分析是通过数据建模简化数据的一种方法。

聚类分析法的优点在于：第一，直观，结论形式简明；第二，能够从样本数据出发，客观地决定分类标准。其缺点主要是在样本量较大时，要获得聚类结论有一定困难；而且，由于相关系数是根据被试反映来建立反映被试间内在联系的指标，尽管有时在实践中依据被试反映得出的数据发现它们之间有紧密的关系，但实际上事物之间却无任何内在联系，如果根据距离或相似系数得出聚类分析的结果，显然是不适当的，但是聚类分析模型本身却无法识别这类错误。

除了以上 3 种常用方法，森林火灾风险区划的主要方法还包括系统动力学、Keetch-byram 干旱指数法、模糊综合评判法等。上述研究只是对风险进行简单的分区，而没有对分区的优劣性进行检验分析。综上所述，森林火灾风险区划的方法很多，不同方法各有利弊，但在指标选取方面尚没有统一的标准，在指标权重确定方面也没有形成统一的认识，如何在采取不同方法得到的风险区划结果中选出最佳风险区划方案，特别是如何确定最优的分类数，现有研究尚未进行深入探讨。而且，现有研究侧重于实际数据特点，未能兼顾区域间的自然地理联系。

二、基于历史损失的风险区划方法

基于历史损失的风险区划首先需要基于历史损失数据进行最优分布拟合，拟合方法主要有两种，分别是参数估计法和非参数估计法。在分布拟合的基础上，利用最优分布进行风险评估并进行风险区划。基于历史损失的森林火灾风险区划的关键问题是火灾损失模型的科学确定，利用火灾损失模型，可以得到火灾损失的概率密度分布，在概率密度损失分布的基础上，对各风险区进行风险大小识别，从而进行风险区划。所谓参数估计，即利用参数法对数据进行分布的估计，在参数模型的选择上，主要有韦布尔分布对数正态、正态分布等其他分布函数；非参数法与此相反，不做假设条件，而是由数据本身产生分布，很好地保留了数据中的隐含信息，在非参数模型研究方面，核密度模型受到研究者的广泛认可。实际操作过程中，如果原始数据小于 30 个，可使用参数估计法进行研究；如果原始数据大于 30 个，利用非参数估计法能够很好地挖掘数据中隐含的信息。综上所述，为了保证风险评估的精确性，需要根据历史数据的多少选定合适的方法进行风险评估。

历史损失是致灾因子、本身因素以及其他因素的综合结果，因此采用历史损失进行风险区划，不仅可以避免在指标选取方面的争议，而且可以较为科学地进行风险区划。另外，基于概率损失的风险区划侧重于定量分析，直接以森林火灾损失结果为依据对森林火灾风险进行评估和分区,而直接的损失概率也是保险公司最为看重的数据，因此该方法也得到不少保险公司的认可。

三、基于情景模拟的风险区划方法

基于致灾因子的风险区划是衡量森林火灾风险原因的风险区划，基于历史损失的风险区划是衡量风险结果的风险区划，而基于情景模拟的风险区划则是衡量风险形成过程的风险区划。森林火灾情景模拟模型有两个环节，分别是起火模型和蔓延模型。

（一）森林火灾起火模型

用于森林火灾的起火概率模型的方法主要有两种，分别是空间核密度估计和多元回归。前者通过核密度的方法对森林火灾损失信息做插值处理，得到起火概率，这种方法在森林火灾起火模型中运用较少，而多元 Logistic 回归在起火概率模型中的运用则较多。在运用多元 Logistic 回归的过程中，首先需要取得森林火灾数据，即起火点的具体信息，在此基础上运用蒙特卡洛模型或其他随机模型产生非起火点。在森林火灾起火模型的 Logistic 回归模型中，有两个变量，即起火点和非起火点。与这两个变量相对应的有地形因素，如坡向、坡度以及海拔等；气象因素，如平均相对湿度、平均温度、平均风速等；森林本身因素，如森林资源密度、林业产出率等；人为因素，如森林与居民点的距离以及与道路的距离等。将这些变量作为回归的解释变量，通过回归分析，便可计算出这些要素在森林火灾起火中的贡献率，进而利用回归模型以及地理空间数据，计算不同空间点的起火概率。

（二）森林火灾蔓延模型

森林火灾蔓延模型是对森林火灾从不同的点出发，逐渐发展、蔓延，最终发展成面的过程描写。森林火灾从点到面的发展受不同因素的影响，除了受森林本身的可燃性影响外，还与平均温度、平均风速、坡度、坡向等有关。在数据的存储方面，主要有两种：一是栅格数据，一般利用元胞自动机进行模拟；二是矢量数据。两种数据存储方式在生成火灾相关数据方面各有优缺点，前者的主要优点在于数据方便简单且利用计算机技术较容易实现，缺点是精度较低。矢量模型将森林火灾的蔓延过程以多边形的方式来展示，这个多边形并非一成不变的，而是始终处于动态扩展中的。在模拟的过程中，多边形的顶点以椭圆形蔓延，蔓延的方向由系统指定的参考值（火灾具体所处的坡度以及平均风速）来决定，椭圆的大小由蔓延率和时间步长决定，最后计算多边形节点相对位置，并衡量森林灾害面积。矢量模型技术虽然精度较高，但也存在缺点：一是技术性较高；二是需要利用计算机进行编码，实现起来较为困难。与之相比，栅格技术应用起来较为容易。

　　森林火灾情景模拟是考虑了致灾因子、火灾形成具体情况后对森林火灾结果的描述，在获得森林所在区域相关指标值的情况下，可以再现森林火灾发展过程或预测将来火灾发生情况。情景模拟中的概率是对导致灾害发生原因频率的描述，该频率越高，最终的损失程度会越大；反之，则损失程度会越小。进行灾害情景模拟，最重要的是探究灾害发生的原理。目前在我国森林火灾风险区划方面，对于情景模拟模型的研究相对较少，开展情景模拟的研究主要以气象学和水文水动力学研究居多。

专栏

基于因子分析法的森林火灾风险区划

　　按照第二节构建的森林火灾风险区划指标体系，对全国开展森林保险的省份进行风险区划的讨论与分析。对于数据来源的考量，由于上海市各项森林损失指标多年为零，中国台湾地区、香港与澳门特别行政区的数据缺失，所以选取我国其他 30 个省级行政区 2000—2010 年的数据进行研究。火灾发生率、火场面积比率和林地受害面积比率可从 2000—2010 年的《中国林业统计年鉴》中查阅；平均气温、平均降水量、平均湿度三个指标，以各省区省会城市的数据为准，可在《中国环境年鉴》中查阅；森林资源损失率、扑火经费平均损失额、相对森林覆盖率、森林资源占有率、林业产出比率指标由 2000—2010 年的《中国林业统计年鉴》数据计算。

　　采用因子分析法对全国开展森林保险的省份进行风险区划，结果显示黑龙江和江苏两省发生森林火灾的风险最大，因为这两个省的森林资源丰富，有较大的潜在风险，从历年的火灾发生次数等历史数据可看出其与实际情况相符；其次是吉林省和西南林区，这些地区的森林资源相对丰富；云南省种植大量橡胶树和咖啡树，是我国重要的热带经济林区，但当地的气象和地理条件使得森林火灾的发生风险增加；辽宁省和东南林区也有发生森林火灾的风险；西北地区的风险较小；中部地区和华北地区的森林火灾风险最小，这是我国森林资源较少的地区，与实际情况相符。

　　具体说来，①我国各地区的森林火灾风险区划的结果与实际统计情况基本相符。高风险地区集中在森林资源较丰富的地区。根据以往年份的统计，东北林区、西南林区的火灾次数、火灾面积等指标较高，风险中等的地区为东南林区以及北部地区，风险较低的区域为华北及华中平原地区。②各地区森林火灾风险有显著差异，这就要求森林火灾保险的费率厘定应考虑风险差异的因素。

第六章 森林保险费率厘定

本章主要讨论森林火灾险费率计算方法的具体应用，以及在风险区划的基础上对森林火灾险进行费率厘定。但在讨论具体厘定方法之前，必须先要了解森林保险费率的理论构成。

第一节 森林保险费率的构成与厘定难点

一、保险费率的概念与构成

保费是指投保人为了获得保险的保障，依照保险合同的规定向保险人缴纳的费用。而保险费率是指对应某一具体的保险合同，投保人缴纳的保费与其对应的保险金额（保额）的比值，一般以百分比的形式表示。保险费率=保费/保险金额×100%。

森林保险费率由两部分构成，纯保费率和附加保费率。纯保费率的大小与森林风险的高低直接相关，森林风险越高，相应的赔付支出会越大。与纯保费率相对应，纯保费是保险公司的期望赔付成本。在缺乏赔付支出数据的情况下，近似等于森林灾害损失分布的数学期望。附加保费率是指与经营管理费、风险附加费以及利润等相关的支出与保险金额的比例。其中，经营管理费用是保险公司经营管理活动过程中的必要支出；风险附加费与森林风险的波动性有关，为降低极端风险对保险公司的冲击，一般采取从风险保费中提取一定比例保费的原则建立风险基金，或进行再保险；利润在保险市场化经营的状态下是必不可少的，是保险公司扩大再生产的重要组成部分。由于缺乏森林保险经营管理费用、风险附加费以及利润等相关数据，本章主要研究纯保费率。

二、森林保险费率厘定的难点

由于森林保险面对灾害风险的特殊性，传统的保险费率厘定方法受到了一定程度的挑战。具体来看，森林保险费率厘定存在较大的基差风险，主要有以下几方面的原因。

（一）数据获取难度低但不精确

对一般的车险、财产险等保险产品进行定价与费率厘定时，通常可以获得充足的数据支持，从而依托经典的统计与精算理论进行测算。但在森林保险中，由于灾害的发生以年度为周期计算，灾害普遍发生在偏远地区，缺乏具有一定空间分辨率的损失数据，观测难度大、观测记录有限，难以准确记录受灾损失情况，因此无法支持基于经典统计理论的精算模型，较难满足"精"算的要求。

（二）时间序列数据存在自相关效应

在进行费率厘定时，首先要对收集到的数据进行处理，特别是时间序列数据，如历年森林火灾的受害面积、成灾面积等。从时间维度来看，这些历史灾害数据，特别是气象水文灾害数据中往往包含着一定的趋势、自相关效应、异方差性以及季节性波动。上述特点会使同一区域不同年份的灾害损失量不再满足独立同分布的假设。如果不进行相应的处理就进行概率密度估计，是不恰当的。造成这一现象的原因有自然因素，如全球及区域气候变化，亦有人文因素，如技术进步、人类活动强度变化、土地利用变化等。

要解决上述问题，就要在使用历史数据之前进行仔细的预处理，包括进行异方差性检验和消除、去趋势化等。目前，处理这类问题的方法已经比较成熟，包括线性模型与非线性模型、自相关滑动平均模型、局部非参数平滑模型等。

（三）空间相关性数据存在依存性

空间相关性数据也是数据处理中需要考虑的部分。从空间维度来看，灾害保险标的之间是存在依存性的，且依存性随着空间距离的增加而衰减，打破了独立同分布的重要假设。受空间依存性影响较为严重的主要是个体风险模型。个体风险模型需要将保险公司经营的所有保单的随机损失进行求和，但是保险公司的随机总损失所服从的分布却难以在非独立的前提下求解。因此，保险行业在测算保险公司的灾害损失风险时往往倾向于采用集体风险模型，从而回避个体风险模型在空间相关性方面的短处。在集体风险模型中，考虑的对象不是具有空间相关性的一份份保单，而是时间轴上先后发生的一次次赔付。由于一次赔款往往与一场灾害（如森林火灾）的发生有关，因此在国际再保险市场上这种方式常被称为基于事件的定价方法。在集体风险模型的框架下，可以采用灾害事件随机模拟的方式，首先确定一段时期之内灾害可能发生的次

数 N，再分别运用灾害模型确定每场灾害发生后造成的损失。将模拟得到的若干时期（一般从 5000 期到 100 000 期不等）的损失进行统计，即可得到最终的损失风险。

第二节 森林火灾保险费率厘定方法与应用

一、费率厘定方法

纯费率的厘定是确定总费率的关键和基础。通过分析森林火灾保险费率厘定理论可知，在科学厘定森林火灾险纯费率条件下，森林火灾险纯费率由森林火灾风险的概率分布决定。从理论上来说，投保面积 m 下的森林火灾纯保险费率（ G_m ）等于期望纯费率（ p ）与风险纯费率（ R_m ）之和，即

$$G_m = p + R_m \qquad (1)$$

期望纯费率：

$$p = p_1 \times p_2 \qquad (2)$$

其中，p_1 是指该省当年发生森林火灾的概率，服从（0，1）二项式分布，当一个地区当年森林火灾发生面积＞0 时，则认为当年该地区发生了火灾，此时 $p_1 = \dfrac{研究期内该省发生火灾的总年数}{研究期总年数}$。$p_2$ 为以发生火灾为条件的森林火灾受害率均值，可通过参数估计法基于森林火灾历史数据对各省森林火灾受害概率分布进行拟合，根据各省森林火灾概率最优分布的数学特征进行精准度量。

森林火灾风险纯费率为

$$R_m = S_m \times Z_{\frac{\alpha}{2}} \qquad (3)$$

其中，S_m 为 m 投保面积下期望概率 p 的标准差，设 M 为森林总面积，则 S_M 为全体参保时期望概率 p 的标准差；另设 c 为参保率，则 $S_m = \dfrac{S_M}{\sqrt{c}}$ 。因此，森林火灾纯费率为

$$G_m = p + R_m = p_2 + \frac{S_M}{\sqrt{c}} \times Z_{\frac{\alpha}{2}} \qquad (4)$$

目前国内外关于森林火灾风险评估、风险区划和费率厘定等方面的研究得到快速发展，研究方法和模型相对成熟。但是，关于森林火灾风险识别指标体系建立、最优风险区划方案设计，尤其是基于风险区划的费率测算模型设定等方面的研究尚存在不足，包括缺乏全面系统的风险评估指标体系、最佳风险区划方案和最优分类数不够科

学、风险区划未能兼顾自然地理联系、未能将风险区划与费率厘定紧密结合等。为了解决以上关键问题，需要沿着"风险评估—风险区划—费率厘定—动态调整—实际应用"的技术路线展开，以服务我国森林火灾险的差异化费率厘定和产品设计。未来森林火灾风险区划与保险费率厘定需要重点关注以下问题：

（1）纯保险费率的确定。从理论上来说，纯保险费率 $G_m = p_1 \times p_2 + \dfrac{S_M}{\sqrt{c}} \times Z_{\frac{\alpha}{2}}$。

（2）基于风险区划的费率调整。根据风险区划的结果，利用"调整后的费率=纯费率（1+风险调整系数）"公式得到风险区划调整后各区域差别化的费率。

（3）费率制定组合化方案包的构建。森林火灾险的保障水平和补贴水平会影响保险人的赔付支出和保费收入，进而影响费率测算。在不同的保障水平和政策补贴水平下分别厘定费率，得到不同情景下费率制定的组合化方案包。

（4）费率的动态调整。利用 ARMA、VaR 等时间序列分析方法拟合森林火灾损失率以及风险综合评估值的历史变化趋势，结合政策性等因素对未来可能发生的变化进行情景分析，探讨风险变化的方向，分析不同情景下费率测算的稳健性，探讨风险区划以及费率测算的结果是否会偏离由历史惯性得到的稳定值。对损失率与风险评估值的未来变化进行模拟仿真，以 ARMA 及 VaR 等确定的趋势值为基准，根据 3σ 原则确定费率调整的上下两个临界值。

二、我国各省森林火灾险费率厘定与区划

基于前面章节介绍的火灾险纯费率厘定方法，现对我国各省森林火灾险进行费率测算与区划。

1. 数据资料来源

本书采用的数据来自国家林业和草原科学数据中心网站，包括第一次到第八次森林资源连续调查数据与 1993—2018 年的《中国林业统计年鉴》。

2. 基本计算方法

$$G_m = p_1 \times p_2 + \frac{S_M}{\sqrt{c}} \times Z_{\frac{\alpha}{2}}$$

3. 纯费率计算过程

（1）整理处理数据。根据网上收集到的数据，首先进行基数处理和趋势分析，之后依据各省的无趋势森林火灾受害率确定最优分布模型。

（2）厘定期望纯费率。由前文分析可知，$p_1 = \dfrac{\text{研究期内该省发生火灾的总年数}}{\text{研究期总年数}}$，根据收集到的数据可确定 p_1；p_2 即第一步的最优分布模型中最优拟合分布的均值，在此基础上，测算结果如表 6-1 所示。

表 6-1　各省森林火灾险期望纯费率

省份	期望纯费率（‰）	省份	期望纯费率（‰）
北京	0.940 8	湖北	0.203 5
天津	0.576 0	湖南	0.946 7
河北	0.396 3	广东	0.561 5
山西	0.597 6	广西	2.298 3
内蒙古	9.667 6	海南	0.276 2
辽宁	1.021 1	四川	0.553 4
吉林	0.165 4	贵州	4.434 0
黑龙江	51.764 1	云南	1.208 8
江苏	3.364 4	西藏	0.009 3
浙江	0.831 0	陕西	0.537 1
安徽	0.216 5	甘肃	0.147 9
福建	5.288 6	青海	0.378 8
江西	0.840 7	宁夏	0.602 2
山东	0.716 6	新疆	1.120 8
河南	0.691 7		

资料来源：根据 1993—2018 年的《中国林业统计年鉴》整理而成。

（3）厘定风险纯费率。假设保险公司对森林火灾的赔付款仅由保费收入负担。基于最大可能损失原则，并参考关于森林火灾费率厘定的已有研究，在森林火灾风险纯费率的测算中，设定 α=0.01 为保险公司可接受风险。同时，由 2017 年各省森林保险参保率分布可知，各省森林保险参保率基本为 30%～100%，据此设定森林火灾险的参保率 c 的取值为 30%～100%。不同参保率下各省森林火灾的风险纯费率如表 6-2 所示。

表 6-2　各省不同参保率下的森林火灾风险纯费率

省份	参保率							
	100%	90%	80%	70%	60%	50%	40%	30%
北京	0.044	0.046	0.049	0.053	0.057	0.062	0.070	0.080
天津	0.208	0.219	0.233	0.249	0.269	0.294	0.329	0.380
河北	0.014	0.015	0.016	0.017	0.018	0.020	0.022	0.026
山西	0.017	0.018	0.019	0.020	0.022	0.024	0.027	0.031
内蒙古	0.303	0.319	0.339	0.362	0.391	0.429	0.479	0.553
辽宁	0.018	0.019	0.020	0.022	0.023	0.025	0.028	0.033
吉林	0.008	0.008	0.009	0.010	0.010	0.011	0.013	0.015
黑龙江	1.191	1.255	1.332	1.424	1.538	1.684	1.883	2.174
江苏	0.15	0.158	0.168	0.179	0.194	0.212	0.237	0.274
浙江	0.02	0.021	0.022	0.024	0.026	0.028	0.032	0.037
安徽	0	0	0	0	0	0	0	0
福建	4.107	4.329	4.592	4.909	5.302	5.808	6.494	7.498
江西	0.012	0.013	0.013	0.014	0.015	0.017	0.019	0.022

省份	参保率							
	100%	90%	80%	70%	60%	50%	40%	30%
山东	0.002	0.002	0.002	0.002	0.003	0.003	0.003	0.004
河南	0.002	0.002	0.002	0.002	0.003	0.003	0.003	0.004
湖北	0.007	0.007	0.008	0.008	0.009	0.010	0.011	0.013
湖南	0.002	0.002	0.002	0.002	0.003	0.003	0.003	0.004
广东	0.013	0.014	0.015	0.016	0.017	0.018	0.021	0.024
广西	0.017	0.018	0.019	0.020	0.022	0.024	0.027	0.031
海南	0.018	0.019	0.020	0.022	0.023	0.025	0.028	0.033
四川	0.001	0.001	0.001	0.001	0.001	0.001	0.002	0.002
贵州	0.019	0.020	0.021	0.023	0.025	0.027	0.030	0.035
云南	0.002	0.002	0.002	0.002	0.003	0.003	0.003	0.004
西藏	0.291	0.307	0.325	0.348	0.376	0.412	0.460	0.531
陕西	0.009	0.009	0.010	0.011	0.012	0.013	0.014	0.016
甘肃	0.016	0.017	0.018	0.019	0.021	0.023	0.025	0.029
青海	0.017	0.018	0.019	0.020	0.022	0.024	0.027	0.031
宁夏	0.054	0.057	0.060	0.065	0.070	0.076	0.085	0.099
新疆	0.010	0.011	0.011	0.012	0.013	0.014	0.016	0.018

资料来源：根据 1993—2018 年的《中国林业统计年鉴》整理而成。

（4）厘定森林火灾纯费率。依据森林火灾期望纯费率与森林火灾风险纯费率两项之和可测算出森林火灾纯费率的值，各省基于 30%～100% 参保率的森林火灾纯费率测算结果如表 6-3 所示。

表 6-3　各省不同参保率下的森林火灾纯费率

省份	参保率							
	100%	90%	80%	70%	60%	50%	40%	30%
北京	0.985	0.987	0.990	0.993	0.998	1.003	1.010	1.021
天津	0.784	0.795	0.809	0.825	0.845	0.870	0.905	0.956
河北	0.410	0.411	0.412	0.413	0.414	0.416	0.418	0.422
山西	0.615	0.616	0.617	0.618	0.620	0.622	0.625	0.629
内蒙古	9.971	9.987	10.006	10.030	10.059	10.096	10.147	10.221
辽宁	1.039	1.040	1.041	1.043	1.044	1.047	1.050	1.054
吉林	0.173	0.174	0.174	0.175	0.176	0.177	0.178	0.180
黑龙江	52.955	53.020	53.096	53.188	53.302	53.448	53.647	53.939
江苏	3.514	3.523	3.532	3.544	3.558	3.577	3.602	3.638
浙江	0.851	0.852	0.853	0.855	0.857	0.859	0.863	0.868
安徽	0.216	0.216	0.216	0.216	0.216	0.216	0.216	0.216
福建	9.396	9.618	9.880	10.197	10.591	11.097	11.782	12.787
江西	0.853	0.853	0.854	0.855	0.856	0.858	0.860	0.863
山东	0.719	0.719	0.719	0.719	0.719	0.719	0.720	0.720

续表

省份	参保率							
	100%	90%	80%	70%	60%	50%	40%	30%
河南	0.694	0.694	0.694	0.694	0.694	0.695	0.695	0.695
湖北	0.211	0.211	0.211	0.212	0.213	0.213	0.215	0.216
湖南	0.949	0.949	0.949	0.949	0.949	0.950	0.950	0.950
广东	0.575	0.575	0.576	0.577	0.578	0.580	0.582	0.585
广西	2.315	2.316	2.317	2.319	2.320	2.322	2.325	2.329
海南	0.294	0.295	0.296	0.298	0.299	0.302	0.305	0.309
四川	0.554	0.554	0.555	0.555	0.555	0.555	0.555	0.555
贵州	4.453	4.454	4.455	4.457	4.459	4.461	4.464	4.469
云南	1.211	1.211	1.211	1.211	1.211	1.212	1.212	1.212
西藏	0.300	0.316	0.335	0.357	0.385	0.421	0.469	0.541
陕西	0.546	0.547	0.547	0.548	0.549	0.550	0.551	0.554
甘肃	0.164	0.165	0.166	0.167	0.169	0.171	0.173	0.177
青海	0.396	0.397	0.398	0.399	0.401	0.403	0.406	0.410
宁夏	0.656	0.659	0.663	0.667	0.672	0.679	0.688	0.701
新疆	1.131	1.131	1.132	1.133	1.134	1.135	1.137	1.139

资料来源：根据1993—2018年的《中国林业统计年鉴》整理而成。

（5）森林火灾险纯费率的分区。依据森林火灾纯费率测算值，按5.0‰以上、1.0‰～5.0‰、0.5‰～1.0‰、低于0.5‰将各省森林火灾纯费率分为高区、一般区、较低区及低区4组，分区结果如表6-4所示。

表6-4　森林火灾险纯费率分区与年均赔付率分组对比表

分区	纯费率	地区	地区数	赔付率	分区省份
高区	>5‰	黑龙江、福建、内蒙古	3	>75%	福建
一般区	1.0‰～5.0‰	江苏、广西、辽宁、新疆、云南、贵州	6	50%～75%	江西、广西、内蒙古
较低区	0.5‰～1.0‰	北京、天津、山西、浙江、江西、山东、河南、宁夏、陕西、四川、广东、湖南	12	20%～50%	广东、湖南、浙江、山东、辽宁、海南、湖北、青海、山西、四川、安徽、河北
低区	<0.5‰	西藏、河北、吉林、安徽、青海、甘肃、海南、湖北	8	<20%	甘肃、陕西、河南、贵州、北京、云南、吉林

第三节 森林保险中无赔款优待机制设计

一、应用背景与原理

（一）应用背景

无赔款优待机制（No Claim Discount，NCD）通过对上一保期无赔款或少赔款的投保者给予一定比例的下期同险种保费折扣优惠，可以使费率更加真实地反映出保险标的面临的风险，弥补了保险费率定价机制中可能存在的不合理缺陷，目前广泛应用于车险领域。有效的无赔款优待机制凭借对保险费率的合理调整，不仅能够激励投保者自觉防范控制风险、减轻道德风险，继而降低出险率、节约保险机构的经营成本，还能鼓励风险较小的投保者持续参保，费率折扣带来的优惠可调动优质客户参保的积极性，为保险市场的健康可持续发展奠定基础。

2016年12月财政部颁布的《中央财政农业保险保险费补贴管理办法》和2019年5月财政部发布的《关于加快农业保险高质量发展的指导意见》中均明确指出，保险机构可以在农业保险中实施"无赔款优待"政策。这是国家给予农户的一项优惠政策，也是对农业费率动态调整和风险差异化管理的倡导。目前农业保险中无赔款优待政策尚处于试点阶段，早在2009年，江苏省就对主要种植业保险实现无赔款优待政策，规定若投保连续两年未发生赔款，则第三年续保时可享受最高20%的折扣；2011年四川省也加入试点，但在2014年由于赔付情况认定工作量过大而被迫取消；2018年湖南省龙山县推出的政策给予农户较大程度的优惠，即上一年保险期限内无赔款时，续保时农户自缴部分由保险公司买单，农户无须缴纳任何费用。

然而，目前大多数地区并没有将无赔款优待机制引入森林保险的定价系统中，其费率的厘定依然采用省级区域为基础的"统一费率"厘定方式（各省之间的费率差别不显著），该方式给森林保险市场的健康发展带来较大的负面影响。近年来，商品林参保面积增长乏力，但赔付率却维持在一个较高水平，2016年达到最高点83.55%，2019年的赔付率为43.77%，2015—2019年间平均赔付率为52.74%。参保面积的低增长和高赔付充分显示出现阶段森林保险费率厘定的弊端。在"统一费率"厘定的背景下，一方面逆向选择突出，高风险林木更倾向于被投保，连续几年无赔付或者风险较小的林木因得不到任何费率优惠将逐渐退出森林保险市场，最终导致森林保险的有效需求不足；另一方面道德风险严重，由于风险管理的无差异化，导致林业经营主体参保后防灾减损的动力不足，甚至倾向于忽略林业灾害的管理。而林业风险又具有很强的非独立性特点，一旦森林遇险后没有得到积极救助，风险损失将更难以估量。

森林保险市场风险的积聚，无疑增加了保险机构的经营成本，严重影响了保险机构开展此业务的积极性。解决上述问题的关键在于科学合理地进行森林保险费率厘定。无赔款优待作为费率调整的一项重要定价机制，将其引入森林保险可以有效弥补费率与风险不对等的缺陷，从而减轻森林保险市场中的逆向选择和道德风险，促进森林保险的健康发展。森林保险的标的以及所承担的外部风险较为多样，在森林保险中实施无赔款优待可能更为复杂和特殊，给保险机构带来了困难和挑战。那么，无赔款优待机制在森林保险中的作用原理是什么？如何设计运作机制以及在实施中又该注意哪些问题？只有充分探索以上问题，才能为后续保险机构在森林保险中高效实施无赔款优待机制提供参考建议。

（二）基本原理

由于森林保险中存在严重的信息不对称问题，以及缺少预防和控制风险的有效激励机制，使得道德风险频发、保险公司经营成本上升，因此将无赔款优待引入森林保险定价机制中不管对参保主体还是保险公司都是双赢的举措。

对参保主体而言，无赔款优待凭借公平的差异化费率调整，对于上一保险期内无赔付并参与续保的林业经营主体适当降低当期费率或减免部分保费优惠，而对于获得赔款的经营主体不给予费率优惠。该条款不仅可以激励林业经营主体积极参与续保、扩大保险覆盖面，还能有效激励经营主体在参保后加强风险防范管理，使风险"大事化小、小事化了"，最大限度地减少道德风险的发生。首先，投保的林业经营主体在防损方面尽心尽力。林木生长的好坏很大限度上取决于经营主体是否精心管理和养护，为了预防灾害的发生，经营主体倾向于精心经营林木，如不定期地进行病虫害检查、及时关注天气情况等。其次，投保经营主体积极采取减损措施。林木在生长期内具有调节和再生能力，林木遭受病虫害和雪灾等风险损害，在经营主体的适当管理下可以消除或减轻损害程度，甚至重新恢复正常的生长发育，降低损失发生的概率。如果没有实施无赔款优待政策，将会产生道德风险，林业经营主体往往会怠于灾后管理，不能及时采取灾后补救措施，甚至恶意加大风险的损失程度，如故意彻底砍毁林木，以增加保险公司的赔付率。更有甚者，可能将有用的林木砍伐后，故意制造火灾烧掉剩余无价值的林木，以获得保险公司额外的补偿。最易发生上述情况的就是公益林，由于公益林具有特殊性——经营主体不能拥有公益林的所有权，不能对其进行砍伐销售来获得收益，如果种植公益林的经营主体获得的管理公益林补偿不及发生风险获得的赔款，那么公益林的经营主体更倾向于怠于风险防控，甚至故意制造风险事故。相反，投保经营主体不会故意制造保险事故以赢得保险补偿。2017 年，公益林保险赔付金额占森林保险总赔付金额的 58.19%，高于商品林赔付比例 16.38%。无赔款优待条款的引入将有效减少一系列道德风险问题，促进林业的安全生产。

对保险公司而言，无赔款优待的引入将会降低保险公司的赔付率，减少保险公司的经营成本，促进森林保险产品的创新和有效供给。自集体林权制度改革以来，小规模、分散化经营成为我国林业生产经营的趋势。森林保险一经出险，保险公司必将面临核损难和理赔成本高的困境。由于林地较为分散、林地情况复杂，森林保险的查勘定损难度较大，需要专业的技术人员，综合险中多种承保风险，如病虫害等，定损难度大，对勘察人员的要求比较高，增加了理赔的费用和难度，从而限制了保险公司开展此业务的积极性。然而，引入无赔款优待后，发生小风险的经营主体（尤其那些获得赔付额小于免缴保费额的经营主体）为了获得费率优惠、节约保费成本，往往不会报险；即使遭遇大的风险他们也会积极补救，同时会努力做好防灾减损的管理措施，最终可使保险公司经营成本降低，为森林保险的发展提供充足的动力。

二、设计方法与应用

无赔款优待能够有效改善森林保险市场中的不良现象。虽然国家明确规定可以将无赔款优待纳入农业保险中，但并没有给出因地制宜的具体应用机制，即不同风险区域应该如何确定享受无赔款优待的准入门槛，以及如何基于统一费率来确定费率折扣的调整。考虑到林业生产、风险的复杂和特殊性，如果仅遵循标准的无赔款优待机制，即以"无赔款"为门槛来享受统一费率折扣，显然不能迎合不同风险区域林业经营主体的需求，甚至违背了公平性。无赔款优待在森林保险中的有效实施，需根据林业的特殊性来设计应用机制，以最大限度地满足不同区域林业经营主体的需求以及充分发挥无赔款优待在森林保险中的激励作用。

鉴于林业生产经营的特殊性，设计无赔款优待机制应兼顾林业经营主体和保险机构的经济利益，尝试以区域"赔付率"的某一阈值作为无赔款优待的准入门槛。具体来说，如果该区域森林保险的赔付率连续一年或多年低于规定阈值，则区域的林业经营主体可以享受费率折扣优惠。下面对赔付率阈值、费率折扣以及折扣等级的设定进行分析。

（一）赔付率阈值的确定

首先分别假设赔付率阈值为5%、10%、15%和20%，然后选取区域内近5年的森林保险承保相关数据，统计各年各阈值对应符合无赔款优待的承保面积和保费收入，并计算各年随着阈值的增加承保面积和保费收入变化的百分比，计算出两者5年内平均变化的百分比，最后选定承保面积增幅较大而保费收入增幅相对较小所对应的赔付率阈值作为无赔款优待的准入门槛。之所以按此规则确定享受无赔款优待的门槛，主要在于在该最优赔付率阈值的限制下，如果赔付率增加，则该区域的林业经营主体将失去享受无赔款优待的机会，这将刺激林业经营主体积极防控林业风险，减少道德风险的发生，从而促使需要理赔的承保面积降低，最终降低保险机构的赔付成本。此外，费率折扣优惠可使低风险林业经营主体享受低费率，减轻其经济负担，激发其投保积极性，促使保费收入大幅增加。最优阈值下的无赔款优待将会扭转森林保险中理赔承保面积较大而保费收入较少的困境，为保险机构开展森林保险提供充足的动力。

（二）费率折扣和折扣等级的确定

费率折扣和折扣等级的有效确定是无赔款优待高效实施的关键，尝试以"林业经营主体自缴保费的比例"作为无赔款优待的最大费率折扣。主要考虑到政策性森林保险保费是由中央财政、省（市、自治区）级财政、县（市、区）级财政和农户自缴保费组成，而自缴保费部分是林业经营主体最主要的经济负担。以自缴保费比例作为最大费率折扣，不仅能够满足不同规模、不同风险区域林业经营主体的需求，还保证了费率折扣的公平性。对于折扣优惠额度的基数，一般效仿车险中无赔款优待的基数确定，在森林保险中无赔款优待金额的计量基数也以下一保期续保上一保期相同险种的保费额度作为计量基础，忽略林业经营主体承保规模增加以及保费价格上涨变化。以最大限度惠及林业经营主体为服务理念，全方位支持政策性森林保险的发展和创新。

对于折扣等级的确定，将基于费率折扣进行设计。假设某一区域的林业经营主体自缴保费比例为 25%，费率折扣的最大值为 25%。关于折扣等级有两种方案：一是 NCD 存在 4 个折扣等级，为 1、2、3、4，分别对应费率折扣为 0、10%、15%、25%，其中初始等级为 1。如果上一年度该区域的赔付率低于门槛阈值，则本期将上升一个等级，最高等级为 4；否则降低一个等级，最低为 1。二是 NCD 存在 3 个折扣等级，为 1、2、3，分别对应折扣为 0、15%、25%。如果上一年度该区域的赔付率低于门槛阈值，则本期将上升一个等级，最高等级为 3；否则降低一个等级，最低为 1。

基于近 5 年的区域森林保险承保理赔情况进行无赔款优待方案的运营分析。首先计算各年的优惠金额以及赔付率，然后将优惠后的赔付率与原赔付率相比较，并计算出变化比率。由于采用过去的理赔数据，在享受无赔款优待的条件下，支出将保持不变，而原保费收入需要扣除优惠金额，导致赔付率增加。为了兼顾保险机构的利益，将选择赔付率变化比率不超过 10%的方案；如果上述两种方案计算出的变化比率较为接近，秉承便捷性、普惠性的原则，会选择等级相对较低、操作较简便的方案二。

（三）应用：广西商品林中无赔款优待机制设计

1. 广西商品林发展现状分析

2019 年广西商品林承保面积为 5712.87 万亩，承保率为 37.02%，保费收入为 12 834.04 万元，理赔面积为 72.14 万亩，理赔金额为 9128.14 万元，简单赔付率为 71.12%。各市承保面积按大小排序依次如下：桂林＞柳州＞百色＞河池＞贺州＞梧州＞南宁＞钦州＞玉林＞来宾＞崇左＞贵港＞防城港＞北海；桂林、柳州、贺州的承保率较高，分别达到 77.96%、71.37%、68.52%；北海、防城港、贵港的承保率均低于 10%，北海仅为 0.25%。在理赔方面，仅柳州、河池的理赔面积超 10 万亩，柳州、桂林、河池的理赔金额超千万元，分别达到 1464.97 万元、1860.46 万元、1732.58 万元；

北海、防城港、贵港、河池、来宾的简单赔付率均高于 100%，其中来宾最高，达到 295.51%，详见表 6-5。

表 6-5　广西商品林承保理赔区域差异分析表

地区	承保面积（万亩）	保费收入（万元）	理赔面积（万亩）	赔付金额（万元）	简单赔付率（%）	承保率（%）
合计	5712.87	12 834.04	72.14	9128.14	71.12	37.02
南宁	178.99	434.50	3.04	399.18	91.87	15.46
柳州	1021.27	2033.58	11.88	1464.97	72.04	71.37
桂林	1370.07	2740.15	5.58	1860.46	67.90	77.96
梧州	358.25	1432.99	7.68	446.62	31.17	30.34
北海	0.36	1.44	0.01	3.30	228.53	0.25
防城港	19.91	71.35	1.05	128.56	180.19	5.35
钦州	126.33	455.20	0.73	187.27	41.14	14.28
贵港	64.81	259.22	1.97	296.21	114.27	9.67
玉林	124.94	373.56	0.24	62.27	16.67	11.01
贺州	694.17	1441.27	5.62	861.99	59.81	68.52
百色	803.89	1607.79	1.63	865.03	53.8	30.19
河池	773.79	1547.57	28.74	1732.58	111.95	48.02
来宾	109.44	219.04	2.75	647.30	295.51	17.35
崇左	66.64	216.38	1.24	172.41	79.68	8.54

广西虽然对商品林实施了基于风险区划的差别费率，但是由于财政支撑能力有限，费率与区域风险的矛盾并未完全解决。部分中高风险区的简单赔付率仍居高不下，北海、防城港、贵港等地区的简单赔付率均超过 100%，承保公司开展业务的积极性不高，承保率低于 10%；梧州、钦州、玉林等地区的简单赔付率低于 50%，林业经营主体容易产生侥幸心理，投保和缴纳保费的积极性不高。从林业灾害发生的历史来看，林业灾害具有不可预测性，且各年灾害发生及损失程度差距较大。

2. 商品林无赔款优待机制中简单赔付率阈值确定

根据 2014—2019 年商品林简单赔付率阈值县区个数分析可知，县区数量随着简单赔付率阈值增大而增加。其中，2014 年简单赔付率阈值分别为 5%、10%、15%、20%时，区县个数分别为 43 个、47 个、49 个、50 个，递增数量为 4 个、2 个、1 个。

此外，2015—2019 年随着阈值的增加，区县个数分别增加 12 个、12 个、22 个、14 个和 13 个。但是当阈值为 10%时，县区数量递增最多，分别为 6 个、6 个、11 个、5 个、7 个，详见图 6-1。

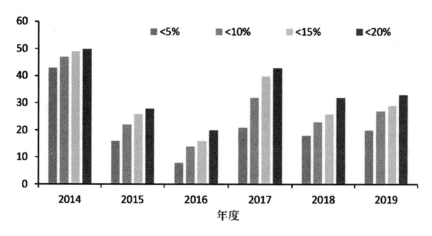

图 6-1 商品林不同简单赔付率阈值的县区个数分析（单位：个）

根据 2014—2019 年商品林简单赔付率阈值承保面积分析可知,承保面积随着简单赔付率阈值增大而增加。当阈值为 5%时，2017 年和 2018 年涉及承保面积较大，分别达到 1668 万亩和 1528 万亩，2016 年最小，为 321 万亩，随着阈值增加至 20%，2014—2019 年承保面积分别递增至 1369 万亩、2096 万亩、1594 万亩、3190 万亩、3093 万亩和 2293 万亩。详见图 6-2。

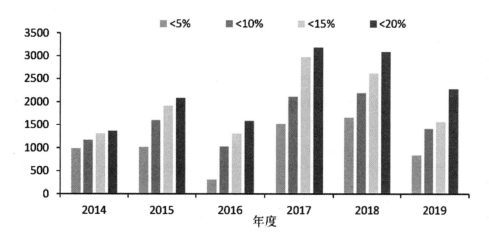

图 6-2 商品林不同简单赔付率阈值的承保面积分析（单位：万亩）

根据 2014—2019 年商品林简单赔付率阈值保费收入分析可知,保费收入随着阈值增大而增加。当阈值为 5%时，2017 年和 2018 年涉及保费收入较多，分别达到 4280 万元和 4272 万元，2016 年最少，为 897 万元；随着阈值增加至 20%，2014—2019 年保费收入分别递增至 2459 万元、3772 万元、4388 万元、8905 万元、8121 万元、5272 万元。详见图 6-3。

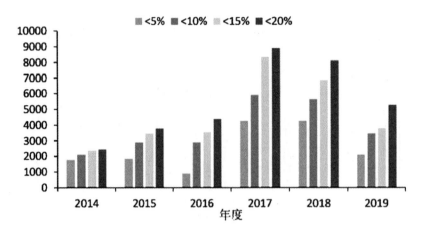

图 6-3 商品林不同简单赔付率阈值的保费收入分析（单位：万元）

综上所述，商品林在不同阈值下的县区个数、承保面积、保费收入均随阈值增大而增加。从简单赔付率这个单独的因素考虑，商品林历年简单赔付率偏高，简单赔付率阈值为 10% 时，县区个数增幅最大，保费收入增幅较小。以 10% 作为商品林阈值的普惠性较高，对商品林保险运营的影响较小。

3. 商品林无赔款优待中机制年限确定

根据 2014—2019 年商品林连续年限统计结果可知，随着年限的增加，商品林的县区数量、承保面积、保费收入逐渐减少（见表 6-6）。其中，连续年限为 1 年时，2014年县区数量最大，为 47 个，2016 年县区数量最小，为 14 个；当连续年限为 3 年时，县区数量均低于 10 个，全区符合率低于 11.4%；当连续年限达到 4 年以上时，各年县区数量仅为 5～7 个，2019 年承保面积低于 500 万亩。从普惠性和操作便捷性的角度考虑，建议商品林无赔款优待连续年限应该设置为 3 年及以下。

表 6-6 商品林连续年限分析表　　　　　　　　单位：个，万亩，万元

条件	指标	2019 年	2018 年	2017 年	2016 年	2015 年	2014 年
连续	县区数量	27	23	32	14	22	47
1 年	承保面积	1421.6	2200.5	2118.2	1033.2	1607.2	1175.6
	保费收入	3470.7	5648.1	5905.4	2886.1	2893.1	2111.5
连续	县区数量	12	17	10	10	17	—
2 年	承保面积	798.4	1848.8	763.4	825.5	1510.7	—
	保费收入	1597.8	4765.9	2137.4	2309.8	2719.2	—
连续	县区数量	10	8	8	9	—	—
3 年	承保面积	778.6	823.3	651.9	824.1	—	—
	保费收入	1558.3	2099.9	1825.3	2307.3	—	—
连续	县区数量	5	6	7	—	—	—
4 年	承保面积	418.3	690.7	651.9	—	—	—
	保费收入	836.5	1728.5	1825.3	—	—	—

条件	指标	2019 年	2018 年	2017 年	2016 年	2015 年	2014 年
连续	县区数量	3	5	—	—	—	—
5 年	承保面积	288.6	670.6	—	—	—	—
	保费收入	577.2	1698.2	—	—	—	—
连续	县区数量	2	—	—	—	—	—
6 年	承保面积	288.6	—	—	—	—	—
	保费收入	577.2	—	—	—	—	—

4. 商品林无赔款优待机制方案设计

设计以下三种商品林费率优惠方案。其中方案一中上一年度简单赔付率低于 10% 时，保费减免 5%，连续两年则保费减免 10%，连续三年则减免 15%；方案二中上一年度简单赔付率低于 10% 时，保费减免 7.5%，连续两年则保费减免 15%；方案三中上一年度简单赔付率低于 10% 时，保费减免 10%。详见表 6-7。

表 6-7　商品林费率优惠方案设计

年限	1 年	2 年	3 年
方案一	5%	10%	15%
方案二	7.5%	15%	
方案三	10%		

基于 2015—2019 年商品林承保理赔情况进行低赔款优待方案运营测算分析，结果显示：保险优惠金额和简单赔付率增幅大小排序均为方案二＞方案三＞方案一，三种方案优惠金额差异仅在 100 万元左右，简单赔付率差异仅 2015 年超过 1%，其余年份差异均低于 1%。差异连续年限越短，操作越便捷，其中连续年限长短排序为方案一＜方案二＜方案三，即方案一连续年限最短，操作最便捷。

目前存在低风险区投保积极性差或选择性投保的问题，严重阻碍了商品林保险扩面。开展无赔款优待可提高低风险地区林农商品林投保的积极性，避免选择性投保，降低简单赔付率。三种方案优惠金额和优惠后简单赔付率差异不大，从操作简便性考虑，方案三最优。

表 6-8　商品林无赔款优待机制政策运营分析　　　　单位：万元，%

方案	年度	保费优惠	简单赔付率	变化值
方案一	2019	401.0	72.8	2.26
	2018	490.2	48.0	1.49
	2017	666.5	39.5	2.11
	2016	355.4	76.1	2.88
	2015	191.3	143.9	4.11

方案	年度	保费优惠	简单赔付率	变化值
方案二	2019	499.9	73.4	2.85
	2018	576.6	48.3	1.76
	2017	793.7	39.9	2.53
	2016	426.9	76.7	3.49
	2015	287.0	146,1	6,25
方案三	2019	491.3	73.4	2.79
	2018	438.5	47.8	1.33
	2017	713.4	39.6	2.26
	2016	309.5	75.7	2.50
	2015	253.3	145.3	5.49

第七章　森林保险承保理赔

本章主要对保险公司经营中的承保、核保、防灾减损、理赔各个环节的具体内容进行介绍，帮助读者明确保险公司的经营业务流程。

第一节　森林保险承保

森林保险承保工作是保险公司核定风险、承担风险和接受投保的活动，是保险人与被保险人协商签订保险合同的过程，是森林保险经营活动中的重要一环。在森林保险承保过程中，要严格遵守保险监管部门的要求，做到"政策公开、承保情况公开、监管要求公开和承保到户"。

一、承保流程

从基层保险公司看，森林保险承保流程主要包括说明告知、确定保险合同的当事人和关系人、收集与核对投保信息、填具（编制）投保分户清单与核实保险标的、收取自缴保费、填具投保单、业务处理及团单录入、核保及收付费处理、签发保险单与开具保险费发票、保险单填制、公示与发放等主要环节，如图 7-1 所示。

（一）说明告知

由保险公司组织相关人员向森林经营者宣传森林保险的意义和功能作用，并履行如实告知义务。宣传方式可以灵活多样，如上门宣传、广播宣传、召开村民小组会议、发放宣传资料、张贴海报等，同时保险公司应说明保险条款中的保险责任、责任免除、合同双方权利义务、理赔标准和方式等重要内容。

（二）确定保险合同的当事人和关系人

森林保险由农户、乡镇林业工作机构、林场等自行投保。投保人、被保险人均应为林农、乡镇林业工作机构或林场，且具有保险利益。林农、乡镇林业工作机构或林场使用承包土地或实际投入保险标的生产成本并承担经营风险，被视为具有保险利益。

严禁保险公司将不具有保险利益的政府、组织或个人确认为被保险人。

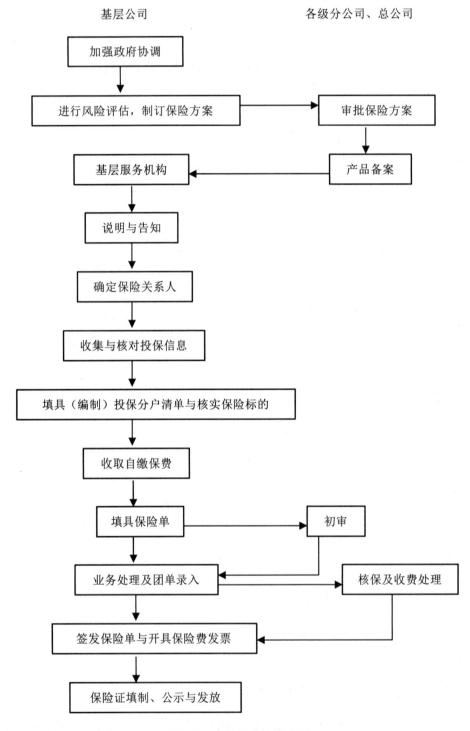

图 7-1 森林保险承保流程

（三）收集与核对投保信息

保险公司业务人员或协保员应准确完整记录投保信息。投保信息至少应包括以下内容。

（1）客户信息。投保人和被保险人的姓名或者组织名称、身份证号码或组织机构代码、联系方式、居住地址。

（2）保险标的信息。保险标的数量、地块或村组位置、林木属性（公益林/商品林）、保险标的"四至"范围、林权证资料、林地流转合同、林地抵押贷款合同、资产评估资料等信息。

（3）其他信息。投保险种、保费金额、保险费率、自缴保费、保险期间。

（四）填具（编制）投保分户清单与核实保险标的

投保分户清单是投保单的附件，由投保人依据投保户数逐步以县或乡（镇）、村为单位分册填制纸质清单，可按纸质清单编制或直接录入业务系统时生成电子分户清单。清单正面主要包括投保人、被保险人（名称、组织机构代码/身份证号）、林木属性（公益林/商品林）、坐落地点、保险数量（亩/株）、应缴保费、林业经营主体自缴保费、银行账号等内容。

保险公司应根据保险标的风险状况和分布情况，采用全检或者抽检的方式查验标的，现场核验标的要留存影像或相关证明材料。鼓励使用无人机、遥感影像等科技手段，核查保险标的的位置、数量、权属和风险状况。条件允许的，应从当地林业、国土资源等部门或相关机构取得保险标的的有关信息，以核对承保信息的真实性。严禁通过虚构或虚增保险标的、编制虚假保险合同等方式套取国家财政补贴资金。严禁将同一标的多次重复投保或冒用被保险人名义投保。严禁使用虚假土地流转合同、采取合并户方式投保或平均承保。

（五）收取林业经营主体自缴保费

保险公司根据投保分户清单中自缴保费数额收取林业经营主体自缴保费，并由林业经营主体在投保分户清单签字栏签字确认；如由他人代签，应告知本人，并在备注栏中注明×××代字样。

（六）填具投保单

保险公司对投保分户清单审核确认无误后，由投保人根据投保分户清单信息亲自填写投保单。投保单中的被保险人户数、保险数量应分别等于投保分户清单中的被保险人户数、保险数量之和，投保单中的保险金额应根据投保分户清单的汇总保险数量与每亩保额的乘积确定，投保单中的保险费按保险金额与保险费率的乘积确定。

（七）录入投保信息（包括清单导入）

承办公司对投保单与投保分户清单对应信息的一致性、资料的齐全性和有效性进行复核，并将相关汇总信息报上级分公司核保初审人员审核后，方可进行业务录入。

（八）核保及收付费处理

地级市分公司对投保资料的完整性、准确性进行审核，对录入的投保信息进行全面复核，审核无误后交由省级分支机构或总公司进行人工核保，核保通过即生成投保单。收费人员经复核农户自缴部分保费到账无误后，按相关财务规定进行收付处理操作。

（九）签发保险单与开具保险费发票

保险公司完成收付费后，编制保单，打印保险费发票。在森林保险承保工作中要确保投保单、投保分户清单、保险单、保险卡、发票"三单一卡一票"信息一致。

（十）保险单填制、公示与发放

在开具保险单、保险费发票后，打印保险证，做到一户一证。保险公司将保险单正本、保险费发票、保险证交给投保人，并将保险证发放给投保农户。

对于集体组织投保的业务，投保清单应由投保农户或其授权的人签字确认，并足额缴纳自付部分保费，乡镇林业工作机构或者村委会核对并盖章确认。

由林业生产经营组织、乡镇林业工作机构、村民委员会等单位组织投保的，公司业务人员要选择村（组）中较为明显的区域张贴公示材料，如村委会公告栏、宣传栏、公司设立的公示牌，或通过广播、电视、互联网、短信、微信等方式，将惠农政策、承保情况、服务标准和监管要求进行公示，做到公开透明。

二、续保程序

续保以特定合同和特定的被保险人为对象，当一份保险合同即将期满时，投保人在原有保险合同的基础上向保险人提出继续投保的申请，保险人根据投保人的实际情况，按原有合同条件或适当修改而继续对投保人签约承保。续保通常要比初次承保的手续和程序简便一些。

我国各省市现行的森林保险的保险期间一般是1年，即保险合同一年一签。如果在保险期限内被保险人出险，保险公司赔付后，下一年往往无法续保；若被保险人没有出保，一般续保流程较为简便。

从国际经验来看，一般被保险人在续保时会得到一定的保费优惠折扣，如澳大利亚规定，参加AFG人工林计划后，即可每续保1年得到3%的折扣，7年后累计折扣可达 21%。我国于 2012 年在四川开展"无赔款优待"政策试点工作，当年度无赔款的政策性森林保险参保农户，次年续保时可享受其自缴部分的保费返还作为续保保费，通过这种方式，可以有效降低每年签订保单的数量，减少基层林业部门的行政成本。

专栏 1

北京市人保财险承保流程

2019 年 5 月起，根据北京保监局规定，所有政策性农业保险（包括森林险）均需使用电子保单，具体承保流程与要素如下：

（1）首先，各单位投保人提出投保需求，向保险公司提供投保材料，并配合保险公司验标；

（2）保险公司外勤使用农险专用软件采集地块信息，同时内勤在核心业务系统中录入被保险人的承保信息；

（3）保险公司外勤人员采集完毕后，内勤人员通过 e 采集后台将 GIS 信息和验标照片上传至保险公司核心业务系统中；

（4）上传信息完毕后，保险公司向中国保信集团有限公司（简称中国保信）发送投保告知需求；

（5）接到需求后，中国保信向投保人发送投保告知短信；

（6）投保人接到短信后，点击链接，阅读条款，确认权益后将验证码发送给保险公司人员；

（7）按照森林保险承保理赔规范，目前不需要公示；

（8）保险公司内勤人员通过核心系统，将农户信息提交给上级保险公司，由核保人员进行审核；

（9）审核通过后，由保险公司生成电子保单；

（10）同时，中国保信将发送附有保单下载链接的短信或邮件至投保人手机或邮箱；

（11）投保人通过链接，下载保单，同时可登录中国保信，进行保单验真。

××保险公司森林综合保险投保单

投保单号：

　　尊敬的投保人：在您填写本投保单前请先详细阅读本保险所适用的条款，阅读条款时请您特别注意条款中的保险责任、责任免除、投保人被保险人义务、赔偿处理等内容并听取保险人就条款（包括前述需特别注意的内容）所做的说明。

投保人信息

单位名称：

被保险人信息

单位名称：	与投保人关系：	银行账号：
联系电话：	组织代码：	
邮编：	联系地址：	

保障内容

保险标的	单位	保险数量（亩）	单位保险金额（元）	保险金额（元）	每次事故起赔线（%）	每次事故免赔额/率	保险费率（‰）	保险费（元）

附加险

保险标的	单位	保险数量（亩）	单位保险金额（元）	保险金额（元）	每次事故起赔线（%）	每次事故免赔额/率	保险费率（‰）	保险费（元）

保险费及其他信息

保险费构成	交付单位	中央财政	省财政	地、市财政	县（区）财政	农户	其他
	补贴或交付比例（%）						
	补贴或交付金额（元）						

总保险金额：（大写）人民币　　　　　　　　　　　　　　　　　¥　　　　元

总保险费：（大写）人民币　　　　　　　　　　　　　　　　　　¥　　　　元

保险期间：　　个月，自　　年　　月　　日零时起，至　　年　　月　　日二十四时止

保险合同争议解决方式：□ 诉讼　　□ 提交仲裁委员会

特别约定

　　投保人声明：保险人已向本人提供并详细介绍了本保险所适用的条款，并对其中免除保险人责任的条款（包括但不限于责任免除、投保人被保险人义务、赔偿处理、其他事项等），以及本保险合同中付费约定和特别约定的内容做了明确说明，本人已充分理解并接受上述内容，同意以此作为订立保险合同的依据，自愿投保本保险。

　　上述所填写的内容均属实。

投保人签名/盖章：

年　　月　　日

第二节　森林保险核保

一、核保的意义

核保就是保险公司根据自身承保能力和市场环境对标的进行风险评估、风险识别和风险选择的过程。核保具有以下几点重要意义：

（1）有助于保险公司判断自身承保能力和市场环境，在此基础上确定企业的经营方针和策略，包括对企业的市场定位和选择特定的业务和客户群，保证保险公司既定经营目标的实现，保证业务的持续发展。

（2）有助于保险公司减少投保环节中逆向选择的发生，降低道德风险，防止因低风险林业经营主体退出市场导致森林保险市场失效、风险积累；防止林业经营主体的不道德行为导致森林保险市场混乱，增大保险理赔额。

（3）有助于保险公司提升业务质量，保证稳定经营，避免因盲目扩大森林保险团队而招收低素质的工作人员，避免因急于抢占森林保险市场而签署未经过详细论证的保险协议，避免因迫切拓展森林保险业务而开发了不成熟的新险种等问题导致经营风险的提高。

二、核保的主要流程与内容

（一）核保流程

核保是保险机构对业务质量进行审核的重要环节，也是对业务操作规范进行把关的重要节点。目前，各保险公司对森林保险业务的审核一般分为总公司审核、省级分公司审核、地市分公司初审三个层级。其中，地市级机构通常无核保通过权限，仅对投保资料的完整性、准确性进行审核，省级分支机构、总公司具有核保权限。

（二）核保内容

（1）投保人资格。对于投保人资格进行审核的核心是认定投保人对保险标的是否拥有保险利益。

（2）投保人或被保险人的基本情况。

（3）投保人或被保险人的信誉。投保人与被保险人的信誉是核保工作的重点之一。评估投保人与被保险人信誉的一个重要手段是对其以往损失和赔付情况进行了解。

（4）保险标的。审核标的数量、地点等是否属实。

（5）保险金额。在具体的核保工作中，应当根据森林标的市场价值的一定比例确定保险金额。

（6）保险费。核保人员对保险费的审核主要分为费率适用的审核和计算的审核。

（7）附加条款。主险和标准条款提供的是对标的同一风险共性的保障，但是具有风险的个体是有其特性的。在附加条款的适用问题上，更应当注意对风险进行特别评估和分析。

第三节　森林保险防灾防损

森林保险防灾防损是林业生产经营过程中预防和减少森林灾害、保障林业健康可持续发展的关键环节。积极开展防灾防损工作，是保险公司在发展保险业务的同时，确保被保险人财产安全和保险企业稳健经营的一项重要工作。森林保险的防灾防损工作应贯彻"以防为主、防赔结合"的方针。广泛开展各种防灾工作，有利于将危险的发生率降至最低，有利于减少森林财产损失。

一、防灾防损的内容

森林保险防灾防损工作的内容是对森林保险标的风险进行识别和分析，进而采取有效措施予以防范和化解。保险人（保险公司）的主要工作是在风险评估的基础上，根据本地区实际情况，科学制订防灾防损计划，实施可行的防灾防损方案和制度，包括对重大自然灾害的监测预警、灾前检查、抢险施救和灾后评估。

（一）监测预警

首先，在承保之前和承保期间，全面、完整地采集客户和标的风险信息，通过共享承保、理赔、CRM（客户关系管理系统）信息数据，充分利用防灾防损应用管理平台，形成包括客户历年承保理赔信息、行业特点及面临的风险特征等内容的客户风险信息档案，实施动态更新和维护，对客户和标的风险进行分类分级管理，形成客户风险分析报告，重点掌握承保区域森林基本情况（包括森林归属性质、所处位置、森林种类、树种和树龄情况、林地周边河流分布情况、生长管理情况、林业经营主体参保意愿及经济承受能力等），承保区域历年森林灾害发生情况（发生类型、发生的频度和强度、空间分布、造成损失程度等情况）、承保森林区域内防火机构设置情况（包括防火设施、设备配备情况、防范制度措施制定及相应护林工作人员安排情况等），为防灾防损工作开展和承保决策提供支持。

其次，联合气象部门、水文部门以及市（区、县）林业和草原局、当地人民政府或者森林防火指挥部等，建立全方位的森林火灾预警系统，提供灾害防御服务。例如，在持续干旱、可燃物干燥易燃、森林火险气象等级持续偏高、森林防火形势严峻时，向被保险人及时发布森林火险预警信息，及时提醒客户加强风险管控，做好灾害防御工作。

最后，定期根据出险案件的信息、数据、资料对保险标的损失情况进行全面分析，研究保险事故发生的原因、频率和损失程度，掌握保险事故发生的特点和规律，提出有效的防灾防损措施，形成灾因险因损失分析报告。灾因险因损失分析报告包括自然灾害损失分析和意外事故损失分析两类，对重大自然灾害和重大保险事故应进行专项分析，研究成灾原因，总结防范经验。

（二）灾前检查

首先，适时开展森林保险防灾防损检查，解决存在的问题。在灾害发生前，对森林保险承保标的所处环境进行防灾防损安全检查，及时发现隐患，并向被保险人提出整改建议。凡属建档的对象，尤其是往年承保标的中出险概率较大的或新承保的保险标的，在保险标的的生长阶段或保险期限内，至少应进行一次防灾安全检查，记录隐患的部位、现状、构成、危险程度，以及防灾防损措施及能力等，撰写安全检查报告，并视情况向被保险人发送隐患整改通知书，提出整改措施。

其次，开展森林保险防灾防损宣传。保险公司可通过派发宣传单、展示森林火灾警示案例、宣导森林防火工作等宣传森林防灾防损的重要性，营造全民参与防灾防损的良好氛围。

最后，开展森林保险防灾防损演练。对于种类繁多的森林灾害，适当的防灾防损演练和实战模拟，有助于提升队伍安全扑救、科学处置的实战能力和综合素质，可以发现基层防灾防损的不足，为灾后快速有效实施保险服务提供保障。

（三）抢险施救

针对各类自然灾害和火灾，要为被保险人制订抢险施救方案，有效整合内部资源，确定施救重点和方法。灾害发生后积极参与抢险救灾，及时赶赴现场，掌握事故现场第一手资料，搜集有关灾害事故原因的证据，控制灾害事故的蔓延，减少保险财产损失。

（四）灾后评估

依据灾害损失数据库的信息、数据、资料对保险标的的损失情况进行全面分析，研究灾害事故发生的原因、频率和损失幅度，掌握灾害事故发生的特点和规律，提出有效防范标的风险的对策。

案例 大兴安岭林业集团公司防灾减灾体系建设

大兴安岭地区位于祖国最北部，林地面积达 703.2 万公顷，既是国家重点国有林区，也是森林火灾多发地区之一。近年来，受西伯利亚寒流和蒙古高原旱风影响，空气异常干燥，夏季雷暴天气增多，历史上罕见的夏季火和地下火在大兴安岭相继出现。大兴安岭地区以落叶松为主的易燃树种占 96%以上，一旦发生火灾，极难扑救，森林防火任务十分艰巨。自开展森林保险业务以来，林业集团公司森林灾害防控能力得到有效提升。特别是近年来林业集团公司通过招投标的方式，选择一家或多家具备森林保险资质的保险公司进行承保，防火工作以扑救为主向以预防为主转变，将预防工作抢前抓早，保险公司加大了对林业集团公司的防灾防损投入，有效地避免或减少了森林灾害的发生。

2018 年，大兴安岭林业集团公司防灾减灾设施设备工作到位，全力打好森林防控硬仗的战斗力大幅提高。长期以来，大兴安岭林业集团公司在防火工作中严格按照"重在预防、积极扑救，小火不扩散、大火不成灾"的原则，尽一切力量减少火灾损失。在森林保险防灾防损方面，大兴安岭林业集团公司森林防灭火设施设备投入逐年加大，在山火的扑救上，科学布防，合理用兵，获得了很好的效果。

一是基础设施建设不断增强。自森林保险实施以来，结合本区域的具体情况，保险公司在预防投入上不断加大力度，加强了基础设施建设，累计共投入资金 2 亿多元，包括更新森林防火物资储备，修建队员靠前驻防营房、训练设施，加强防火检查站、外站、靠前驻防点等基础设施建设，林火预防体系得到逐步完善。同时增加飞机巡航的架次，在春防和秋防之季，采取提前驻扎、靠前布防等措施，超前谋划可能出现的火灾及其他灾害，有针对性地采取了一系列林火预防治本措施，使本区域的森林火灾发生次数大幅减少，有效地减少了森林资源的损失。

二是防火设备得到更新。林业集团公司有效利用保险公司的防灾防损投入，逐步更新森林防火物资储备，购置风力灭火机、油锯、超短波对讲机等扑火机具装备；为专业森林消防队伍配备了现代化扑火装备和大型扑火车辆，如双节全地形运兵车、快速扑火运兵车、装甲型运兵车、水陆两栖全地形车、推土机、挖掘机等；同时，完善了部分靠前驻防营房、停机坪、综合训练塔等基础设施，使集团公司森林防火基础能力得到大幅改善。

三是防火指挥逐步科学化。林业集团公司利用地理信息系统、火场图像传输系统、视频指挥系统、通信调度系统、计算机网络系统和林火管理系统，随时掌握飞机的方位及各种防灭火机动车辆、队伍在野外的行进情况，全面获取当地与防火有关的各种信息。特别是利用森林保险防灾防损投入弥补航空消防费用不足问题，租用 Y-5 图传飞机，实现空地单向高清图像传输和双向语音对讲功能，并通过软件实现航迹追踪、烟火识别、火场方位距离测算和标定等功能，极大地提高了科学指挥能力。在防灾防损方面，保险机构能够做到先期投入，为防扑火提供设施设备及物资保障，从而有效减少森林灾害的发生，使得保险机构的灾害处置能力得到大幅提升。认真履行森林保险合同，火情发生后，防火办第一时间通知森林保险部门，保险公司及时出险，现场实勘，与当地资源、营林部门相互配合，依照保险合同，对火灾扑救发生费用和森林资源损失进行实地测定，最后科学合理制订森林保险理赔方案，使得灾后处置得到有效保障。

在森林防火方面，自2013年以来大兴安岭地区共发生森林火灾242起，其中仅2起为人为火灾，3起为越界森林火灾，未发生重特大森林火灾，过火总面积为4115公顷，年均林地过火率仅为0.016%，远低于省控1%的指标。在森林有害生物防治方面，森林保险共投入资金963.35万元，共计实施林业有害生物监测调查面积6044.06万亩，调查统计林业有害生物发生面积总计607.05万亩，成灾率为0；三年测报准确率平均为98.97%；三年实施防治作业面积为127.43万亩，保证了林业有害生物监测预报、防治减灾工作的顺利开展，对于维护生态安全、保护造林绿化成果、建设美丽兴安起到了积极的作用。

专栏 2

北京市森林保险防灾防损机制

北京市园林绿化局与人保财险北京市分公司共同建立了北京市森林保险防灾防损机制。人保财险北京市分公司累计投入防灾防损费3000余万元，应用于面向全市的森林灾害防护重点项目：一是北京市林业有害生物自动测控物联网（ATCSP）及综合移动管理平台建设项目；二是智能电子语音宣传杆安装项目；三是以水灭火扑火队装备购置项目。

二、防灾防损措施

面对不同类型的森林灾害，如火灾、林业有害生物、台风、暴雨等，政府有关部门与保险公司应采取不同的防灾防损措施，针对灾害发生规律采取预防性措施，以降低保险事故发生率，或者在事故发生后积极施救，争取减少保险赔付成本。

（一）森林防火

1. 完善预防体系，提升火灾防控准备能力

建立区级森林消防队伍、镇级森林消防队伍、巡逻队、应急队伍、护林员层次分明的森林防火队伍，落实各级领导包片责任制，强化森林防火宣传，加强森林防火基础设施的维护和管理，规范林区墓地建设，不断提高森林防火能力，完善监控体系，提升火情监测监控能力。

2. 建立监控系统，提升火情监测监控能力

目前，我国森林林区火险监控预警的方式主要有卫星林火监测、人工监测、远程林火视频监测、森林火灾智能远程监测 4 种方式。

在卫星林火监测方面，我国目前建有 4 个卫星林火监测地面站，分别是国家林业局卫星监测中心、西北卫星监测分中心、东北卫星监测分中心和西南卫星监测分中心，用于对我国全境发生的林火进行监测，对于较大型的森林火灾具有很好的监测效果，但对于面积较小的火灾以及天空有云层遮挡等情况则无法监测。

人工监测是最普遍的林火监测方式，林区建有林火监测瞭望塔，监测人员在瞭望塔上对周边森林进行观察，发现火情后通过电话、电台等通信方式报告火情。人工监测的不足是监测范围小，防火人员劳动强度大，不能全天候进行林火监测。

远程林火视频监测是近年来兴起的一种林火监测方式，主要运用视频监控技术和网络传输技术，通过安装在不同位置的摄像机将山林的影像信息实时传输到森林防火指挥中心，与卫星林火监测相比，远程林火视频监测具有火情发现速度快，大火、小火都可以监测，不受天气因素影响等优势；与人工监测相比，远程林火视频监测具有监测范围广泛等优势。

森林火灾智能远程监测是在第三种监测方式的基础上发展起来的森林火灾智能监测方式，主要运用视频监控技术、网络传输技术、GIS 地理信息技术、3S 技术、图像智能识别技术等，通过安装在不同位置的大型户外摄像系统将林区的影像信息实时、清晰地传输到森林防指挥中心，由智能识别软件自动分析处理，一旦发现烟、火等疑似警情，自动触发报警并联动相关单位。与远程林火视频监测相比，森林火灾智能远程监测具有火情自动识别、响应速度快、昼夜都可以监测等优势，并能有效降低监控管理人员的劳动强度。

3. 完善保障体系，提升火灾防控保障能力

防火期内要做好人员、物资、资金、交通、医疗、应急方面的保障工作，确保出现火情时人员齐全、设备能够正常运行，为防火工作奠定坚实的基础。

4. 完善扑救体系，提升火灾防控应急能力

发生火情后，扑火专业队要以最快的速度抵达火场，组织人员对森林火灾进行扑救；森林火灾明火扑灭后，要留有足够的人员进行余火处理，并看守火场，确保无死灰复燃的可能；最后，要组织派出所人员立即着手对火灾原因进行侦查，并控制肇事人员。

5. 完善奖惩体系，提升火灾防控处理能力

根据国务院《森林防火条例》，积极完善奖惩体系，制订奖罚办法，在防火期内对在林区野外违法、违规用火者一律依法予以经济处罚或按《中华人民共和国治安管理处罚法》予以行政拘留，同时对举报有火情的个人进行奖励，对举报中、小火情的个人奖励 100 元，对举报重大火情的奖励 500 元。

专　栏　3

人保财险卫星遥感森林火灾预警试点

卫星林火监测是指利用气象卫星和陆地资源卫星进行森林火灾监测，是现代森林防火工作中技术含量较高的森林火灾监测手段。其优势是对大面积森林进行无死角、全天候的实时监控，不仅可以及早发现早期林火，特别是边远地区和人烟稀少地区的林火，还可以对已发现的林火，特别是重大林火蔓延情况进行连续跟踪监测，为扑火提供辅助决策，也可以为日常森林防火及航空护林提供气象、地理信息，有助于制订预防方案、巡护计划等。

2019 年，为贯彻落实农业保险高质量发展要求，主动适应信息化发展方向，进行"天空地"一体化农险服务体系建设，提升专业化承保理赔能力，人保财险山东省分公司积极与航天科技公司进行对接，经过充分调研，开展了卫星遥感森林火灾预警试点工作。该项工作基于遥感、地理信息、全球定位系统等地理空间信息技术，以遥感影像为底图，将地理基础信息进行整合，建设了空间化数据库，有效提升了防灾减损能力。

卫星遥感森林火灾预警试点工作依据温度升高导致热辐射增强及不同热红外通道增长幅度差异的原理，利用航天科技和高分辨遥感卫星影像数据，建设高效的林业卫星防火系统，实现对森林火灾早发现、早定位。利用该项技术，可以在 10 分钟内发现森林火灾。卫星预警服务可使当地政府、林业主管部门第一时间了解火情，抓住灭火的黄金时间，降低灾害损失程度，构筑国家生态系统安全的"生命线"。2019 年，人保财险山东分公司先后获取了山东淄博淄川区疑似火点，烟台栖霞市、蓬莱市疑似火点，威海荣成市疑似火点等信息。接收预警信息后，保险公司第一时间向当地政府、林业主管部门进行汇报，共同对疑似火点情况进行核查，有效遏制了火灾蔓延趋势，为当地林业发展提供了有力支持。人保财险山东分公司高效、高速的预警服务，得到了政府部门的高度认可。

资料来源：《2020 中国森林保险发展报告》。

（二）林业有害生物防治

1. 灾害一体化监测

对于有害生物导致林木坏死染疫的，实施人工地面监测与航空航天遥感监测相结合的"天空地"一体化监测行动，实施全方位、无死角的疫木清零行动。坚持做好每月普查工作，科学布设监测点。

2. 林木检疫检查

重点加强源头管理，通过检疫检查，观察已承保林木是否属于新引入品种，并提请林业部门对此类品种加强产地检疫。为提高树木免疫力，应适时开展树干注药工作，提高树木预防能力。

3. 绿色灾害防治

通过生物防控、人工干预等多种形式，在主要道路、公园、重点区域及林地开展绿色防控工作，包括释放有害生物天敌、布置诱捕器和粘虫板等设备，以减轻灾害风险，提升防控能力。

4. 有害生物信息化管理

林业有害生物信息化管理平台集数据智能采集与处理、大数据统计与分析、监测预警等功能于一体，能以图表方式实时展示林业有害生物的相关信息，可以有效提升林业有害生物信息化管理水平。湖南林业有害生物信息化管理平台创造性地研发了松材线虫病普查枯死松树高效智能识别和三维定位技术，可显著提高枯死松树监测普查的识别准确率。

专　栏　4

人保财险开展森林有害生物飞防作业

甘肃省地处大陆西北，是水土流失严重、森林植被稀疏、生态环境脆弱、林业有害生物多发的省份之一。为牢固树立和践行"绿水青山就是金山银山"的发展理念，坚决遏制重大林业有害生物严重发生态势，甘肃省以推进林业有害生物治理体系和治理能力现代化为目标，坚持统筹兼顾、突出重点、问题导向、创新发展，进一步强化防治责任落实，努力构建"政府主导、部门协作、社会参与"的工作格局，全面抓实灾害防治与应急管理工作，扎实推进科技支撑与机制创新，竭力提高整体防治成效。

据监测调查显示，2019年为大黄山林区云杉阿扁叶蜂危害发生率和范围较大的年份，一旦发生灾害，将呈现扩散趋势。随着气温不断攀升，祁连山保护区大黄山林区云杉阿扁叶蜂幼虫孵化加快，幼虫数量迅速增加，将对森林资源和生态环境造成严重影响。7月是阿扁叶蜂幼虫发育期，是防治最佳时期，通过飞防，可达到最佳防治效果，有效控制云杉阿扁叶蜂扩散蔓延的态势，降低虫口密度，减轻危害，确保森林资源安全。

2019年7月17～26日，在甘肃省林业主管部门的领导和指挥下，人保财险甘肃省分公司会同甘肃祁连山国家级自然保护区管理局，开展了祁连山保护区大黄山林区云杉阿扁叶峰飞防工作，对大黄山林区5万亩云杉林阿扁叶蜂虫害及其他云杉嫩梢害虫实施了飞机喷洒防治药物（稀释配剂阿维菌素乳油、8%氯氰菊酯触破型微囊剂、尿素等）的工作，确保将防治药物直接喷洒至树冠层，从根本上杜绝虫害蔓延。

飞机防治受地理条件影响小，具有可大面积集中作业、省时、省力、高效等优点。此次飞防作业累计飞行76架次，涉及大黄山林区15个林班328个小班，面积达5万公顷，总投资170万元。因前期准备工作充分、气候条件适宜，飞防工作取得圆满成功。经甘肃省林业工作站管理局、甘肃省林业有害生物防治检疫局、祁连山保护区管理局联合评估，采取飞机防控配合粘虫胶带、放烟剂等人工防治措施后，虫口平均死亡率为91.%，防治效果达到8%以上，对于保护祁连山林区森林资源和巩固生态安全具有重要作用。

资料来源：《2020中国森林保险发展报告》。

（三）台风暴雨防灾防损

1. 制订汛期防灾预案

保险公司应认真分析本地区汛期灾害及保险损失特点，结合当年汛期气候预测，在汛期之前编制、修订和完善汛期防灾预案。同时根据当年汛期气候预测结果，判断可能出现的灾害种类、灾害影响的重点地区，制订检查方案，组织专门力量，区分轻重缓急，开展防汛检查，检查被保险人的防汛准备情况，协助做好风险隐患整改。最后合理制订防灾救灾方案，包括灾害预警机制、风险排查方案、抢险救灾方案等。

2. 及时通报预警信息

保险公司应密切关注并主动获取各类灾害预警信息，结合承保标的所在区域和历史出险情况，及时通过多种形式向所辖分支机构和被保险人发送灾害预警信息，对标的面临的汛期灾害风险进行日常监测和临灾预警。

3. 做好台风暴雨防御工作

台风暴雨防御工作主要分为"疏、堵、排"：疏，指疏通泄洪沟渠，消除障碍物，避免堵塞；堵，指加固防水堤、准备沙袋等将洪水或内涝积水堵住；排，指排水，通过排水沟渠进行排水，防止大量囤积。

第四节　森林保险理赔

在森林保险理赔工作中，要始终以保障林业经营主体权益为根本出发点，落实党中央、国务院支农惠农政策，确保依法合规，坚持做到"定损到户""理赔到户"和"理赔结果公开"，要保障森林保险理赔真实、高效、规范、准确，确保理赔资金安全、及时、足额到户。

一、理赔流程

森林保险理赔流程包括接报案及调度、查勘定损、理算核赔、提交索赔材料、理赔公示、赔款支付与回访等主要环节，如图7-2所示。

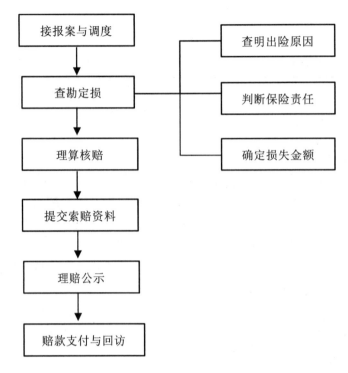

图 7-2　森林保险理赔流程

1. 接报案及调度

出险后，被保险人可通过拨打保险公司的专线电话进行报案，或者通过官方微信、电商平台等多种渠道直接报案。

接报案内容主要涉及保单相关信息，如出险原因/事故类型、出险时间、出险地点、受损标的、出险数量、估计损失、保险标的详细位置（包括习惯性地名）、联系人姓名、电话等信息。

2. 查勘定损

案件处理人接到调度任务后，一般情况下在报案后 24 小时内进行现场查勘，主要查明出险原因、判断保险责任以及确定损失金额。

在查勘定损过程中应进行现场拍照，照片应体现以下要素：①查勘人员、被保险人或其代理人；②拍摄位置、拍摄日期；③受损标的特征、损失规模或损失程度。

3. 理赔核赔

核赔人员结合赔案单证，核定保险责任认定是否准确，查勘定损过程是否规范、定损结果是否合理、赔款计算是否准确、赔案单证是否完备、付款对象是否正确等，并签署核赔意见。

4. 提交索赔资料

发生保险事故后，被保险人在向保险公司索赔时，应按照保险条款的要求提供保险单、保险凭证（如有电子数据，不需要提供）、出险及索赔通知书、损失清单、林权证、出险证明、身份证明、银行卡号信息等有关单证资料。

保险公司对被保险人提供的林权证进行核实，以判定被保险人对出险林地是否具有保险利益，目的是确保将赔款支付给具有保险利益的集体或个人所有。特殊情况下，如银行贷款未偿还时，则要根据相关合同和约定执行。

5. 理赔公示

按照分户理赔清单，保险公司将拟支付的被保险人姓名、保险标的、投保数量、损失数量、损失程度和赔款金额以及公司联系电话等信息进行公示。

6. 赔款与回访

核赔通过后，保险公司根据公示反馈结果制作分户理赔清单，列明被保险人姓名、身份证号、银行账号和赔款金额，由被保险人或其直系亲属签字确认，原则上赔款应通过转账方式支付到被保险人银行账户，并留存有效支付凭证。地市级分公司应在支付赔款后1个月内，对一定比例的被保险人实际收到赔款的情况进行理赔回访。

二、技术要点

（一）报案管理

保险公司通过保险企业服务专线集中受理案件，接报案主要包括询问案情，查询承保、理赔信息，录入报案信息，提交调度。

1. 工作内容

接报案时，接案人员要详细询问被保险人名称、报案人姓名、联系方式、保单号码、出险标的及其位置、出险时间、出险原因、出险经过、损失数量及损失程度等情况，记录第一手报案资料。同时，要进入系统查询保单，了解相关承保和理赔情况。接案人员还要告知被保险人保护好现场，采取必要、合理的措施，以减少损失或防止损失的扩大。

接报案后，接案人员要及时调度查勘人员进行现场查勘，并将案件基本情况告知查勘人员。若发生大面积灾害或损失程度较严重时，接案人员还要根据案情需要，及时将出险情况告知相关部门或上级机构。

2. 工作要求

森林保险业务具有一定的特殊性，一次事故可能涉及多张保单，一张保单项下往往承保多个分户被保险人。当发生保险事故，尤其是大面积灾害事故时，可能会有多人报案，且报案人既可能是投保农户，又可能是相关政府部门的人员。因此，接报案后，需要根据实际情况对报案信息进行进一步的分析、整理。对于重复报案、不属于保险责任、客户放弃索赔的报案，应在履行一定审批程序后做注销处理。如果因被保险人自身原因导致未及时报案，在理赔时应重点关注该问题是否会影响到保险责任的认定和损失金额的确定。

（二）现场查勘

现场查勘前应组建由保险公司代表、被保险人（或委托独立第三方协办机构人员）和林业专家组成的查勘组。对于受灾面积较小、灾害类型单一、技术复杂程度较低的报案，保险公司可直接聘请林业专家进行查勘定损，对于受灾面积较大、灾害类型较多、技术复杂程度较高的报案，保险公司应聘请林业调查设计机构或第三方评估公司开展查勘定损工作。

林业专家指从事 5 年以上林业资源调查、森林资产评估、森林保险工作及具有相关专业的工程师（含）以上职称的专业人员（有职称证书）。

查勘工作主要包括对现场进行拍照取证、收集索赔材料、抽样核实损失程度、确定受灾面积、记录现场情况等。现场查勘是了解出险情况、确定保险责任、掌握第一手资料和正确处理赔案的一项重要工作，其技术要点如下：

（1）查勘时间。查勘人员接到现场查勘通知后，应及时与被保险人或地方政府职能部门取得联系，赶赴现场。因林木具有一定的再生能力，初次查勘时一般不宜立即定损，应根据保险标的的特殊性，设立不同的观察期，可先行确定出险原因和保险标的损失范围，并与被保险人协商开展二次或多次查勘定损。对于连续发生的灾害（如台风、雪灾）等，应待灾害结束后再定损。

（2）调查取证。应通过笔录、录音、录像、拍照等方式，全面、翔实记录体现查勘过程和损失情况的原始资料和数据。要查明灾害发生的时间、地点、出险原因、受损标的及生长阶段、损失范围、承保比率、有无重复保险等情况，区分保险责任与非保险责任造成的损失。

（三）责任认定

查勘定损人员通过现场调查，确定出险原因是否属于保险责任。

保险责任范围内的出险原因可根据以下任何一种情况确定：①现场勘查照片、录像、录音等；②县级及以上林业、应急、水利、气象等行政主管部门的成灾证明。对于无法确定的，应由林业、应急、水利、气象等行政主管部门或具有林业调查规划设计资质的机构出具技术鉴定报告。

对于同一保险标的遭受多种灾害的，应在保险责任范围内，选择造成标的损失最直接的灾害作为出险原因。

（四）查勘定损

森林灾害损失核定的方法有抽样核实、目测、实地丈量、点数、调查询问等，有条件的可采用先进的遥感技术或测距仪、GPS 测亩仪、光谱仪、照度仪、无人飞机拍摄等工具进行测定。森林保险定损的主要程序如下：一是确定受损面积；二是确定损失程度；三是鉴定林木损失。

1. 查勘定损方法

森林灾害平面图测绘的常用方法主要有仪器实地测量法、地形图勾绘法、航片估测法、卫片估测法等。

（1）仪器实地测量法。主要针对中小面积的灾害损失，利用具有面积测量功能的导航卫星系统、罗盘仪、钢尺、皮尺、测绳等工具，围绕受灾现场或灾害迹地边界进行实地测量，确定损失面积。

（2）地形图勾绘法。采用由测绘部门最新绘制的大于或等于1：10 000比例尺的地形图作为底图，利用导航卫星系统等工具现地确定受损小班（地块）界线和位置，勾绘生成测绘平面图后，使用网格法或利用GIS软件计算损失面积。在建有瞭望台、制高点明显、通透性良好的林区，可依据林相图及大比例尺地形图勾绘受灾区域边界图，核算损失面积。

（3）航片估测法。按照GB/T 26424-2010的规定执行，采用时效性强、精度高的无人机遥感技术核定损失面积，利用无人机航拍采集受灾区域的数字正射影像图，通过影像测绘方式运用图像技术分析计算林木受损面积，并要求航片比例尺不小于1：10 000，空间分辨率≥0.3m。

（4）卫片估测法。按照GB/T 26424-2010的规定执行，使用灾后经计算机几何校正及影像增强的比例尺1：25 000的卫片（空间分辨率10米以内），在室内利用GIS软件采用人机交互方式进行典型受灾区域图斑勾绘和判读，然后通过拓扑求积准确求算受损面积，最后进行现地核对。

2. 查勘定损方法的选择

对于全面发生灾害的参保小班，如果灾害类型较为单一、林木受损程度相对一致，可以认定受损小班面积与参保小班面积一致，以保单上的投保面积为准，不再调查受损面积。若投保地块部分受灾，受损面积根据以上方法之一或者综合多种方法确定。

对于受灾面积比较小、灾害类型较为单一且为参保小班内局部性灾害的区域，可选择目测法、仪器实地测量法、地形图勾绘法等来确定受损面积。

对于地形复杂、受灾面积较大，或是灾后交通阻断、难以到达甚至人力不可及的受灾区域，主要选择航片估测法和卫片估测法确定损失面积。

森林火灾查勘定损期间，县级以上公安机关已侦破该起火灾案件，且拟追究刑事责任的，可直接采用公安机关认定的受损面积进行理赔。

3. 核定森林灾害损失程度

（1）林木损失认定标准

林木损失认定标准可根据《森林火灾成因和森林资源损失调查方法》（LY/T 1846-2009）《主要林业有害生物成灾标准》（LY/T 1681-2012）《森林火灾损失评估标准》（LY/T 2085-2013）《重大自然灾害林业灾损调查与评估技术规程》（LY/T 2408-2015）等相关标准、规范性文件及有关林学技术规范来确定。

1）森林火灾林木损失认定标准

森林火灾林木损失按照烧死、烧伤、未烧伤和救火损毁的林木进行调查统计。森林火灾林木损失认定参照标准见表 7-1。

表 7-1　森林火灾林木损失认定标准

损失类型	损失情况	损失折算系数
烧死	树冠 2/3 以上被烧焦，或树干形成层 2/3 以上被烧坏（呈棕褐色），树根烧伤严重，林木已无恢复生长可能	100%
烧伤	树冠被烧 1/4～2/3，树干形成层尚保留一半以上未被烧坏，树根烧伤不严重，还有恢复生长可能	≤50%
未烧伤	树冠烧焦低于 1/4，树干形成层未受伤害，仅外部树皮被熏黑，树根未受伤害	0
救火损毁	因开辟通道、防火隔离带等森林火灾扑救需要导致林木损毁	100%

2）林业有害生物灾害林木损失认定标准

林业有害生物导致保险林木损失的，按照防治后森林病虫害危害程度分为轻度、中度和重度 3 个等级。达到轻度、中度、重度以上的，其损失程度分别按照 5%、10% 和 20% 计算。如导致林木死亡或林木受害后必须全部清理的，损失程度按 100% 计算。林业有害生物灾害林木损失认定参照标准详见表 7-2 和表 7-3。

表 7-2　检疫性林业有害生物灾害林木损失认定标准

种类	成灾标准	损失情况	损失折算系数
叶部害虫、病害	失叶率≥40%	失叶率 40%～60%	5%
		失叶率 61%～80%	10%
		失叶率 80%以上	20%
钻蛀性害虫 干部病害 有害植物	树干受害株（梢）率 ≥20%	受害株（梢）率 20%～40%	5%
		受害株（梢）率 41%～60%	10%
		受害株（梢）率 60%以上	20%
病死	—	林木死亡	100%

表 7-3　非检疫性林业有害生物灾害林木损失认定标准

种类	成灾标准	损失情况	损失折算系数
叶部害虫、病害	失叶率≥60%	失叶率 60%～70%	5%
		失叶率 71%～80%	10%
		失叶率 80%以上	20%
钻蛀性害虫 干部病害 有害植物	树干受害株（梢）率 ≥30%	受害株（梢）率 30%～50%	5%
		受害株（梢）率 51%～70%	10%
		受害株（梢）率 70%以上	20%
鼠（兔）害	受害株率达 25%以上	受害株率 25%～50%	5%
		受害株率 51%～70%	10%
		受害株率 70%以上	20%
病死	—	林木死亡	100%

3）气象、水文、地质等自然灾害林木损失认定标准（见表7-4）

表7-4　气象、水文、地质等自然灾害林木损失认定标准

受损类型	损失情况	损失折算系数
腰折木	林木树冠以下被折断	100%
翻蔸木	林木被连根拔起，根系完全离地或根系严重扯断	100%
劈裂木	林木主干如被劈似分裂	100%
爆裂木	林木因灾爆裂开来	100%
冻死木	林木主梢被冻死或者受冻影响林木成活和正常生长	100%
旱死木	林木因干旱缺水干枯死亡	100%
流失木	林木被水力、风力、泥石流等外力带走	100%
掩埋木	林木被泥沙等物质掩埋	100%
倒伏木	造成林木死亡的，按100%的损失程度调查统计损失株数	100%
	林木被压弯倒伏在坡面上未造成林木死亡的，按不高于50%的损失程度调查统计损失株数	50%
断梢木	林木主梢（有枝）被风力、重力等外力折断	50%
折枝木	林木50%以上的枝条被折断	35%

（2）林木损失程度核定

查勘人员在确定的受灾区域或受损小班（地块）内，根据灾害类型、损失情况、林地类型等因素，综合选择全林调查法或局部估测法测算损失程度。

1）全林调查法。该方法是指实测受损小班（地块）内每株林木的损失程度，并进行汇总。全林调查法具有较高的调查精度，适用于灾害范围较小、受损小班（地块）较少、累计受灾面积较小的情况。

2）局部估测法。该方法是指当受损面积较大、受损小班（地块）较多并且分布不连续时，在受灾区域内按照随机、机械或其他抽样方式，布设标准地、带状或圆形样地，通过实测样地内每株林木的损失程度，推算全部受损小班（地块）的损失程度，样地总面积不小于受损小班面积的3%。具体可分为以下几种：

①标准地调查法，即在每个受损小班（地块）内选择有代表性的区域，通过随机、机械或其他抽样方式，布设方形标准地。②带状样地实测法，即根据受损小班（地块）形状、受损林分特点和地形条件，在工作底图上设置有代表性的样带。③样圆实测法，即在每个受损小班（地块）内，随机或机械布设圆形样地。

3）区域随机抽样与典型样地调查相结合。该方法是指在森林灾害发生的区域范围内，以所有投保森林为总体，将乡镇、村委森林保险面积按升（降）序排列，等间隔抽取10%乡镇，在抽中乡镇中按等间隔抽取10%村委，对抽中村的全部投保森林按斑块（含小班）典型样地调查法（同上）调查样地灾害损失程度，依据抽样理论测算灾害损失程度。

（3）林木损失统计

统计各损失类型株数、全部受损株数、部分受损株数、未受损株数、调查总株数、林业有害生物枝叶受害率、林业有害生物树干受害株率、样地损失率、定损比例和受损面积。损失统计方法根据查勘定损实际情况由林业专家具体确定，损失统计计算方法按照表 7-5 执行。

表 7-5　损失统计公式

单位：株，%

计算指标	计算公式	指标说明
森林火灾受损株数	$N_{火灾} = N_{烧死} \times K_{烧死} + N_{救火} \times K_{救火} + N_{烧伤} \times K_{烧伤}$	N 为株数，K 为折算系数
林业有害生物受损株数	$N_{有害生物} = N_{叶部} \times K_{叶部} + N_{干部} \times K_{干部}$ $+ N_{鼠（兔）} \times K_{鼠（兔）} + N_{病死} \times K_{病死}$	N 为株数，K 为折算系数
气象、水文或地质等自然灾害受损株数	$N_{其他} = N_{腰折} \times K_{腰折} + N_{翻兜} \times K_{翻兜} + N_{劈裂} \times K_{劈裂}$ $+ N_{爆裂} \times K_{爆裂} + N_{冻死} \times K_{冻死} + N_{旱死} \times K_{旱死} + N_{流失} \times K_{流失}$ $+ N_{掩埋} \times K_{掩埋} + N_{倒伏} \times K_{倒伏} + N_{断梢} \times K_{断梢} + N_{折枝} \times K_{折枝}$	N 为株数，K 为折算系数
调查总株数	$N_{损失} = N_{火灾} + N_{有害生物} + N_{其他}$ $N_{调查} = N_{损失} + N_{未损失}$	$N_{损失}$——样地损失株数 $N_{调查}$——样地调查总株数
样地损失率	$K_{损失i} = (N_{损失i} \div N_{调查i}) \times 100\%$	$K_{损失i}$—— i 样地损失率 $N_{损失i}$—— i 样地损失株数 $N_{调查i}$—— i 样地调查总株数
定损比例	$K_{定损} = \sum_{i=1}^{n} K_{损失i} \div n$	$K_{定损}$——定损比例 $K_{损失i}$——第 i 个样地损失率 n——样地数量

（4）观察期

符合下列条件之一的可设立观察期：

①灾害事故仍在持续发生；

②首次现场查勘难以准确判定受损面积或损失程度。

观察期一般设定为 30～90 天，原则上不少于一个生长季，观察期后 7 个工作日内完成定损工作。林木在休眠期出险的，观察期不得晚于林木萌芽期开始后 15 天。

（五）赔付金额计算

（1）计算方法

$$C_{赔付} = P_{保额} \times K_{定损} \times S \times (1 - R_{免赔})$$

其中，$C_{赔付}$ 指赔付金额，单位：元；$P_{保额}$ 指保险金额，单位：元/亩；$K_{定损}$ 指定损比例；S 指受损面积，单位：亩；$R_{免赔}$ 指设定的免赔率。

（2）计算结果

赔付金额计算结果按照表 7-6 的要求记录。

表 7-6　（规范性）森林保险灾害损失现场查勘记录表

查勘单位：　　　　　　　　　　　　　　　　　　编号：

基本情况	申报时期	保险单号：					受理人	
	申报姓名		申报地址	县（市、区）　乡（镇）　村　组（或　局　林场　林班小班）			申报联系电话	
	受灾森林类别		灾害类型	受灾损失面积（亩）			自测损失程度	%
现场勘查记录	查勘人				查勘时间		月　日　时	
	受灾森林类别		灾害类型	受灾损失小班			受灾损失面积（亩）	
	取样点	受灾特征描述：				抽样面积		
		标准地（样地、样圆）（亩）		占总样本比重	样地中心点 GPS 坐标		样地损失程度（%）	
	1							
	2							
	3							
	4							
	……							
	平均							
灾害损失计算	计算步骤						计算值	
	1.根据现场勘测受灾特征指标的实测值，查对应保险森林、对应灾害类型、对应生长阶段、对应受灾程度；							
	2.确定该灾害类型的损失率（%）；							
	3.计算赔偿金额（元）。							
赔偿计算	1.受灾面积（亩）	2.实际损失率（%）	3.每亩保险金额（元）	4.亩理赔金额（元）=2×3		5.合计理赔金额（元）=1×4		
结论	现场查勘结论：		林业技术专家签字：		年　月　日			
			其他查勘人员签字：		年　月　日			
	被保险人（代表）意见：		被保险人（代表）签字：		年　月　日			

资料来源：编者整理绘制。

第八章 林业巨灾风险分散机制

本章主要分析森林经营面临的巨灾风险，通过国内外典型实践经验介绍林业巨灾风险分散机制，并提出我国林业巨灾风险分散模式与措施。

第一节 林业巨灾风险的概念与分类

一、林业巨灾风险概念

巨灾（Catastrophe，CAT）的发生概率和所造成的损失与一般风险有所不同，目前学界普遍使用动态的观点来认识巨灾，即认为巨灾指小概率且一次损失大于预期、累计损失超过承受主体（主要为投保人、保险人和政府）承受能力的事件，即"灾害中的灾害"。进一步地，可以将巨灾风险定义如下：由重大灾害（包括自然的和非自然的）造成的大范围保险标的同时受损所带来的巨大经济损失的可能性。一般将农业巨灾风险界定为由极端气候条件造成农业生产巨大损失的事件。林业是大农业下的分支，林业生产经营所面临的风险与农业具有很高的相似性，基于以上概念及相关描述，笔者认为林业巨灾就是指小概率且一次损失大于预期、累计损失超过承受主体（主要有林业经营主体、保险公司或政府）承受能力的林业风险事件。

二、林业巨灾风险分类

（一）按发生原因划分

1. 自然林业巨灾

自然林业巨灾是指由自然力造成的事件。这种事件造成的损失通常会涉及某一地区的大量人群。林业巨灾造成的损失程度不仅取决于该自然力的强度，也取决于受灾地区的建筑牢固程度和防灾措施的功效等人为因素。自然林业巨灾的具体形式包括水灾、风暴、地震、旱灾、霜冻、雹灾和重大疾病等。

2. 人为林业巨灾

人为林业巨灾是指灾害成因与人类活动有关的重大事件。在这类事件中，一般只是小范围内某一大型标的物受到影响，而这一标的物只受少数几张保险单的保障。人为灾祸的具体形式主要为纵火。

（二）按同类林业巨灾发生频率划分

1. 常态林业巨灾

常态林业巨灾是指年内至少发生 1 次，标的之间彼此相容的巨灾风险，如干旱和冰雹等气候性灾害。该类风险的特点是发生概率较小，损失规模较大，在一定程度上，该类风险在保险业务年度内的发生是可以预期的，但具体发生的次数和规模又是不确定的，与非巨灾风险相比，其实际损失常会超过当年损失期望值，给保险公司财务稳定造成不良影响。

2. 异态林业巨灾

异态林业巨灾是指年内发生的概率很小、标的之间彼此相容的巨灾风险，如地震、洪水等自然灾害。该类风险的特点是在一个较长的周期内不发生，一旦发生，损失的规模就很大，其实际损失大于当年保险人的预期损失，且远超出保险所承保的一般林业风险范围，这种风险损失将会给保险公司的财务稳定带来严重冲击。

三、林业巨灾风险案例

林业风险除具有一般风险的普遍性、客观性和偶然性特点外，还具有多样性、非独立性、潜在性和长期性等特点。林业风险的这些特点决定了一旦发生某种灾害，往往容易导致从一般风险上升到巨灾层面。近年来，由全球气候变化引发的极端性天气事件发生的频率和强度明显增强，林业生产面临的巨灾风险威胁日益严重。

（一）国外林业巨灾事件

1999 年冬季，欧洲大部分地区遭遇暴风雪袭击，德国受灾林木达 3000 公顷，相当于全国年均正常采伐量的 2/3，其中西南地区巴符州的森林受灾最为严重，受灾林木面积达 2500 公顷，相当于年均采伐量的 3 倍。2005 年底至 2006 年初，日本遭遇了一场 20 年不遇的大雪，造成 97 处林地荒废，240 处林道毁坏。2009 年 8 月，美国加利福尼亚州的国家森林公司发生火灾，烧毁近 6 万公顷森林，造成约 1 亿美元损失。2019 年 9 月开始持续 6 个月的澳大利亚山火，过火面积超 1260 万公顷，80%的树木被烧毁，一共产生了 4.34 亿吨的二氧化碳，造成的损失难以估量。2020 年美国西海岸遭遇了历史上最严重的森林火灾，森林过火面积达 200 万公顷，造成至少 200 亿美元的经济损失。

（二）国内林业巨灾事件

2008 年我国南方发生特大雪灾，据国家林业局统计数据显示，2008 年 1 月、2 月的特大雨雪冰冻灾害给林业造成直接经济损失达 573 亿元，湖南、贵州、江西、湖北、安徽、广西等 19 个省（区、市）遭受雨雪冰冻灾害的森林面积达 186 万公顷，受灾森林面积占全国森林总面积的 1/10，相当于全国一个五年规划增加的森林面积。2016 年河北"7·19"特大洪灾使全省果树受灾面积达 12.17 万公顷，林地和林木损毁面积达 5.6 万公顷，河北全省林业因洪涝灾害造成直接经济损失约 34.2 亿元。

重大的林业灾害虽然可能数年间仅发生一次，但是由于林业显著的群发性巨灾风险特征，造成的损失十分惊人。对于巨灾，以往主要是实行以政府财政救灾为主、社会捐助为辅的巨灾补偿模式。然而，由于收入有限，面对受灾面广、资金损失巨大的灾害，政府救济金犹如杯水车薪；同时，社会民间救助的补偿来源完全自愿，补偿程度具有弹性，没有责任约束，因此也不能作为灾后重建的主要来源。从国际经验来看，很多国家都通过巨灾保险来防范巨灾风险，从其实施效果来看，巨灾保险对于巨灾风险的防范和减灾具有突出作用：一方面，巨灾保险中的多层次风险分摊制度有助于减轻政府因巨灾造成的财政压力；另一方面，巨灾保险通过事前建立的资金流入渠道，对巨灾发生之后的损失进行补偿，也有助于受灾地区的财务迅速恢复。

我国政府高度重视巨灾风险的防范和处理，于 2014 年 8 月出台《国务院关于加快发展现代保险服务业的若干意见》，重点号召我国保险公司制定相应的巨灾保险方案，以期促进我国巨灾保险的发展。但其目前仍处于缓慢发展的阶段，短期内由于承保能力、保险技术等方面的制约，我国各级保险机构都没有能力独立承担林业巨灾保险业务。因此，探索适合我国林业巨灾风险分散的有效路径，对我国林业产业的发展具有重要意义。

第二节　林业巨灾风险分散机制的国际经验

美国、日本、瑞典和芬兰的森林保险业务开办时间早、发展水平高，已建立一整套完善的森林保险制度。面对巨灾风险，这些国家在森林保险的基础上，通过再保险、基金、证券等金融工具，建立了较为完善的林业巨灾风险分散机制。从实践来看，化解巨灾风险仅依靠商业保险是不够的，要形成有效的巨灾风险分散机制，需要政府、保险公司、投保主体等多个市场主体共同发力。

一、美国——完全的市场化运作

美国采取为私人保险机构提供补贴的模式，鼓励和支持私人保险机构开展森林保险业务，政府向承办林业保险的私人保险公司提供 30%的业务费补贴，调动了保险公司开办森林保险业务的积极性。美国的森林巨灾风险分散手段主要有两种：一是开展再保险业务，形成再保险市场。美国的商业保险公司在承保后，一般会进行再保险以降低风险。二是巨灾风险证券化。巨灾风险证券化始于 1992 年，当时美国主要的投资银行、保险公司和再保险公司都认为巨灾风险是一个证券化的最大"资产种类"。自1997 年开始，保险证券化市场迅速发展。在这个过程中，先后出现了许多转移巨灾风险的金融工具（巨灾债券、巨灾期货、巨灾期权、巨灾信用限额、巨灾互换等保险衍生商品），形成了新的巨灾保险风险控制方式，即巨灾风险证券化机制。除此之外，美国也建立起了完善的防灾防损工程体系和灾后恢复救助体系。

二、日本——政府与民间协作的再保险制度

为促进本国林业的发展，保护森林资源及防范森林灾害损失风险，日本建立了一套健全的林业巨灾风险分散机制，其中包含再保险、基金及灾后恢复计划。日本的森林保险是由民间的不以营利为目的的森林共济会经营，通过官方的机构为森林保险提供再保险。

（一）再保险制度

为扩大保险实力，森林共济会通过一些机构，为森林保险提供再保险。这些机构包括银行、大型保险公司等金融主体，它们通过再保险的方式一同为森林灾害提供补偿。

（二）灾后恢复事业制度

灾后森林恢复事业依据应对重大灾害的特别财政援助等相关法律（重大灾害法）实施，目的是恢复遭受重大灾害的森林。实施该项事业的地区如下：由农林水产大臣公告的市町村，因重大灾害造成森林损失在 1500 万日元以上，且需要恢复的森林面积在 90 公顷以上的市町村（由暴风雨引起的情况下）；森林损失在 4500 万日元以上，且需要恢复的面积在 40 公顷以上的市町村。森林灾后恢复工作主要包括受灾林木等的采伐及运出（包括受灾当年的 4 个年度内完成）、迹地造林（包括受灾当年的 4 个年度内完成）、恢复倒伏林木（包括受灾当年的 2 个年度内完成）、开设林道（以上各项工作所需时间内）。实施主体包括都道府县、市町村、林业合作社、生产林业合作社、林业合作社联合会、任意团体、森林整备法人、林业（造林）公社等，补助率为 2/3（国

家 1/2，县 1/6）。

（三）林业基金制度

1947 年，日本出台《国有林特别会计法》，规定国有林的收入一律不上缴，全部留给林业部门作为林业经费，由林野厅统一管理和核算，如出现赤字，由国家预算进行弥补；如出现盈余，则留存下一年度继续使用。日本在一般会计法制度中也列有林业开支，主要包括公共事业开支和非公共事业开支。造林补助金制度一般补助造林的40%（政府补助 30%、地方补助 10%），特殊林业改良补助 70%（政府补助 50%、地方补助 20%），复层林示范区造林、抚育等补助 60%（政府和地方各 30%）。

三、瑞典——商业保险公司独立经营

瑞典设立林业基金以实现巨灾风险分散。林业基金包括 3 部分：一是财政部在预算中安排的资金；二是银行发放的低息造林贷款（为解决林业目前无还款能力的困难，实行特殊的还贷办法）；三是对民间团体和个人造林实行林业资产减免税。林业基金由国家林业局掌握，由省林业委员会发放，补助对象包括：①对撂荒地造林进行直接补助，最高补助额为造林成本的 50%；②对瑞典西北部和北部地区私有林的森林更新进行直接补助，最高补助额为造林成本的 50%和 30%；③用于造林者制订森林经营计划所需的支出；④用于省林业委员会向造林者提供所需苗木的补助；⑤用于森林所有者及经营者进行林业技术培训的支出。

四、芬兰——森林保险与林业基金的组合

芬兰林业基金由林业补助基金和林业改造基金组成。林业补助基金由政府财政拨款，用于发生灾害时提供补偿。森林改造基金由国家预算拨款，对小林主进行森林改造等林业活动进行支持，如修建排水工程、林道，以及在改造的林地上造林、修枝、施肥等，而其他林权主（如国有林、公司林等）则无权享有改造基金。森林改造资金包括资助款和贷款两部分，其中资助款由国家无偿提供，贷款则需要偿还，利率分别为 3%和 5%，还款时间为 6～13 年。

五、对完善我国森林巨灾风险分散机制的启示

综合国际经验，我国进一步完善森林巨灾风险分散机制的组织架构，需要建立政府引导与市场运作相结合的林业巨灾风险分散机制，理论上有 4 个发展方向。

一是对森林保险实行专业化经营。将森林保险业务从保险公司现有的农险业务中剥离出来，成立专门的森林保险事业部，甚至组建国家政策性森林保险公司。此种方

法有利于整合各方面的财力、人力和技术资源，在经营技术、保险资金应用等方面具有明显优势。而且，该方法对于建立林业巨灾风险分散机制和林业巨灾保险制度，可发挥积极引导作用。然而，建立全国性森林保险服务体系具有一定难度：首先，难以调动地方积极性，森林保险管理体制不顺的问题可能会长期存在；其次，转制成本可能非常高，不利于发挥市场配置森林保险资源的优势。

二是进一步完善分保机制以应对巨灾风险损失。在国家和地方两个层面建立完整的森林保险再保险体系，以实现分保，有利于提高地方政府的积极性及创造性，扩大保险覆盖面，也有利于以农村合作经济组织为抓手，创新森林保险服务体系，提升制度运行效率；还可以充分调动各级林业部门的积极性，建立较为完善的核保核赔机制。但地方建立森林保险再保险机制需要地方财政的大力支持，并且在产品研发、保险资金应用等方面不具有优势，需要国家层面在森林再保险业务中提供技术支持和指导。

三是建立财政支持的林业巨灾风险基金。林业巨灾风险具有发生概率小但损失巨大的特点，一旦巨灾发生，很容易冲击保险公司的常规经营，甚至导致其破产。尽管国家拥有充足的社会资源和危机管理能力，但巨灾发生的随机性与财政预算的计划性发生冲突，林业巨灾风险完全由国家财政负担，在一定程度上会造成国家财政赤字等相关问题。政府可出资建立林业巨灾风险基金，由政府和保险公司共同参与保险资金的管理和使用，增强对财政补贴资金使用的监管，使保险公司在外部实现风险分散与转移。

四是稳妥推进林业巨灾保险产品证券化和衍生化。巨灾产品证券化以保费收入为基础，将当期和未来的保险金构造为在资本市场可流通的证券，约定在未来风险事件发生时由资本市场投资者提供债务赦免。这就将林业巨灾风险转移到了资本市场的投资者，为巨灾保险市场注入了流动性，对保险公司开发巨灾产品并进而创造衍生品具有激励作用。但这种市场化的手段要求林业管理部门与金融监管部门相互配合，并对保险公司的定价能力和风险控制能力有较高要求。

第三节　我国林业巨灾风险分散模式与措施

我国森林保险巨灾分散机制的健全和完善是森林保险持续健康发展的基础保障和必然要求。在 2009 年财政部、国家林业局、保监会联合下发的《关于做好森林保险试点工作有关事项的通知》（财金〔2009〕165 号），2012 年国务院发布的《农业保险条例》（国务院令第 629 号），2014 年国务院印发的《国务院关于加快发展现代保险服务业的若干意见》（国发〔2014〕29 号），2016 年国务院印发的《全国农业现代化规划（2016—2020 年）》（国发〔2016〕58 号）、保监会印发的《中国保险业发展"十三五"规划纲要》（保监发〔2016〕74 号）、国家林业局印发的《林业发展"十三五"规划》（林规发〔2016〕22 号），以及历年的中央一号文件中，都对积极探索建立财政支持的农业保险巨灾风险分散机制提出了明确要求（见表 8-1）。

表 8-1　2016 年以来涉及农业保险巨灾风险分散机制的文件要求

发文单位	文件名称	有关内容
中共中央、国务院	《关于落实发展新理念加快农业现代化实现全面小康目标的若干意见》（中发〔2016〕1 号）	进一步完善农业保险巨灾风险分散机制
国务院	《全国农业现代化规划（2016—2020 年）》（国发〔2016〕58 号）	研究完善农业保险巨灾风险分散机制
原中国保监会	《中国保险业发展"十三五"规划纲要》（保监发〔2016〕74 号）	完善我国农业保险再保险共同体机制，推动建立财政支持的农业保险巨灾风险分散机制
原国家林业局	《林业发展"十三五"规划》（林规发〔2016〕22 号）	推动建立森林巨灾保险基金、巨灾再保险等

一、分散模式

2009 年以来，我国不少省份在森林保险巨灾风险分散机制上进行过探索，江西、福建、四川等地已经初步建立了森林保险巨灾风险准备金，实现一定赔付范围内的统筹安排。尽管这些探索均致力于构建政府部门与私营部门之间的"公私合作伙伴关系"，但是具体形式并不相同。如果以"政府是否实质性地参与风险分散"为判断依据，可以将这些代表性模式进行如下划分。

（一）政府实质性投入模式

本模式中政府明确以财政出资用于林业巨灾风险的分散，代表性地区是福建省。如第三章所述，福建省的具体做法是由省级财政建立 2000 万元的森林综合保险风险补偿基金，上年度结余结转下年度使用，年度总额保持在 2000 万元。当年全省森林综合保险简单赔付率超过 80% 时，启动省级森林综合保险风险补偿基金，赔付金额由森林保险经办机构与省级森林综合保险风险补偿基金按 1∶1 比例承担。省级风险补偿基金以 2000 万元为限，超过部分由森林保险经办机构全额承担。中国人保财险公司福建省分公司内部也建立了风险平衡保障基金制度，将森林保险与其他农业保险合并考核，以降低基层保险公司经营风险。

（二）政府名义上担保模式

本模式中政府并不事先以财政出资用于大灾风险分散，但承诺在林业大灾发生后承担一定的责任分担，代表性地区是四川省。四川省的具体做法是建立省内森林保险大灾风险准备金机制，按当年总保费的 25%提取大灾风险准备金，专户管理，逐年滚存。当全省森林保险赔付率达到 80%时，可动用大灾风险准备金。同时实行森林保险 3 倍保费超赔封顶机制，超赔 2～3 倍保费部分由政府和承办机构按 1：1 比例分担。

江西省同样采取政府名义担保模式，省国家林业和草原局与中国人保财险江西省分公司签订为期 1 年的《江西省生态公益林林木综合保险统保协议》，规定在保险期限内，因天气灾害、火灾以及森林病虫害等原因直接造成保险林木损失或死亡的，由保险公司负责赔偿，赔款专项用于公益林受灾林地的造林和抚育。协议还规定建立林业巨灾风险准备金制度，保险公司开设公益林统保风险准备金专户，由省国家林业和草原局及保险公司共同管理，若当年保单收入扣除赔款盈余，扣除保险公司业务服务费后，剩余部分保险金全部转为公益林统保巨灾风险准备金，并逐年滚存。

（三）政府基本不担责模式

本模式中政府既不事先以财政出资用于大灾风险分散，也不承诺对可能的大灾损失承担责任，而是完全由森林保险经营机构依靠自身和市场的力量来应对大灾风险。从目前来看，我国相当多的省份采取这一模式。在这一模式下，保险公司虽然能够通过建立大灾风险准备金以及商业再保险等途径实现一定的风险分散，但是风险分散的效果并不好。

二、分散措施

从我国森林保险的发展实践来看，缺乏巨灾风险分散机制是导致森林保险在很长时间内停滞不前甚至逐步萎缩的重要原因之一。2009 年以来，随着中央财政和地方财政对森林保险支持力度的逐步加大，各地森林保险业务快速发展，在林业风险规模不断积累的背景下，建立和完善森林保险巨灾风险分散机制得到了各方的共同关注。2013 年 3 月 1 日实施的《农业保险条例》明确提出"国家建立财政支持的农业保险大灾风险分散机制"，并"鼓励地方人民政府建立地方财政支持的农业保险大灾风险分散机制"，突显了财政支持农业保险大灾风险分散机制的必要性和紧迫性。近年来，国家林业和草原局、中国银保监会和财政部在建立和完善我国森林保险巨灾风险分散机制方面开展了大量工作，初步形成了"直保公司+再保险（或共保体）+保险公司层面的大灾风险准备金+政府财政支持的农业保险大灾风险基金+紧急融资或市场化融资"相结合的巨灾风险分散机制。

（一）逐步完善再保险市场体系

再保险是保险人将其承担的部分或全部保险责任分散和转嫁给其他保险人的一种风险分散机制。作为分散森林保险经营风险的有效手段之一，完善的森林再保险制度对于促进森林保险发展具有重要作用。根据森林风险发生地域相对集中的特点，普通保险所遵循的大数原理难以在较小地域内实现，需要在全国范围内实行再保险。由于森林保险经营风险大，风险附加费率高，分保保费负担一般也比较重，商业性再保险机构一般不愿承接森林保险的再保险，国家财政应予以适度补贴。我国的森林再保险业务是伴随着政策性森林保险业务开始试点推行的。近年来，国家相继出台多项政策文件，明确要求必须通过再保险机制提升森林保险的抗风险能力。我国可以考虑在现有的保险架构中建立相对独立和全国统一的森林保险再保险业务体系（甚至组建政策性的全国森林再保险公司），既可以使森林风险在全国范围内得到最大限度的分散，维持全国森林生产稳定，又可以补贴各省份森林保险亏损。因此，这是一种差额杠杆撬动机制，既能保证林业经营主体以可以接受的费率参加保险，创造林业经营主体对森林保险的需求，又可以撬动一般的保险机构以不少于社会市场利润率的水平来承保森林风险，调动了被保险人和保险人双方的参保积极性。

（二）支持发展共保联合体模式

共保联合体是指由两家及以上商业保险公司组建，其中一家保险公司为"首席承保人"，其他保险公司为"共保人"。根据授权，共保体经营运作政策性森林保险项目，按照章程约定的比例，分摊保费、承担风险、享受政策，共同提供服务。近几年，虽然森林保险发展较快，但是在浙江、海南等沿海省份，台风、洪涝、干旱等自然灾害时常发生，出险率极高，承保亏损大，单个商业保险公司往往难以承担一省的森林保险业务，需要组建共保联合体开展经营以分散风险。共保体各成员公司单独建账，每月进行资金清算，首席承保人将收取的保费按股份比例划拨给共保人。在灾后发生理赔时，共保人将各自应承担的赔款划转给首席承保人，由首席承保人赔付参保主体。年终结算时，共保体各成员公司按股份比例分摊营利或亏损。共保体作为巨灾风险分散机制，是针对损失概率不确定的重大项目和罕见巨灾的一种保险制度模式，其优势在于：一是可以降低独家承保的风险，提高对巨灾风险的承受能力；二是有利于保险市场布局，避免不同承保主体在低风险地区集中及恶性竞争；三是有利于统一服务和标准，减少市场非理性竞争和摩擦可能，减少标准不同引发的纠纷和违规；四是为中小保险公司参与森林保险提供了机会和经验。

（三）在保险公司层面完善大灾风险准备金制度

2009年12月发布的《关于做好森林保险试点工作有关事项的通知》（财金〔2009〕165号）要求积极探索建立森林保险大灾风险分散机制。2012年11月，国务院发布《农业保险条例》（国务院令第629号），提出"国家建立财政支持的农业保险大灾风险分散机制……鼓励地方人民政府建立地方财政支持的农业保险大灾风险分散机制"。2013年12月，财政部印发《农业保险大灾风险准备金管理办法》（财金〔2013〕129号），对大灾风险准备金的计提、使用和管理做出了具体规定，要求保险机构应分别按照农业保险保费收入和超额承保利润的一定比例，计提大灾准备金，逐年滚存，逐步积累应对农业大灾风险的能力。2014 年 2 月，财政部发布《农业保险大灾风险准备金会计处理规定》（财会〔2014〕12 号），对农业保险大灾风险准备金的会计处理进行了规范。

除了中央政府积极建设大灾风险分散机制外，地方政府也进行了积极探索。2011年，浙江省人民政府办公厅印发《关于建立政策性农业保险巨灾风险准备金制度的通知》，在全国率先建立了政策性农业保险巨灾风险准备金制度，按照当年种植业保费25%的比例提取巨灾保险准备金，并实行"逐年积累、专户管理、专款专用"，切实保证在大灾害发生时农民的财产安全。此后，四川省林业和草原局（原四川省林业厅）发布的《关于做好 2012 年度森林保险工作有关事项的通知》（川林规函〔2012〕169号）、海南省财政厅印发的《海南省 2012 年森林保险试点实施方案》（琼财债〔2012〕1702 号）、吉林省林业和草原局（原吉林省林业厅）联合省财政厅、吉林省银保监局（原吉林省保监局）出台的《吉林省 2013 年度森林保险保费补贴试点工作实施方案》（吉林联发〔2013〕26 号）都要求承保机构按保费总额的 25%计提巨灾风险准备金。山西省发布的《2014 年山西省农业保险大灾风险准备金管理办法》，进一步完善了农业保险大灾风险分散机制，规范了农业保险大灾风险准备金管理。广东省广州市于2021 年 3 月发布《广州市贯彻落实〈关于大力推动农业保险高质量发展的实施意见〉工作方案》，明确指出"提高水稻、岭南水果、森林等险种保险金额标准，落实农业保险大灾风险准备金制度，将农业保险纳入农业灾害事故防范救助体系"。

专栏 1

浙江省人民政府办公厅《关于建立政策性农业保险巨灾风险准备金制度的通知》

为有效应对巨灾风险，促进农业可持续发展，浙江省政府决定全省建立政策性农业保险巨灾风险准备金制度。具体做法是在提高种植业保险品种费率的基础上，对水稻、油菜、蔬菜（瓜果）大棚、林木火灾（包括公益林）、林木综合、露地西瓜、柑橘树等 7 个种植业险种，按照当年种植业保费 25%的比例提取巨灾风险准备金，建立政策性农业保险巨灾风险准备金。浙江省政府指出，政策性农业保险巨灾风险准备金实行"逐年积累、总量封顶、专户管理、专款专用"，当种植业参保品种全年赔款总额超过种植业保费 1.3 倍时，政策性农业保险巨灾风险准备金负责承担 1.3～2倍部分的超额赔款。

资料来源：选自浙江省人民政府办公厅《关于建立政策性农业巨灾风险准备金制度的通知》。

（四）建立政府财政支持的林业巨灾风险基金

依据国际经验，一方面单纯依靠政府财政支出和社会捐助根本无法弥补巨灾造成的损失，另一方面单纯依靠保险公司也无法满足巨灾风险的补偿需求，因此，有效的巨灾分散机制应由政府、公众、保险机构等多方参与，以减缓巨灾风险造成损失带来的压力。目前，虽然福建、江西等少数地区建立了森林保险风险补偿金制度，明确了林业巨灾发生后的损失分担安排，但地方政府毕竟财力有限，林业巨灾虽然偶发，但损失程度大、影响范围广，单靠这种小规模缓慢积累的补偿金，不足以有效化解巨灾风险。因此，可以通过建立政府主导下的中央级森林保险风险基金特别是巨灾风险基金的方式来规避巨灾风险。建议建立全国性的森林保险巨灾风险基金，以实现林业巨灾风险在全国范围内的分散和化解。

（五）探索发行林业巨灾风险债券

林业巨灾风险债券是林业风险管理管控的一种风险分散方式，能够减轻在发生林业巨大自然灾害时保险公司因赔付而造成的损失，是一种针对巨灾风险的管控手段，也是一种有效扩大保险公司承保容量的方式。通过发行林业巨灾风险债券，让资本市场对林业巨灾风险进行有效分散转移，能够降低保险行业无法弥补灾后赔付时对保险公司造成的不可逆的伤害。尽管林业巨灾风险债券是一种风险转移方式，但所有林业巨灾管理的过程都与它息息相关，选择灾害品种时会涉及风险识别，衡量林业巨灾风险时要充分考虑风险评估模型，从而达到风险分散的效果。

第九章 森林保险财政补贴

本章以经济学理论为指导，阐述森林保险财政补贴的必要性、理论依据和产生的效应，以及当前我国财政补贴规模、标准与方式，并对财政补贴效果评价进行详细介绍。

第一节 财政补贴理论基础

财政补贴是政府部门利用财政手段对社会资源进行合理再分配的一种机制，这种合理分配资源的结果是消费者获得更多消费者剩余。森林保险财政补贴即政府部门通过对森林保险业务相关费用进行财政补贴来扶持林业产业，林业经营主体通过参与森林保险分散种植过程中的风险，保险公司通过经营森林保险获得政府的补贴剩余，最终政府在这种经营活动中实现了社会总福利的最大化。

一、必要性

（一）森林保险需要政府支持

林业是国民经济的基础，是安天下、稳民心的战略性产业，但同时又是典型的高风险产业，面临着严重的自然灾害威胁。林业的自然再生产与经济再生产相融合的特点导致林业风险具有特殊性，如林业生产过程受天气等自然因素的影响，具有相关性、时空性、时滞性和动态性等特性，林产品的市场风险也显著区别于其他商品，具有系统性、周期性、波动性和突发性等特性。由于林业在国民经济中的基础性、战略性地位及其风险的特殊性，使得林业风险管理相对于其他行业的风险管理，也具有显著的特征差别。森林保险作为分散转移风险及稳定经营主体收入的一种有效的风险管理工具和林业支持保护手段，由于其具有准公共产品属性且商业化森林保险会出现市场失灵等现象，需要政府的支持甚至直接参与，故政府在森林保险中发挥着重要作用。

（二）财政补贴是政府支持森林保险的重点

森林保险具有福利外溢性和准公共产品属性，需要政府的支持和参与。那么，政府在森林保险中具有何种职能，应当发挥何种作用？第一，政策支持。林业风险具有的相关性和系统性，森林保险存在的外部性、信息不对称和垄断等问题，导致市场无法或无法充分提供林业生产经营者所需的保险产品。所以，政府必要的财政补贴、税收减免和公共信息服务等政策支持是森林保险市场存在并长期发展的基础，也是政府在森林保险中应有的职能和应发挥的作用。第二，市场监管。除政策支持外，政府还必须承担森林保险市场监督和管理的责任和义务。政府需要站在社会发展全局的高度对森林保险进行组织协调和监督管理，加强法律与制度建设，促进有序竞争和规范运营，营造良好的市场环境。第三，巨灾兜底。森林经营经常面临巨灾风险威胁，政府除了支持建立森林巨灾风险转移和分散体系外，还必须扮演好应对巨灾风险中"最后守护人"的角色，通过灾害救济、社会救助等方式保障农户，特别是贫困户的基本生产和生活需要，以免危及社会稳定。由此可见，政府支持是森林保险存在和发展的基础，而财政补贴是政府支持森林保险的重点，政府要更好地发挥引导和推动作用，通过加大政策扶持力度，强化业务监管，规范市场秩序，给予必要的保费补贴、大灾赔付、提供信息数据等支持为森林保险的发展营造良好环境，推动森林保险业的发展。

（三）财政补贴保障森林保险发展

森林保险作为政策性保险，服务于国家整体发展战略的要求，森林保险财政补贴的方向也应符合国家林业产业发展的政策性目标。森林保险政策目标主要包括：第一，分散林业自然灾害风险，保障粮食安全和重要农产品有效供给；第二，转移林产品价格波动风险，保障经济和社会稳定；第三，提高和稳定森林经营主体收入，满足社会公平目标。另外，林业政策目标还与脱贫攻坚、生态文明建设、乡村振兴和绿色发展等相契合，其优先顺序要依据社会经济发展水平以及林业产业发展阶段来分析确定。因此，当前财政补贴的重点方向应当紧紧围绕实施乡村振兴战略和巩固脱贫攻坚成果，立足深化林业供给侧结构性改革，按照适应世界贸易组织规则、保护林业经营主体利益、支持林业发展和"扩面、增品、提标"的要求，进一步完善森林保险政策。同时，鼓励各地因地制宜地开展优势特色林产品保险，以加强森林保险对目前覆盖程度较低的地方特色产业的风险保障。

二、理论依据

（一）经济机理与内在动因

森林保险的正外部性和需求的价格刚性使得市场失灵现象在世界各国普遍存在，

因此财政补贴对于缓解市场失灵、提升社会福利及促进森林保险发展很有必要。对森林保险财政补贴的研究通常以福利经济学为理论基础，经历了两个阶段：第一阶段主要是对森林保险市场失灵进行经济学解释，为森林保险财政补贴政策寻找理论依据。对于森林保险市场失灵的原因，主要从外部性特征和信息不对称两个视角考虑，一类是围绕外部性特征开展的理论分析和实证检验，认为森林保险具有准公共物品典型的生产和消费双重正外部性，森林保险资源配置低效，造成市场失灵，为缓解森林保险市场存在的供需失衡的困境，政府应给予财政补贴；另一类是围绕信息不对称问题开展，认为道德风险与逆向选择增加了森林保险的成本，为此需要政府财政补贴来推动森林保险市场发展。第二阶段则是随着森林保险财政补贴水平的不断提高，开始侧重于对补贴福利效应进行研究，认为财政补贴可提高社会总福利，有助于打破市场失灵的僵局，是森林保险市场发展的先决条件。图 9-1 展示了森林保险财政补贴动因。

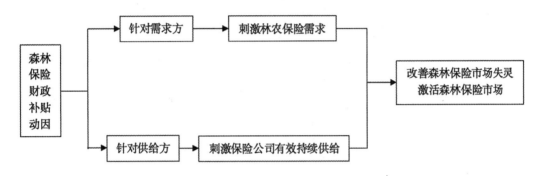

图 9-1 森林保险财政补贴动因

虽然从市场失灵的角度论证了森林保险财政补贴的必要性，也对财政补贴福利效应进行了研究，但森林保险财政补贴政策的形成是一个经济与政治不可分割的过程，由于"市场解决不好的问题，政府也未必解决得好"，补贴政策往往会带来社会福利的无谓损失，使得森林保险财政补贴政策的福利效应遭到质疑，认为财政补贴并未有效解决市场失灵问题，反而会导致社会福利的净损失，如果进一步加大财政补贴力度，政府可能会面临沉重的财政负担，而这些负担最终将转嫁给纳税人，如此将会破坏保险市场价格机制与保险自身功能，增加林业经营主体的风险，进而降低社会资金效率。

（二）激励作用和影响机制

森林保险财政补贴效果是通过补贴对森林保险及林业生产的激励作用机制来显现的。本节内容基于投保决策内在作用机理，对不同规模林业经营主体的参保影响机制做出区分，并关注供给方财政补贴的激励作用和影响机制。

一是对投保主体的激励作用和影响机制。财政补贴政策激励下林业经营主体参与森林保险的影响机制分为两部分，一部分受来自个体和林业生产外部的推动因素影响，一部分受森林保险产品服务创新供给的拉动因素控制。个体推动因素主要有收入水平、消费者未来收入预期、林业经营主体（如林农）个人偏好、替代品价格等；林业外部推动因素包括风险水平、保费补贴激励政策等。拉动因素主要有保险价格、森林保险互补品等（见图9-2）。其一，就森林保险而言，价格是林业经营主体需支付的保费，保费的确定既要考虑林业经营主体对价格的敏感性，又要确保保险公司有一定的营利能力。其二，低价替代品会降低森林保险的有效需求，即其他风险管理措施如自我风险预防与风险控制、公共补偿等。其三，收入水平一方面会影响林业经营主体自身拥有的财富，低收入水平会限制林业经营主体购买森林保险；另一方面，现有收入水平也会影响林业经营主体对收入的未来预期，进而影响其参保决策。其四，未来预期收益，尤其对风险规避的林业经营主体来说，在高风险水平下，预期损失增加，预期收益降低，会增加其参保意愿。其五，林业经营主体个人偏好受其年龄、种植经验、受教育程度、林地规模、风险规避程度及先有保险经验等的影响，而这些因素均可通过影响其对未来预期的评估，进而影响其对森林保险的需求。其六，互补品是指与森林保险相捆绑的信贷优待条款或产品，其可能会刺激林业经营主体对森林保险的需求。此外，政府财政补贴对森林保险需求的影响机制一般从收入效应和替代效应两方面进行分析（见图9-3）。收入效应是指财政保费补贴相当于提高了林业经营主体的实际收入，增强其购买支付水平，有助于提高其对森林保险的有效需求；替代效应是指保费补贴相当于降低了保险价格，使得森林保险参与成本较其他风险管理措施有所下降，参保相对预期收益增加，提升了林业经营主体的有效需求。

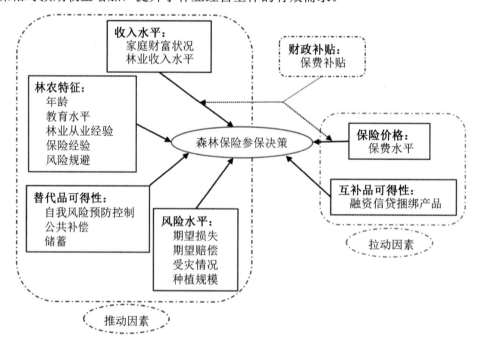

图9-2　林业经营主体森林保险参保决策及影响因素

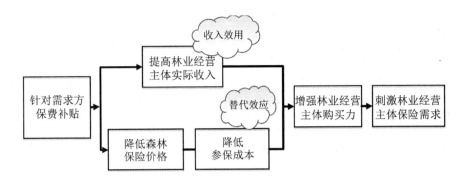

图 9-3　财政补贴对林业经营主体参保需求的影响机制

二是对保险公司的激励作用和影响机制。由于林业风险可保性差、森林保险市场道德风险与逆向选择严重、定损理赔难度大以及经营成本高等原因，导致保险公司利润空间小，加之自身分散风险的能力有限，使得保险公司经营森林保险业务的积极性不高。而在财政补贴下，针对需求方林业经营主体的保费补贴可扩大林业经营主体参保规模，基于保险大数原理可实现更大范围的风险分散，这间接刺激了保险公司承保的积极性。同时，针对供给方保险公司提供的财政补贴，一方面，政府费用补贴可减少保险公司开展森林保险业务的经营费用，提高预期收益；另一方面，针对森林保险产品的高风险特性，政府提供再保险补贴并建立巨灾风险基金，可实现林业巨灾风险的分散，降低大灾风险下巨额赔付导致支出大于收入的风险，进而提升保险公司的预期收益，增强其持续创新供给动力（见图 9-4）。

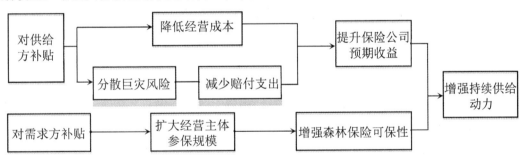

图 9-4　财政补贴对保险公司保险供给的影响机制

三、效应分析

财政补贴是政府协调国民收入分配、调节国民经济运行的宏观手段之一，实质上是将部分收入和经济资源在不同的群体之间进行再分配，从而缓解部分社会不公平的现象。财政补贴对经济最主要的影响在于它可以改变产品相对价格结构。经济学将这种由相对价格改变导致的对需求数量的影响分解为收入效应和替代效应，前者可以增加经济主体的收入，后者可以带来资源的重新配置。

森林保险财政补贴旨在通过提供补贴来提高林业经营主体支付能力，以增强其有效参保需求，进而通过森林保险市场的发展提高森林生产抗风险能力，稳定林业生产，保障森林经营主体的收入。基于对森林保险财政补贴根本目标的分析，可将森林保险财政补贴效应概括为短期效应和长期效应。短期效应指通过财政补贴激励林业经营主体参保，化解森林保险有效需求不足的困境；长期效应包括增收效应和产出激励效应。但森林保险财政补贴长期效应需在实现其短期效应的基础上逐渐显现，所需周期长，且受到林业经营主体参保后生产行为调整与变化的影响。图 9-5 为我国森林保险保费补贴效应。

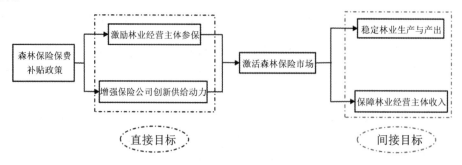

图 9-5　我国森林保险保费补贴效应

森林保险财政补贴效应有如下特点：

第一，森林保险财政补贴政策对传统小林农和新型林业经营主体均具有参保激励效应，但存在差异，当前"低保障、广覆盖"的补贴政策对小林农的参保激励效应要明显高于新型林业经营主体。此外，不同森林保险产品对林业经营主体参保意愿的影响存在显著差异。

第二，森林保险保费补贴政策对林业第一产业涉林产值有显著正向影响，且影响效果随补贴政策实施时间的推移而增强。补贴政策实施后，试点省份较非试点省份的平均林业第一产业涉林产值增加。但同时，相较于财政补贴投入资金，森林保险保费补贴政策的林业产出激励效应仍较弱，这可能与森林保险保费补贴政策产出激励效应显现所需时间较长以及现有补贴政策存在一定的缺陷有关。

第三，森林保险保费补贴政策的产出激励效应存在区域差异，这可能与不同区域的经济水平、政府财政实力、林业资源状况、投保主体、保费负担能力及受灾特点均存在巨大差异有关，导致统一补贴模式下不同区域的产出激励效应存在较大差异。

第二节　财政补贴标准与方式

森林保险财政补贴机制主要涉及对森林保险业务的财政补贴规模、财政补贴标准、财政补贴方式等方面。

一、补贴规模

森林保险财政补贴规模存在一个最优补贴规模区间，不能一味地追求补贴规模的持续提高。当财政补贴低于最优补贴规模时，财政补贴处于低效状态；而当补贴规模超过一定范围时，会出现补贴边际效用递减，林业经营主体投保的边际成本会越来越高，不仅会加重政府财政负担，也不利于补贴效率的提升。目前，我国中央和地方的森林保险保费补贴比例合计已接近90%，远超过全球农业保险平均补贴比例，未来补贴比例的提升空间非常有限；但同时，随着保费补贴比例的不断提高，我国森林保险市场有效需求仍然不足，这是由于我国森林保险标的是再植成本，虽然补贴比例较高，但整体补贴规模仍然有限，仅通过提高保费补贴比例并不能有效提高补贴整体规模，也难以增加林业经营主体对森林保险的投保意愿。按照现行保费补贴政策（补贴规模=保险费×补贴比例=保险金额×保险费率×补贴比例），除补贴比例外，保险金额和保险费率也是影响补贴规模的重要因素。

实际上，保险金额过低是导致补贴规模有限的主要原因，我国目前规定的保险金额低于实际造林成本，更不能涵盖林木实际价值，起不到预期的保障作用，对林业经营主体缺乏吸引力，从而抑制了营林主体的参保意愿。随着森林保险的深入推进，为激发林业经营主体参保动力并满足其实际需求，保障水平由前期低保额的成本保险模式逐步向以"保价值"为主的模式转变。同时，费率未根据实际风险进行精细化厘定也是导致补贴规模不合理的重要原因，不同地区、不同投保主体（包括林业兼业户、林业专业户、林业企业及各类新型林业经营主体）承担相同费率，造成信息不对称下的道德风险与逆向选择严重，进而严重影响了林业经营主体的参保意愿与保险公司的森林保险产品供给动力。为了有效发挥森林保险对林业生产的保障作用，应基于风险区划采取费率的精细化与差异化厘定，以缓解逆向选择问题。

二、补贴标准

2022年财政部修订印发的《中央财政农业保险保费补贴管理办法》规定，对中央财政补贴险种的保费，中央财政、省级财政按照保费的一定比例提供补贴，纳入补贴范围的中央单位承担一定比例保费。同时鼓励省级财政部门结合实际，对不同险种、不同区域实施差异化的农业保险保费补贴政策，加大对重要农产品、规模经营主体、产粮大县、脱贫地区及脱贫户的支持力度。

但从各地森林保险财政补贴责任分配实际来看，各级政府仍维持现有固定补贴比例，不同地区横向间差异不大。这种不考虑地区经济状况与各级政府财政水平及林业资源等情况的平均化倾向补贴模式，使得经济水平与财政实力相对较高而林业资源相对贫瘠的地区财政补贴负担较小，经济水平与财政实力相对偏低而林业资源相对丰富的地区财政补贴负担较大。当前中央统一补贴责任划分下的补贴标准看似公平，却进一步扩大了地区间财政补贴责任划分的不公平性；一方面容易导致部分县区缺乏开展森林保险业务的积极性，尤其是偏远贫困但森林资源丰富的地区，另一方面地方政府根据预算确定补贴范围与补贴比例，导致难以实现"应保尽保"，从而进一步拉大地区间森林保险发展的差距，严重影响了财政补贴政策的实施效果与补贴资金的使用效率。

三、补贴方式

为了使森林保险市场实现供求均衡，政府既可以采用对林业经营主体给予保费补贴的方式，又可以采用对保险公司给予经营管理费用和进行再保险补贴的方式，具体采用何种补贴方式关键取决于保费的构成形式。

（一）直接补贴

直接补贴方式主要是指为投保主体，即森林保险的林业经营主体提供保费补贴的方式。森林保险的保费补贴是针对投保方的一种转移性支出，其职能就是减小森林保险消费的正外部效应，主要是解决森林保险市场有效需求不足的问题。通过对林业经营主体的保费予以补贴，减轻其保费负担，提高其投保积极性，以维护森林保险市场运营的有效性，发挥森林保险在保证森林覆盖率、减轻林业经营主体负担和促进我国林业产业振兴等方面的基础保障作用。在应对自然灾害风险方面，保费补贴是非常有效的补贴策略。从政府财政补贴形式上来看，主要是采用有条件、不封顶配套补助方式，为被保险人提供森林保险保费补贴。

理论上，如果森林保险的费率厘定充分考虑了森林保险保费构成的所有要素，充分反映了森林保险经营成本、附加风险和营利状况，即森林保险的实际费率等于其公平精算费率，那么政府只需要为适度投保方提供保费补贴即可，因为保险公司的经营管理费用和利润都包含在保费中，因而无需对保险公司提供任何形式的财政补贴。

目前，我国森林保险采取的是针对投保方（林业经营主体）给予保费补贴的直接补贴方式。森林保险补贴工作运行机构层级一般为中央、省、地级市、县（市、区）四级，在省直管县的地区，补贴层级则为中央、省、试点县（市、区）三级。中央财政的补贴比例为30%，省级财政的补贴比例为25%～30%，市级及以下财政承担的补贴比例为5%～25%。这意味着森林保险保费结构中，林业经营主体自担部分平均为0～40%。

（二）间接补贴

间接补贴方式主要针对森林保险市场上承保主体有效供给不足问题，通过降低保险公司经营成本和费用，并建立风险补偿机制来提高保险公司的承保积极性。间接补贴主要包括以下四种方式：其一，经营成本补贴。其二，税收优惠，一是直接减免保险业务的所得税和营业税，二是允许保险公司将营利年份的部分保费收入不计入当期利润，而是作为未来赔付的准备金放入专门账户，以备受灾之年赔付使用。其三，提供再保险支持。其四，巨灾风险补偿基金，即由中央政府或省级政府建立巨灾风险补偿基金。前两者是对保险公司经营成本的补贴，后两者是针对森林保险产品的高风险特性，建立风险补偿机制。

采取多样化的补贴方式，有利于从供求双方解决保险市场失衡的矛盾，提高财政补贴效率。因此，除了保费补贴方式，发达国家基于森林保险的高风险和高成本的特征，普遍给予保险公司经营费用补贴，并建立了完善的巨灾风险补偿机制，国外实践证明了间接补贴模式的有效性。本书在第八章也对再保险与巨灾风险保障基金进行了介绍，因此本部分仅对经营成本补贴、税收优惠这两种间接补贴方式进行论述。

1. 成本补贴

经营成本补贴主要针对森林保险市场上承保主体有效供给不足问题。森林保险业务经营存在成本高的特点，通过降低保险公司经营成本和费用，以充分调动保险公司开展森林保险业务的积极性为原则，可在一定比例范围内为森林保险提供经营成本补贴。同时，为避免出现保险公司淡化责任、保险工作效率不高的问题，在采用经营管理费补贴这种方式时，一定要合理测定不同地区的森林保险业务的费用率，根据费用情况的差异，实行差别费用补贴比例。此外，为了激发基层林业管理部门和工作人员为森林保险经营机构的承保、查勘、定损等工作提供宣传和技术支持，财政也可对基层林业部门给予一定的协办费用补贴，以解决基层林业站森林保险工作经费缺乏的问题。因此，除了保费补贴方式，发达国家基于森林保险的高风险和高经营成本的特征，普遍给予保险公司经营费用补贴，国外实践也证明了经营成本补贴模式的有效性。

2. 税收优惠

对森林保险各参与主体进行税收优惠也是森林保险财政补贴的一项重要内容。对森林保险经营机构来说，税收优惠政策实施的意义在于减轻其经营负担，获得收益。对保险购买者来说，可以加强其购买意愿。

因此，为了使森林保险购买者的支付能力和经营主体的自我积累能力得到提高，应加大森林保险业务的税收优惠力度。具体包括以下几个方面：①对于各种森林保险参与主体，不论商业保险公司还是林户共保组织，可享有直接免征或减征保险经营所得税的优惠；②允许森林保险参与主体从经营盈余中扣除一定比例的资金作为保险准备金放入专门账户，并允许其在税前扣除，以备受灾年赔付之用，增加森林保险参与主体的资金实力和风险抵抗能力；③扩大营业税和印花税的免征范围，为森林保险业务顺利开展提供更为宽松的税收条件。

（三）直接补贴与间接补贴相结合

直接补贴与间接补贴相结合方式是指为供需双方提供财政补贴。林业风险具有风险单位与保险单位的非一致性、广泛的伴生性和弱可保性等特点，导致林业风险的识别、度量和评估存在难以克服的困难，森林保险的公平精算费率难以准确厘定。而我国森林保险经营技术水平较低，科学的保费厘定机制尚未建立，再加上林业风险灾害种类多、发生频率高、损失规模大等原因，使得森林保险的纯保险费率、费用率和附加费率都很高，导致森林保险的公平精算费率要比普通财产保险高出数十倍。目前，我国森林保险现行保费定价并没有涵盖森林保险保费成本的所有影响因素，如果采取单一的针对林业经营主体的保费补贴方式，根本无法解决森林保险市场的供需矛盾问题。因此，我国森林保险财政补贴方式应进行适当调整，政府除了向林业经营主体提供保费补贴以外，还应该为保险公司提供管理费用补贴和再保险补贴等（见图9-6）。

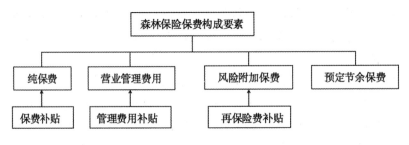

图9-6 森林保险保费分解

　　根据以上对森林保险保费的分解，无论是实行单一的保费补贴，还是同时实行保费补贴、经营管理费用补贴和再保险补贴，其实质都是对公平精算保费的补贴。而且在第二种情况下，保险公司并没有获得额外利益，因为这些费用成本本应是保险价格的组成部分，只是承担主体不同而已。图9-7展示了森林保险财政补贴的方式。

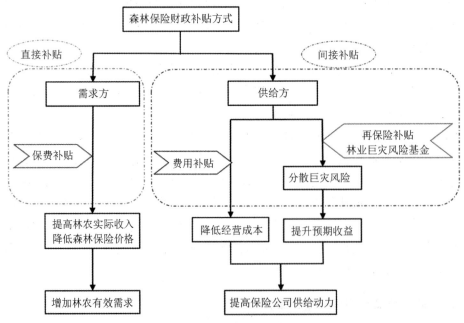

图9-7 森林保险财政补贴方式

第三节　财政补贴效果评价

政府对森林保险进行财政补贴，旨在通过促进森林保险的发展，实现对农林业生产及稳定的保障和促进。随着森林保险保费补贴覆盖面不断扩大、补贴比例不断提高，正确评价森林保险保费补贴效果具有重要意义。

一、评价框架

财政补贴效果即财政补贴政策的实施对环境、客体所带来的影响，可以简单概括为预定目标的完成程度、投入产出比、直接间接成本、各种环境变化以及政策的非预期影响等内容。财政补贴效果评价指的是评价主体按一定的标准，运用科学的方法，对财政补贴目标及实施结果的差异程度、投入产出比等进行合理评价与分析，做出客观、公正的判断。任何财政政策的制定与实施要想达到预期效果，必须要充分把握政策实施对象的经济行为。同样，对于森林保险保费补贴政策，其直接受益者是林业经营主体，间接受益者是保险公司，补贴行为实施主体是政府。因此，森林保险财政补贴政策实施效果评价应从投保方、供给方、政府方三个方面进行，重点为预定目标的完成程度，以投入产出比作为补充。

（一）投保方：衡量有效需求

森林保险投保方主要是指我国的林业生产经营者，包括小规模林农与大规模林业企业。森林保险补贴力度作为影响林业生产经营者森林保险购买意愿的因素，能够衡量投保方的有效需求，间接评价森林保险财政补贴政策的效果。随着我国森林保险更深入且广泛地开展，以及政府财政提供一定的支持，我国林农对森林保险的认知有了一定程度的提高，在对有效需求进行衡量时，可以多关注投保方对保险公司灾后查勘定损技术、灾后出险查勘到理赔的合理性与时效性的预期，评估其对森林保险业务的满意度。

（二）供给方：评估产品创新水平

森林保险的供给方主要指的是市场中的保险公司。保险公司的产品创新水平可以在一定程度上吸引与满足林农的异质性支付意愿与支付能力，带动支付意愿与支付能力较高的大林农或林业企业的有效需求，从而促进森林保险的发展。除此之外，保险公司较高的产品创新水平有助于更好地进行风险区划、制定差别费率，提升投保林农的参与积极性。因此，对供给方的产品创新水平进行评估是评价森林保险财政补贴政策实施效果的组成部分，良好的产品创新水平是推动森林保险发展的关键。

（三）政府方：评价参与动力

在我国现行的森林保险政策执行中，明确政府参与方的职责权限（尤其是林业部门参与森林保险工作的责任权限），有助于激发林业部门参与开展森林保险业务的动力，推动森林保险制度有效运行。因此，评价政府方参与森林保险工作的动力，是评价我国森林保险实施效果的重要环节。只有消除了地方政府财政压力的现实因素，才能提高森林保险推广宣传的积极性，引导森林保险的推广在深度与广度方面延伸，解决有效需求不足的难题。

二、评价重点与方法

（一）衡量投保方有效需求

衡量投保方有效需求，主要体现在衡量林业经营主体的参保积极性和参保收益上。林业经营主体的参保积极性由参保率直观反映，林业经营主体的参保收益由保障水平和赔付补偿率直观反映。其中，赔付补偿率是各年度森林保险赔款与林业经营主体自缴保费的比值，用来度量林业经营主体平均每缴纳 1 元保费所获得的经济补偿。赔付补偿率越高，遇灾时林业经营主体所得赔付就越多，就越有利于灾后及时恢复再生产。此外，为了提高严谨性和准确性，对于参保积极性的评价可以综合考虑主体的投保意愿，方法上可以采用如二分类 Logistic 模型或者 Logit 模型对影响林农森林保险需求的相关因素进行实证分析。

模型设定为

$$Y_i = a + \sum_{k=1}^{n} \beta_k x_k + \varepsilon$$

其中，Y_i 是多元有序变量，表示传统小林农或新型林业经营主体 i 的森林保险需求选择；$i=0$ 为"无参与意愿"，$i=1$ 为"一般"，$i=2$ 为"有较高参与意愿"。x_k 是自变量向量，包括森林保险保费补贴、森林保险产品供给特征、贷款需求特征、森林受灾特征、个人或企业特征、林业生产经营特征、经济收入特征等。β 表示自变量系数。

（二）评估供给方产品创新水平

对于保险公司而言，评估产品创新水平可以分解为提供新产品的带动作用、承保的激励作用和供给的促进作用。财政补贴对其提供新产品的带动作用可以通过新保险产品的产出和相关合同的签订体现，承保激励作用可通过保费收入体现，供给促进作用可通过保险密度与赔付支出体现。若保险公司不断推出符合林业产业发展、满足不同林业经营主体实际需求的新型保险产品，则说明保险公司具有一定的产品创新能力；

若保险公司保费收入逐年增长，则说明保险公司承保积极性高，有动力进行产品创新；若保险密度增大，赔付支出上升，则说明森林保险供给水平得到了提升。其中，保险密度是衡量森林保险发展程度的综合性指标，森林保险密度越高，森林保险市场越发达，也就说明补贴资金发挥了有效激励作用。

（三）评价政府方参与动力

对于政府部门而言，政府参与森林保险的基本动机是通过为林业经营主体提供保费补贴，增加其有效需求，动员更多资金参与林业灾损补偿。因此，政府层面的效率评价表现为补贴对林业风险与林业生产的保障情况与赔付情况，可通过补贴保障倍数和补贴赔款倍数来反映。其中，补贴保障倍数为保险总额与补贴总额的比值，补贴赔款倍数为保险赔款与补贴总额的比值，反映了一元补贴给经营主体带来的保险保障与保险赔款。同时，评价政府方参与动力应当综合考虑各地区森林保险财政补贴的投入产出效率。DEA（数据包络分析方法）是测算投入产出效率最常用的方法，且不依赖于模型设定，但传统的 DEA 方法不能排除外界干扰因素，包括环境因素、随机变量等。三阶段 DEA 方法通过第二阶段援引 SFA（随机前沿分析）回归模型将外部环境因素对效率的影响进行过滤，但未能对随机扰动因素进行过滤，仍存在一定的缺陷。而在四阶段 Bootstrap-DEA 模型中，第二阶段采用 Tobit 模型来解决原有三阶段 DEA 中因使用 SFA 法产生的因变量截断问题，可以保留各决策单元运行过程中所面临的真实环境因素。第四阶段基于 Bootstrap 的迭代模拟，有助于降低 DEA 模型因样本限制导致的结果偏误，适用于解决林业小样本的问题，有助于得出更加准确的结论。

三、评价结果

（一）产品与实际需求不匹配

现有森林保险产品满足不了投保主体的现实需求，呈现出投保主体真实参保意愿不足的困境。公益林参保面积不断增加主要是由于政府采取统保方式且给予公益林保险高比例甚至是全额保费补贴，一旦失去政府统保或者减少保费补贴比例，公益林保险将陷入投保意愿不足的困境。商品林因当前保险产品不能满足投保主体实际风险管理需求而陷入参保面积逐步萎缩的困境。出现上述情况的原因主要有以下两点。

一方面，未考虑不同类型林业经营主体的差异化风险管理需求。近年来，随着林业产业化和规模化发展，新型林业经营主体逐渐成为我国林业生产的新趋势，成为森林保险的重要需求者。根据实地调研发现，现代林业发展呈现出高成本、高投入的生产特点，保险标的经营成本与经济价值日益增长；而基于"低保障、广覆盖"原则设计的森林保险产品保险金额过低，且未能实现与林业生产成本的同步增长，不能满足规模化经营主体对灾害损失补偿的保障需求，导致真正有保险需求的投保主体，尤其是大规模新型林业经营主体因参保"不解渴""获得感差"而无投保意愿。

另一方面，未考虑不同地区投保主体地域化、特色化的保险需求。林业风险的多样性决定了林业经营主体对森林保险需求的多样化，我国不同地区所面临的主要林业灾害存在差异，如福建、广东、海南等处于东部沿海或临邻区域，易受台风影响，对台风灾害责任的保险产品需求较高；江西等地受雨雪冰冻灾害影响严重，对冰冻灾害责任的保险产品需求较高；福建山体多、山势陡且降雨多，对滑坡灾害责任的保险产品需求较高。而现有森林保险产品除火灾单独险外，并没有针对地区特殊灾害的成熟森林保险产品；综合险虽然包含投保主体对其他灾害保险的需求，但不能满足不同地区投保主体地域化、特色化的保险需求。

（二）保险产品创新水平较低

森林保险业务经营成本高，且受限于"低保费"，使得保险公司持续供给动力弱。同时，森林保险供给市场未能形成有效竞争格局，保险公司创新供给积极性不足，均导致森林保险产品的创新与升级相对滞后，难以适应现代林业发展过程中涌现出的新需求。出现上述情况的原因主要有以下两点。

一方面，保险公司创新供给动力不足，持续供给面临困境。其一，目前保险公司选择经营森林保险业务的重要原因之一就是当前公益林实行统保模式。实际上，地方政府，尤其是基层林业部门在森林保险运作中完成了大量工作并承担了大部分经费支出，由此减少了保险公司的森林保险经营成本；若林业部门因经费问题而停止相关协助工作，保险公司就极有可能缩减森林保险业务，甚至退出森林保险市场，持续供给动力不足。其二，保险公司在森林保险业务开展中技术难度大、经营成本高的问题凸显，且受限于压低保费的压力，使得保险公司的产品创新积极性不高，持续供给面临困境。其三，目前我国森林保险供给市场产业集中水平仍比较高，属于寡头型垄断市场，阻碍了统一服务与标准的明确，造成森林保险供给市场未能形成有效竞争格局，创新供给动力明显不足。

另一方面，森林保险产品的创新与升级相对滞后，难以适应新形势与新需求。一是森林保险产品并未有实质性变化，仍以公益林与商品林的火灾险和综合险为主。二是新型森林保险产品的开发、设计、创新及升级相对滞后，难以适应与满足现代林业发展过程中涌现出的众多新情况与新需求，阻碍了森林保险市场向更深层次的发展。

（三）地方政府参与动力不足

地方政府作为推动森林保险发展的政策执行主体，需要配套提供一定比例的保费补贴；而当前相对统一的财政补贴模式，未能考虑不同地方政府的实际财政水平，导致地方政府财政实力与其所承担的补贴压力不匹配，参与森林保险动力不足。从森林保险经营实际来看，部分地方政府因森林规模大或财力限制造成过重的补贴负担，从而导致其参保面积减少，甚至退出森林保险。由于吉林省部分县财政困难，无力配套补贴资金，导致 2016 年其公益林参保面积下降 22.74%；2018 年大连市受财力限制，降低了 10%的县级财政补贴，导致其投保面积减少 31.44 万亩；截至 2020 年，由于森林面积大、地方财力负担过重，西藏和新疆仍未被纳入补贴试点范围；黑龙江省由于地方财政调整，保费补贴配套支持受到影响，暂停了 2020 年政策性森林保险试点。

参考文献

一、英文文献

[1] Barreal J, Loureiro M L, Picos J. On insurance as a tool for securing forest restoration after wildfires [J]. Forest Policy and Economics, 2014, 42: 15-23.

[2] Birgit M, Leigh J, David K. Maladaptive outcomes of climate insurance in agriculture[J]. Global Environmental Change, 2017, 46: 23-33.

[3] Brunette M, Holecy J, Sedliak M, et al. An actuarial model of forest insurance against multiple natural hazards in fire (Abies alba Mill) stands in Slovakia[J]. Forest Policy and Economics, 2015, 55: 46-57.

[4] Brunette M, Couture S, Pannequin F. Is forest insurance a relevant vector to induce adaptation efforts to climate change? [J]. Annals of Forest Science, 2017(2): 41.

[5] Brunette M, Couture S. Risk management activities of a non-industrial private forest owner with a Bivariate utility function[J]. Rev Agric Food Environ Stud, 2018, 99: 281-302.

[6] Cai J, Song C. Do disaster experience and knowledge affect insurance take-up decisions? [J]. Journal of Development Economics, 2017, 124: 83-94.

[7] Casaburi, Lorenzo, Jack W. Time versus state in insurance: experimental evidence from contract farming in kenya[J]. American Economic Review, 2018, 108 (12): 3778-3813.

[8] Chen X, Goodwin B K, Prestemon J P. Is Timber Insurable? A study of wildfire risks in the U.S. forest sector using Spatio-temporal models[J]. American Journal of Agricultural Economics, 2014(1): 213-231.

[9] Chen Y H, X W, Wang B, et al. Agricultural pollution and regulation: how to subsidize agriculture[J]. Journal of Cleaner Production, 2017, 164: 258-264.

[10] Cipollaro M, Sacchelli S. Demand and potential subsidy level for forest insurance market in Demand and potential subsidy level for forest insurance market in Italy[R]. 7th AIEAA Conference-Evidence-based policies to face new challenges for agri-food systems Conegliano (TV), 2018-06: 14-15.

[11] Coble K H, Barentt B J. Why do we subsidize crop insurance? [J]. American Journal of Agricultural Economics, 2013, 95: 498-504.

[12] Cole S A, Gine X, Tobacman J, et al. Barriers to household risk management: evidence from India[J]. American Economic Journal: Applied Economics, 2013(5): 104-135.

[13] Clarke D J. A Theory of rational demand for index insurance[J]. American Economic Journal: Microeconomics, 2016, 8(1): 283-306.

[14] Dai Y W, Chang H H, Liu W P. Do forest producers benefit from the forest disaster insurance program? empirical evidence in Fujian province of China [J]. Forest Policy and Economics, 2015, 50: 127-133.

[15] Deng Y L, Munn I A, Coble K, et al. Willingness to pay for potential standing timber insurance[J]. Journal of Agricultural & Applied Economics, 2015(4): 510-538.

[16] Dong H B, Jimoh S O, Hou Y L, et al. Willingness to pay for livestock husbandry insurance: an empirical analysis of grassland farms in Inner Mongolia, China[J]. Sustainability, 2020, 12.

[17] Erisson L. Explaining gender differences in private forest risk management[J]. Scandinavian Journal of Forest Research, 2018, 33(7): 716-723.

[18] Farrin K, Miranda M J, O'Donoghue E. How do time and money affect agricultural insurance uptake? a new approach to farm risk management analysis[R]. Report Summary No. ERR-212, US Department of Agriculture, Economic Research Service, 2016-08.

[19] Fona W M, Sanfo S, Kedir A M, et al. Estimating farmers' willingness to pay for weather index-based crop insurance uptake in West Africa: insight from a pilot initiative in Southwestern Burkina Faso[J]. Agric Econ, 2018, 11(6).

[20] Gan J, Jarrett A, Johnson G C. Wildfire risk adaptation: propensity of forestland owners to purchase wildfire insurance in the southern United States[J]. Canadian Journal of Forest Research, 2014, 44(11): 1376-1382.

[21] Georgina R B, Frédéric R, Alain L. Rating a wildfire mitigation strategy with an insurance premium: a boreal forest case study[J]. Forests, 2016, 7(5).

[22] Goodwin B K, Smith V H. What harm is done by subsidizing crop insurance? [J]. American Journal of Agricultural Economics, 2013, 95(2): 489-497.

[23] Goodwin B K, Hungerford A. Copula-based models of systemic risk in U. S. agriculture: implications for crop insurance and reinsurance contracts[J]. American Journal of Agricultural Economics, 2014, 97(3): 79-896.

[24] Gulseven O. Estimating the demand factors and willingness to pay for agricultural insurance[J]. Papers, 2020.

[25] Hyde W F, Yin R S. 40 Years of China's forest reforms: summary and outlook[J]. Forest Policy and Economics. 2019, 98: 90-95.

[26] Holecy J, Hanewinkel M. A forest management risk insurance model and its application to coniferous stands in southwest Germany[J]. Forest Policy and Economics, 2006(2): 161-174.

[27] Jainal D, Usami K. Smallholder farmers' willingness to pay for agricultural production cost insurance in rural west Java, Indonesia: a contingent valuation method (CVM) approach[J]. Risks, 2019, 7(2): 69.

[28] Jayson L, Lusk. Distributional effects of crop insurance subsidies[J]. Applied Economic Perspectives and Policy, 2017, 39: 1-15.

[29] Liesivaara P, Myyrä S. The demand for public-private crop insurance and government disaster relief[J]. Journal of Policy Modeling, 2017, 1(39): 19-34.

[30] Liu F, Corcoran C P, Tao J, Cheng J. Risk perception, insurance recognition and agricultural insurance behavior–an empirical based on dynamic panel data in 31 provinces of China[J]. International Journal of Disaster Risk Reduction, 2016(20): 19-25.

[31] Lou W P, Sun S L. Design of agricultural insurance policy for tea tree freezing damage in Zhejiang province, China[J]. Theoretical & Applied Climatology, 2013(3): 713-728.

[32] Lyu K, Barré T J. Risk aversion in crop insurance program purchase decisions[J]. China Agricultural Economic Review, 2017, 9: 62-80.

[33] Ma N, Li C, Zuo Y. Research on forest insurance policy simulation in China[J]. Forestry Economics Review, 2019, 1(1): 82-95.

[34] Qin T, Gu X, Tian Z, et al. An empirical analysis of the factors influencing farmer demand for forest insurance: based on surveys from Lin'an County in Zhejiang province of China[J]. Journal of Forest Economics, 2016, 24: 37-51.

[35] Qin T, Deng J, Pan H, et al. The effect of coverage level and premium subsidy on farmers' participation in forest insurance: an empirical analysis of forest owners in Hunan Province of China[J]. Journal of Sustainable Forestry, 2016, 35(3): 191-204.

[36] Rajan P, Omkar J, Neelam C, et al. To insure or not to insure? factors affecting acquisition of prescribed burning insurance coverage[J]. Rangeland Ecology & Management, 2019, 92(6): 968-975.

[37] Sacchelli S, Cipollaro M, Fabbrizzi. A GIS-based model for multi scale forest insurance analysis: The Italian case study[J]. Forest Policy and Economics, 2018, 92(1): 106-118.

[38] Sauter P A, Möllmann T B, Anastassiadis F, et al. To insure or not to insure? analysis of foresters' willingness-to-pay for fire and storm insurance[J]. Forest Policy and Economics, 2016(73): 78-89.

[39] Sauter P A, Hermann D, Musshodd O. Are foresters really risk-averse?: a

multi-method analysis and a cross-occupational comparison[J]. Forest Policy and Economics, 2018, 95: 37-45.

[40] Sherrick B, Schnitkey G. Crop insurance decisions for 2016[D]. Department of Agricultural and Consumer Economics University of Illinois at Urbana-Champaign, 2016.

[41] Shen S. Research on insurance difficulties and countermeasures after the reform of collective forest rights: empirical research based on the investigation data in Yongan city of Fujian province[R]. 2019 International Conference on Education Innovation and Economic Management (ICEIEM 2019), PB: Atlantis Press, SN: 2352-5398.

[42] Stojanović Z, Gligorijevic M, Rakonjac A T. The role of the marketing mix in the improvement of agricultural insurance[J]. Economics of Agriculture, 2012, 59(4): 769-780.

[43] Was A, Kobus P. Factors differentiating the level of crop insurance at Polish farms[J]. Agricultural Finance Review, 2018(78): 209-222.

[44] Weber J G, Key N, O'Donoghue, et al. Does federal crop insurance make environmental externalities from agriculture worse? [J]. Journal of the Association of Environmental and Resource Economists, 2016, 3(3): 707-742.

[45] Xin F, Dai Y W. An innovative type of forest insurance in China based on the robust approach[J]. Forest Policy and Economics, 2019, 104(7): 23-32.

[46] Yadgarov A A. international insurance market and experience of foreign countries in agricultural insurance[J]. Economics and Innovative Technologies, 2020(2), Article 8.

[47] Yang R H. Agricultural insurance: theory, empirical research and experience: based on farmer household data[J]. China Agricultural Economic Review, 2020, 10(1): 173-175.

[48] Zhang D, Stenger A. Timber insurance: perspectives from a legal case and a preliminary review of practices throughout the world[J]. New Zealand Journal of Forestry Science, 2014(1): S9.

[49] Zhang Y Y, Hu W Y, Zhan J T, et al. Farmer preference for swine price index insurance: Evidence from Jiangsu and Henan provinces of China[J]. China Agricultural Economic Review, 2019, 12(1): 122-139.

[50] Zhao Y F, Chai Z H, Delgado M S, et al. A test on adverse selection of farmers in crop insurance: Results from Inner Mongolia, China[J]. Journal of Integrative Agriculture, 2017, 16(2): 478-485.

[51] Zhao Y F, Chai Z H, Delgado M S, et al. An empirical analysis of the effect of crop insurance on farmers' income results from Inner Mongolia in China[J]. China Agricultural Economic Review, 2016(8): 299-313.

二、中文文献

[1] 曹兰芳，彭城，文彩云，等. 集体林区异质性农户森林保险需求及差异研究——基于湖南省 500 户农户面板数据[J]. 农业技术经济，2020（5）：82-92.

[2] 曹蕾，周朝宁，王翌秋. 农机保险支付意愿及制度优化设计[J]. 农业技术经济，2019（11）：29-44.

[3] 曹斯蔚. 林业供给侧改革视角下郴州市森林保险发展对策研究[J]. 林业经济，2017（4）：87-92，112.

[4] 柴智慧. 农业保险的农户收入效应、信息不对称风险[D]. 呼和浩特：内蒙古农业大学，2014.

[5] 陈国荣，邵豹伟，秦涛，等. 基于风险区划的我国森林火灾险费率厘定研究[J]. 价格理论与实践，2017（8）：116-119.

[6] 陈林，伍海军. 国内双重差分法的研究现状与潜在问题[J]. 数量经济技术经济研究，2015，32（7）：133-148.

[7] 陈绍志，赵荣. 发达国家森林保险发展经验[J]. 世界农业，2013（8）：6-12.

[8] 陈天姣. 农业经济增长、政策性农业保险和农村居民收入的相互影响——基于 FAVAR 模型的实证研究[C]. 清华大学经济管理学院中国保险与风险管理研究中心、伦敦城市大学卡斯商学院、西南财经大学保险学院，2019：340-354.

[9] 陈曦，曹芳萍. 瑞典森林保险发展历程与现状分析[J]. 世界林业研究，2018，31（6）：60-64.

[10] 陈晓丽，陈彤. 森林保险最优财政补贴规模测度研究——基于调查四川省 180 户林农数据[J]. 新疆社会科学，2016（1）：47-52.

[11] 陈艳. 湖南省衡阳市商品林保险业务现状及改进对策研究[D]. 北京：中国林业科学研究院，2015.

[12] 程静，胡金林，胡亚权. 农户双低油菜天气指数保险支付意愿分析[J]. 统计与决策，2018，34（3）：121-124.

[13] 邓晶，陈启博. 基于 DEA 模型的我国森林保险保费补贴效率研究[J]. 林业经济，2018（10）：88-95，112.

[14] 邓晶，秦涛，张卫民. 我国森林保险财政补贴政策及其对林农保险需求的影响——基于湖南省林农问卷调查的实证研究[J]. 广东农业科学，2013，40（9）：200-204.

[15] 邓美君，张祖荣. 我国农业保险支农效率的区域差异——测度与分解[J]. 华东经济管理，2020，34（4）：92-99.

[16] 冯文丽，段亚东. 河北省农业保险保障水平影响因素的实证分析[J]. 农村金融研究，2019（2）：50-53.

[17] 冯祥锦. 森林保险投保行为研究[D]. 福州：福建农林大学，2012.

[18] 冯祥锦，黄和亮，杨建州，戴小廷，国常宁. 森林保险支付意愿实证分析——基于福建省森林培育企业的调查[J]. 林业经济，2013（9）：107-112，123.

[19] 富丽莎，秦涛，潘焕学. 森林保险制度体系重塑与运行机制优化[J]. 浙江农

业学报，2020，32（6）：1112-1122.

[20] 高播，张英，赵荣，等. 政策性森林保险制度设计创新研究[J]. 林业经济，2016，38（2）：27-32.

[21] 高凯，丁少群，王信. 我国农业保险发展的省际差异性及其形成机制研究[J]. 保险研究，2020（4）：53-68.

[22] 高旭东，李秉坤，尹航. 政策性保险保费补贴机理与使用效率研究[J]. 商业研究，2018（4）：54-60.

[23] 高阳，赵正，段伟，等. 基于林业自然灾害的农户森林保险需求实证分析——以福建、江西、湖南、陕西 4 省为例[J]. 世界林业研究，2014（4）：92-96.

[24] 顾雪松，谢妍，秦涛. 森林保险保费补贴的"倒 U 型"产出效应——基于我国省际非平衡面板数据的实证研究[J]. 农村经济，2016（6）：95-100.

[25] 郭军，谭思，孔祥智. 农户农业保险排斥的区域差异：供给不足还是需求不足——基于北方 6 省 12 县种植业保险的调研[J]. 农业技术经济，2019（2）：85-98.

[26] 韩茜. 我国政策性森林保险制度的构建[D]. 哈尔滨：东北林业大学，2012.

[27] 何小伟，庹国柱. 农业保险保费补贴责任分担机制的评价与优化——基于事权与支出责任相适应的视角[J]. 保险研究，2015（8）：80-87.

[28] 何学松，孔荣. 政府推广、金融素养与创新型农业保险产品的农民行为响应[J]. 西北农林科技大学学报（社会科学版），2018，18（5）：128-136.

[29] 何玥. 中国森林保险制度效率及影响因素研究[D]. 北京：北京林业大学，2015.

[30] 侯代男，江鸿，周慧秋. 基于熵权-正态云模型的政策性农业保险实施效果评价——以黑龙江省为例[J]. 干旱区资源与环境，2020，34（4）：33-38.

[31] 侯仲凯，丁宇刚，何卓静. 大牲畜保险道德风险：比较静态与动态演化分析[J]. 保险研究，2018（4）：43-54.

[32] 黄薇. 保险政策与中国式减贫：经验、困局与路径优化[J]. 管理世界，2019，35（1）：135-150.

[33] 黄颖. 我国农业保险保费补贴的绩效评价——基于 2009—2013 年省际面板数据的 DEA 实证分析[J]. 西南金融，2015（5）：32-35.

[34] 黄渊基，王韧，刘莹. 基于 DEA-Tobit 面板模型的农业保险补贴扶贫效率影响因素分析——以湖南省为例[J]. 农村经济，2018（5）：69-74.

[35] 黄泽颖，孙君茂，郭燕枝. 马铃薯病虫害发生规律认知水平影响因素分析——基于甘肃省 362 位马铃薯种植户的调查数据[J]. 中国农业资源与区划，2019，40（3）：85-91.

[36] 黄正军. 我国农业保险财政补贴政策研究[J]. 广西社会科学，2018（12）：113-116.

[37] 黄祖梅. 不完全信息下带有免赔额条款和共保条款的森林保险博弈分析[J].

征信，2014，32（8）：74-77.

[38] 季然，宋烨，张吕梁. 中国森林保险市场与补贴机制问题研究[J]. 中国林业经济，2020（4）：118-121.

[39] 简怡菁. 湖南省农户参与森林保险行为的影响因素研究[D]. 长沙：中南林业科技大学，2018.

[40] 蒋凡，王永富，秦涛，等. 福建省森林保险的现实困境及化解途径[J]. 林业经济，2018，40（7）：93-99.

[41] 江生忠，张煜. 农业保险对农村经济的助力效果分析——基于 3SLS 方法[J]. 保险研究，2018（2）：102-111.

[42] 江时鲲. 我国农业保险保费补贴效率研究——基于 Bootstrap-DEA 方法的分析[J]. 未来与发展，2016，40（2）：65-72.

[43] 鞠光伟，张燕媛，陈艳丽，等. 养殖户生猪保险参保行为分析——基于 428 位养殖户问卷调查[J]. 农业技术经济，2018（6）：81-91.

[44] 孔繁文，刘东生. 关于森林保险的若干问题[J]. 林业经济，1985（4）：28-32.

[45] 兰虹，赵佳伟，于代松. 乡村振兴战略背景下农业保险发展对策研究——以四川省为例[J]. 西南金融，2020（5）：64-77.

[46] 雷啸，陈泽承，黄和亮. 林农对森林保险支付意愿的实证分析——基于福建省林农的调研数据[J]. 中国林业经济，2020（6）：107-110.

[47] 冷慧卿. 我国森林火灾风险评估与保险费率厘定研究[D]. 北京：清华大学，2011.

[48] 李国志. 农户秸秆还田的受偿意愿及影响因素研究——基于黑龙江省 806 个农户调研数据[J]. 干旱区资源与环境，2018，32（6）：31-36.

[49] 李琴英，崔怡，陈力朋. 政策性农业保险对农村居民收入的影响——基于 2006—2015 年省级面板数据的实证分析[J]. 郑州大学学报（哲学社会科学版），2018，51（5）：72-78.

[50] 李士森，任金政. 我国农机保险财政补贴方案研究[J]. 中国农业资源与区划，2016，37（1）：136-142.

[51] 李文会，张连刚. 中国政策性森林保险的政策演进与展望——基于中央"一号文件"的政策回顾[J]. 林业经济问题，2017（3）：55-59，106.

[52] 李勇斌. 我国森林保险保费补贴区域差异化研究[J]. 区域金融研究，2018（5）：30-34.

[53] 李勇斌，谢涛，杜先培，等. 农业保险对农业生产影响效应的实证分析[J]. 浙江金融，2019（2）：50-58.

[54] 李彧挥，林雅敏，孔祥智. 基于 Cox 模型的农户对政策性森林保险支付意愿研究[J]. 湖南大学学报：自然科学版，2013（2）：103-108.

[55] 李彧挥，王会超，陈诚，等. 政策性森林保险补贴效率分析——基于湖南、

福建、江西三省调研数据实证研究[J]. 经济问题探索，2012（7）：17-22.

[56] 李彧挥，颜哲，王雨濛. 政策性森林保险市场供需研究[J]. 中国人口·资源与环境，2014，24（3）：138-144.

[57] 粟芳，方蕾. 政策性农业保险补贴最优模式探析——基于"千村调查"的研究[J]. 财经研究，2017，43（11）：140-153.

[58] 刘从敏，张祖荣，李丹. 农业保险财政补贴动因与补贴模式的创新[J]. 甘肃社会科学，2016（1）：94-98.

[59] 刘飞，陶建平. 风险认知、抗险能力与农险需求——基于中国31个省份动态面板的实证研究[J]. 农业技术经济，2016（9）：92-103.

[60] 刘海巍，郭元圆，陈珂. 森林保险保费支付意愿与林地适度规模关系研究[J]. 统计与决策，2020，36（4）：57-62.

[61] 刘海巍，陈珂. 非农就业如何影响农户的森林保险需求?——基于林地确权的调节效应[J]. 商业研究，2020（3）：85-93.

[62] 刘汉成，陶建平. 农户收入分化、保险需求演变与农业保险政策调整——以贫困地区为例[J]. 农村经济，2020（2）：49-56.

[63] 刘蔚，孙蓉. 农险财政补贴影响农户行为及种植结构的传导机制——基于保费补贴前后全国面板数据比较分析[J]. 保险研究，2016（7）：11-24.

[64] 刘星显. 东北三省农业保险发展存在的问题及解决路径[J]. 经济纵横，2017（9）：123-128.

[65] 刘亚洲，钟甫宁. 风险管理VS收入支持：我国政策性农业保险的政策目标选择研究[J]. 农业经济问题，2019（4）：130-139.

[66] 卢飞，张建清，刘明辉. 政策性农业保险的农民增收效应研究[J]. 保险研究，2017（12）：67-78.

[67] 马九杰，崔恒瑜，吴本健. 政策性农业保险推广对农民收入的增进效应与作用路径解析——对渐进性试点的准自然实验研究[J]. 保险研究，2020（2）：3-18.

[68] 马平，潘焕学，秦涛. 我国林业巨灾保险风险分散体系的构建及政策保障[J]. 农村经济，2017（1）：67-72.

[69] 聂荣，王欣兰，闫宇光. 政策性农业保险有效需求的实证研究——基于辽宁省农村入户调查的证据[J]. 东北大学学报（社会科学版），2013（5）：471-477.

[70] 牛浩，陈盛伟，安康，等. 农业保险满足新型农业经营主体的保障需求了吗?——基于山东省422家省级示范家庭农场的证据[J]. 保险研究，2020（6）：58-68.

[71] 牛浩，陈盛伟，李志愿. 地市县保费补贴压力与农业保险发展：影响机理与实证[J]. 农村经济，2020（7）：94-102.

[72] 乔慧淼，智迪迪. 新型农业经营主体对农业保险的需求研究[C]. 2019中国保险与风险管理国际年会论文集，2019：15.

[73] 秦涛，顾雪松，邓晶，等. 林业企业的森林保险参与意愿与决策行为研究——

基于福建省林业企业的调研[J]. 农业经济问题，2014（10）：95-102，112.

[74] 秦涛，顾雪松，李佳怡，等. 森林保险财政补贴政策文献评述与研究展望[J]. 农林经济管理学报，2017（3）：310-315.

[75] 秦涛，田治威，刘婉琳，等. 农户森林保险需求的影响因素分析[J]. 中国农村经济，2013（7）：36-46.

[76] 秦涛，田治威，潘焕学，等. 林业信贷与森林保险关联关系与合作模式研究[J]. 中国人口·资源与环境，2014，24（3）：131-137.

[77] 秦涛，田治威，潘焕学. 我国森林保险保费补贴政策执行效果、存在的主要问题与建议[J]. 经济纵横，2017（1）：105-110.

[78] 秦涛，吴今，邓晶，等. 我国森林保险保费构成机制与财政补贴方式选择[J]. 东南学术，2016（4）：101-110.

[79] 秦涛，张晞，顾雪松，等. 基于 Holecy 模型的森林火灾保险费率厘定研究[J]. 保险研究，2018（6）：77-87.

[80] 邱波，郑龙龙. 巨灾风险视角下的我国政策性农业保险效率研究[J]. 农业经济问题，2016，37（5）：69-76.

[81] 尚燕，熊涛，李崇光. 风险感知、风险态度与农户风险管理工具采纳意愿——以农业保险和"保险+期货"为例[J]. 中国农村观察，2020（5）：52-72.

[82] 邵全权，柏龙飞，张孟娇. 农业保险对农户消费和效用的影响——兼论农业保险对反贫困的意义[J]. 保险研究，2017（10）：65-78.

[83] 邵全权，郭梦莹. 发展农业保险能促进农业经济增长吗?[J]. 经济学动态，2020（2）：90-102.

[84] 施红. 生猪保险对农户收入的稳定效应研究[J]. 浙江大学学报（人文社会科学版），2016（2）：126-135.

[85] 石文香，陈盛伟. 农业保险促进了农民增收吗?——基于省级面板门槛模型的实证检验[J]. 经济体制改革，2019（2）：84-91.

[86] 宋静波，王永清. 森林生态功能区森林保险最优策略选择[J]. 统计与决策，2018，34（11）：63-66.

[87] 宋烨，彭红军. 森林保险市场发展现状及制约因素研究综述[J]. 世界林业研究，2019（2）：1-8.

[88] 孙蓉，奉唐文. 保险公司经营农险的效率及其影响因素——基于 SBM 模型与 DEA 窗口分析法[J]. 保险研究，2016（1）：43-53.

[89] 孙蓉，何海霞. 政府作为、保户参保意愿与保险需求研究——基于问卷调查数据的分析[J]. 软科学，2015，29（11）：39-44.

[90] 谭英平，董奇. 我国农业保险扶贫效率研究——基于三阶段 DEA 模型的分析[J]. 价格理论与实践，2020（4）：108-111，177.

[91] 汤颖梅，杨月，刘荣茂，等. 基于 Oaxaca-Blinder 分解的异质性农户天气指

数保险需求差异分析[J]. 经济问题，2018（8）：90-97.

[92] 汤晓文，吴今，张德成，等. 澳大利亚森林保险运行机制及经验借鉴[J]. 林业经济，2015，37（7）：20-24.

[93] 庹国柱. 我国农业保险政策及其可能走向分析[J]. 保险研究，2019（1）：3-14.

[94] 庹国柱，张峭. 论我国农业保险的政策目标[J]. 保险研究，2018（7）：7-15.

[95] 庹国柱. 论农业保险监管制度的建设和改革[J]. 农村金融研究，2020（3）：3-8.

[96] 庹国柱，李志刚. 关于农险中农户自缴 20%保费问题的探析——兼论政策性农险产品政府定价的必要性和可行性[J]. 保险理论与实践，2020（4）：26-37.

[97] 王步天，林乐芬. 政策性农业保险供给评价及影响因素——基于江苏省 2300 户稻麦经营主体的问卷调查[J]. 财经科学，2016（10）：121-132.

[98] 王国军，王冬妮，陈璨. 我国农业保险不对称信息实证研究[J]. 保险研究，2017（1）：91-100.

[99] 王立勇，房鸿宇，谢付正. 中国农业保险补贴政策绩效评估：来自多期 DID 的经验证据[J]. 中央财经大学学报，2020（9）：24-34.

[100] 王珺，冷慧卿. 中央财政森林保险保费补贴六省试点调研报告[J]. 保险研究，2011，2：48-56.

[101] 王克，何小伟，肖宇谷，等. 农业保险保障水平的影响因素及提升策略[J]. 中国农村经济，2018（7）：34-45.

[102] 王明昌，王野田，李琼. 国内外森林保险风险分区和费率厘定研究进展[J]. 保险理论与实践，2018（12）：130-139.

[103] 王晓红. 精准扶贫视角下提升我国农业保险财政补贴效率研究[J]. 理论探讨，2020（1）：102-107.

[104] 夏益国，孙群，盛新新. 以财政补贴校正农业保险市场失灵[J]. 经济纵横，2015（5）：75-78.

[105] 肖攀，刘春晖，苏静. 粮食安全视角下农业保险财政补贴政策效果评估[J]. 统计与决策，2019，35（23）：157-160.

[106] 徐斌，孙蓉. 粮食安全背景下农业保险对农户生产行为的影响效应——基于粮食主产区微观数据的实证研究[J]. 财经科学，2016（6）：97-111.

[107] 许梦博，李新光，王明赫. 国内农业保险市场的政府定位：守夜人还是主导者?[J]. 农村经济，2016（3）：78-82.

[108] 许梦博，王明赫，李新光. 乡村振兴背景下农业保险发展面临的机遇、挑战与改革路径——以吉林省为例[J]. 经济纵横，2018（8）：121-128.

[109] 许时蕾，张寒，刘璨，等. 集体林权制度改革提高了农户营林积极性吗——基于非农就业调节效应和内生性双重视角[J]. 农业技术经济，2020（8）：117-129.

[110] 徐婷婷, 荣幸. 改革开放四十年：中国农业保险制度的变迁与创新——历史进程、成就及经验[J]. 农业经济问题, 2018（12）：38-50.

[111] 叶明华, 朱俊生. 新型农业经营主体与传统小农户农业保险偏好异质性研究——基于9个粮食主产省份的田野调查[J]. 经济问题, 2018（2）：91-97.

[112] 叶朝晖. 关于完善我国农业保险制度的思考[J]. 金融研究, 2018（12）：174-188.

[113] 叶涛, 吴吉东, 王尧, 等. 多年期森林火灾保险产品设计研究——以浙江省丽水市为例[J]. 保险研究, 2016（2）：87-98.

[114] 叶晓凌. 海洋渔业保险财政补贴及其运行效率分析——基于浙江省渔业互保协会的数据[J]. 财经论丛, 2015（12）：41-48.

[115] 余洋. 基于保障水平的农业保险保费补贴差异化政策研究——美国的经验与中国的选择[J]. 农业经济问题, 2013, 34（10）：29-35, 110.

[116] 余洋, 董志华. 政治均衡视阈中的农业保险保费补贴政策：比较优势与险种选择[J]. 宏观经济研究, 2016（4）：12-20.

[117] 袁辉, 谭迪. 政策性农业保险对农业产出的影响效应分析——以湖北省为例[J]. 农村经济, 2017（9）：94-100.

[118] 袁祥州, 程国强, 黄琦. 美国农业保险财政补贴机制及对我国的借鉴[J]. 保险研究, 2016（1）：76-86.

[119] 张长达, 高岚. 我国政策性森林保险的制度探讨——基于福建、江西、湖南森林保险工作的实证研究[J]. 农村经济, 2011（5）：83-86.

[120] 张德成, 谢和生, 马一博, 等. 用材林保险金额计算方法研究[J]. 保险研究, 2020（12）：70-81.

[121] 张琦. 公共物品理论的分歧与融合[J]. 经济学动态, 2015（11）：147-158.

[122] 张峭, 庹国柱, 王克, 等. 中国农业风险管理体系的历史、现状和未来[J]. 保险理论与实践, 2020（7）：1-17.

[123] 张峭, 王克, 李越, 等. 我国农业保险风险保障：现状、问题和建议[J]. 保险研究, 2019（10）：3-18.

[124] 张伟, 黄颖, 李长春, 等. 收入分化、需求演变与农业保险供给侧改革[J]. 农业经济问题, 2018（11）：123-134.

[125] 张伟, 易沛, 徐静, 等. 政策性农业保险对粮食产出的激励效应[J]. 保险研究, 2019（1）：32-44.

[126] 张伟, 黄颖, 易沛, 等. 政策性农业保险的精准扶贫效应与扶贫机制设计[J]. 保险研究, 2017（11）：18-32.

[127] 张伟, 黄颖, 谭莹, 等. 灾害冲击下贫困地区农村金融精准扶贫的政策选择——农业信贷还是农业保险[J]. 保险研究, 2020（1）：21-35.

[128] 张小东, 孙蓉. 农业保险对农民收入影响的区域差异分析——基于面板数据

聚类分析[J]. 保险研究, 2015 (6): 62-71.

[129] 张旭光, 赵元凤. 畜牧业保险能够稳定农牧民的收入吗?——基于内蒙古包头市奶牛养殖户的问卷调查[J]. 干旱区资源与环境, 2016, 30 (10): 40-46.

[130] 张跃华, 刘纯之, 利菊秀. 生猪保险、信息不对称与谎报——基于农户"不足额投保"问题的案例研究[J]. 农业技术经济, 2013 (1): 11-24.

[131] 张跃华, 庹国柱, 符厚胜. 市场失灵、政府干预与政策性农业保险理论——分歧与讨论[J]. 保险研究, 2016 (7): 3-10.

[132] 张哲晰, 穆月英, 侯玲玲. 参加农业保险能优化要素配置吗?——农户投保行为内生化的生产效应分析[J]. 中国农村经济, 2018 (10): 53-70.

[133] 张宗军, 刘琳, 吴梦杰. 基于差异化费率的农业保险保费补贴机制优化——以甘肃马铃薯保险为例[J]. 华中农业大学学报 (社会科学版), 2016 (4): 1-7, 127.

[134] 张祖荣. 农业保险的保费分解与政府财政补贴方式选择[J]. 财经科学, 2013 (5): 18-25.

[135] 张祖荣. 我国农业保险保费补贴资金使用效果评价: 方法与证据[J]. 财政研究, 2017 (8): 101-111.

[136] 张祖荣, 王国军. 农业保险财政补贴效应研究述评[J]. 江西财经大学学报, 2016 (4): 66-73.

[137] 赵长保, 李伟毅. 美国农业保险政策新动向及其启示[J]. 农业经济问题, 2014, 35 (6): 103-109.

[138] 郑春继, 余国新, 赵向豪. 农户禀赋、风险偏好与农户参保决策行为差异性——基于新疆棉区农户的实地调查[J]. 农村经济, 2017 (10): 104-111.

[139] 郑军, 杜佳欣. 农业保险的精准扶贫效率: 基于三阶段 DEA 模型[J]. 贵州财经大学学报, 2019 (1): 93-102.

[140] 郑军, 汪运娣. 农业保险的经营模式与财政补贴政策: 中美比较及启示[J]. 农村经济, 2016 (8): 119-124.

[141] 郑军, 周宇轩. 农业保险服务乡村振兴战略的财政补贴制度创新——基于"农业经营主体-保险公司-政府"的博弈分析[J]. 南京审计大学学报, 2020, 17 (5): 61-71.

[142] 郑伟, 郑豪, 贾若, 等. 农业保险大灾风险分散体系的评估框架及其在国际比较中的应用[J]. 农业经济问题, 2019 (9): 121-133.

[143] 周稳海, 赵桂玲, 尹成远. 农业保险对农业生产影响效应的实证研究——基于河北省面板数据和动态差分 GMM 模型[J]. 保险研究, 2015 (5): 60-68.

[144] 朱蕊, 江生忠. 我国政策性农业保险的扶贫效果分析[J]. 保险研究, 2019 (2): 51-62.

[145] 祝仲坤. 农业保险中的道德风险: 一个文献综述[J]. 农林经济管理学报, 2016, 15 (5): 613-618.

[146] 祝仲坤，陶建平. 农业保险对农户收入的影响机理及经验研究[J]. 农村经济，2015（2）：67-71.

[147] 左斐，徐璋勇. 农作物保险对产出的影响：理论框架，研究现状与展望[J]. 保险研究，2019（6）：26-38.